Dieter Meiller
**App-Entwicklung mit Dart und Flutter 2**

# Weitere empfehlenswerte Titel

*Modern App Development with Dart and Flutter 2*
*A Comprehensive Introduction to Flutter*
Dieter Meiller, 2021
ISBN 978-3-11-072127-0, e-ISBN (PDF) 978-3-11-072133-1,
e-ISBN (EPUB) 978-3-11-072160-7

*Mobile Applications Development*
*With Python in Kivy Framework*
Tarkeshwar Barua, Ruchi Doshi, Kamal Kant Hiran, 2021
ISBN 978-3-11-066207-8, e-ISBN (PDF) 978-3-11-066220-7,
e-ISBN (EPUB) 978-3-11-068952-5

*Analog and Hybrid Computer Programming*
Bernd Ulmann, 2020
ISBN 978-3-11-066207-8, e-ISBN (PDF) 978-3-11-066220-7,
e-ISBN (EPUB) 978-3-11-066224-5

*Elementary Synchronous Programming in C++ and Java*
*via algorithms*
Ali S. Janfada, 2019
ISBN 978-3-11-061549-4, e-ISBN (PDF) 978-3-11-061648-4,
e-ISBN (EPUB) 978-3-11-061673-6

*Datenbank-Tuning mit innovativen Methoden*
Stefan Florczyk, 2019
ISBN 978-3-11-060060-5, e-ISBN (PDF) 978-3-11-060181-7,
e-ISBN (EPUB) 978-3-11-049773-1

Dieter Meiller

# App-Entwicklung mit Dart und Flutter 2

Eine umfassende Einführung

**Autor**

Dieter Meiller wurde 1970 in Amberg, Deutschland, geboren. Er hat ein Diplom in Kommunikationsdesign von der Technischen Hochschule Nürnberg Georg Simon Ohm sowie einen Master in Computer Science und einen Doktor der Naturwissenschaften von der FernUniversität in Hagen. Einige Jahre war er als Mediendesigner, Softwareentwickler und als selbstständiger Unternehmer tätig. Seit 2008 ist er Professor für Medieninformatik an der Ostbayerischen Technischen Hochschule Amberg-Weiden.

Seine Interessen in Forschung und Lehre sind Informationsvisualisierung, Data Science, Machine Learning, Mensch-Maschine-Interaktion, Usability und Accessibility, Interaktionsdesign, Web-Technologien sowie Programmiersprachen für Medien und Computerkunst.

ISBN 978-3-11-075298-4
e-ISBN (PDF) 978-3-11-075308-0
e-ISBN (EPUB) 978-3-11-075317-2

**Library of Congress Control Number: 2021940884**

**Bibliografische Information der Deutschen Nationalbibliothek**
Die Deutsche Nationalbibliothek verzeichnet diese Publikation in der Deutschen Nationalbibliografie; detaillierte bibliografische Daten sind im Internet über http://dnb.dnb.de abrufbar.

# Dank

Mein besonderer Dank geht an meine Familie, an meine liebe Frau Magdalena für ihre tatkräftige Unterstützung und an meine Kinder Pauline und Leo. Ebenso danke ich meinem Kollegen Dominik Gruntz von der Fachhochschule Nordwestschweiz für seine hilfreichen Anmerkungen und fachlichen Korrekturen.

https://doi.org/10.1515/9783110753080-202

# Vorwort

Ende des Jahres 2018 wurde eine neue Technologie geboren: Google veröffentlichte Flutter in der Version 1.0, ein neues Framework zur Programmierung von plattformübergreifenden Apps für Android und iOS. Alles deutete darauf hin, dass es einen ähnlichen Einfluss auf die digitale Welt haben könnte wie seinerzeit die Java-Technologie.

Die Entwicklung soll damit einfacher und schneller als bisher vor sich gehen. Zudem sollen die Apps dank der integrierten Render-Engine Skia performanter als bisherige Lösungen werden. Google kündigte darüber hinaus an, ein weiteres Betriebssystem neben Android zu entwickeln, das neuartige Geräte unterstützen soll. Die Anwendungsentwicklung dafür soll ebenfalls mit Flutter gemacht werden.

Zwar kann man viele Tutorials und Code-Beispiele im Web finden, aber eine längere strukturierte Behandlung des Themas sollte nicht fehlen. Es ist an der Zeit, die App-Programmierung mit Flutter und der dafür verwendeten Programmiersprache Dart den interessierten Entwickler*innen in einem längeren Text in Buchform nahezubringen.

Sie halten mit diesem Buch die 2. Auflage in Händen, die bereits ein Jahr nach dem Erscheinen der ersten Auflage des Buches herausgebracht wurde. Grund ist die rasante Entwicklung der Flutter-Technologie, dadurch wurden einige Updates nötig. Zudem wurden Fehler bereinigt und kleine Verbesserungen vorgenommen. Über Anregungen und Kritik würde ich mich freuen, allen Leser*innen wünsche ich viele interessante Erkenntnisse beim Lesen dieses Buches und viel Freude und Erfolg beim Entwickeln!

Kastl, Juni 2021

Dieter Meiller

https://doi.org/10.1515/9783110753080-203

# Inhalt

## Teil I:  Grundlagen

Teil II: **Praxis**

# 1 Einleitung

Dieses Buch befasst sich mit einer innovativen Technologie zur effizienten Entwicklung von Apps für Mobilgeräte. Damit wird es möglich, native Apps plattformübergreifend in nur einer Programmiersprache zu verwirklichen. Verschiedene praxisnahe Beispiele führen in die neue Technologie mit dem Namen „Flutter" ein. Hauptteil ist die Beschreibung einer komplexeren App, eines 2D-Spiels mit dem Namen „Chicken Maze". Ziel des Spiels ist es, ein Huhn durch mehrere Level zu navigieren, dabei kann man Punkte sammeln und muss sich Feinden stellen.

Als Steve Jobs Anfang 2007 das iPhone präsentierte, war das eine Zäsur in der digitalen Welt. Er demonstrierte auch eine neuartige Art von Software, die man auf dem neuen Gerät laufen lassen kann, die sogenannten Apps. Das Wort ist eine Abkürzung für „Applications", also Anwendungen. Die Abkürzung sollte vermutlich suggerieren, dass es sich hierbei um kleinere Programme handelt. Tatsächlich waren die ersten Apps kleinere Spielereien, beispielsweise die Biertrinker-App: Man konnte das Handy an den Mund führen und kippen, ein auf dem Display zu sehender Bierpegel wurde langsam weniger, am Ende ertönte ein Rülpsgeräusch. Verblüffend daran war, dass der Pegel immer die horizontale Ausrichtung beibehielt, da das Programm die Neigung des Gerätes mithilfe eines eingebauten Sensors bestimmen konnte. Die App konnte und kann man über den App-Store beziehen, eine für damalige Zeiten revolutionäre Cloud-basierte Software-Verkaufsplattform von Apple, exklusiv für die Mobilgeräte von Apple.

Die Leute standen Schlange an den Apple-Stores, um ein iPhone zu erwerben, und waren gierig nach neuen Apps. Auch die Entwickler stürzten sich auf das neue Gerät, es war eine Art neuer Goldrausch. 2008 kam dann das erste Konkurrenz-Handy mit einem Android-Betriebssystem heraus. Das Betriebssystem wurde vor allem von Google entwickelt. Damit stellte Google den Herstellern von Mobilgeräten eine fertige Systemsoftware zur Verfügung. Dort integriert wurde ebenfalls ein Store, der Google Play-Store. Kurzzeitig gab es weitere Konkurrenz-Systeme wie Windows Mobile oder webOS, die sich jedoch nicht etablieren konnten und schließlich wieder verschwanden. Übrig geblieben sind iOS und Android, heutige Entwicklungs-Werkzeuge konzentrieren sich deshalb ausschließlich auf diese beiden. Der Goldrausch ist schon lange vorbei, und mittlerweile muss man viel Aufwand als Entwickler treiben, um kommerziellen Erfolg durch die Entwicklung von Apps zu haben.

https://doi.org/10.1515/9783110753080-001

## 1.1 Cross-Plattform Entwicklung

Oft werden Apps zweimal entwickelt und individuell auf die jeweilige Plattform portiert. Native Apps[1] für die iOS-Umgebung, also für Apple-Mobilgeräte, werden mithilfe der Programmiersprachen Objective-C oder Swift und Apple-eigenen Frameworks programmiert. Android-Apps basieren dagegen meist auf der Java-Plattform mit den Programmiersprachen Java oder Kotlin. Will man mit der hauseigenen Technologie der konkurrierenden Firmen arbeiten, muss man den Code mühselig von Hand in die anderen Sprachen übersetzen.

Der Bedarf für eine plattformübergreifende Lösung war deshalb schon bald vorhanden, verschiedene Technologien wurden entwickelt. Grundsätzlich kann man zwischen zwei Ansätzen unterscheiden: Zum einen gibt es Frameworks, die mittels Web-Technologien arbeiten. Das sollte man allerdings nicht mit Web-Apps verwechseln. Diese sind lediglich Webseiten, die sich an das Mobilgerät möglichst gut anpassen. Für App-Entwicklung gibt es das Vorgehen, dass man Webseiten in die App einbettet und diese über eine Browser-Komponente, die den gesamten Bildschirm ausfüllt, präsentiert. Der eigene Code wird in JavaScript programmiert. Über ein API kann man mit nativen Komponenten sprechen, die dann die spezielle Hardware des Gerätes ansprechen kann. Diese Vorgehensweise hat zwei Nachteile: Man kann nur solche Features nutzen, die auf beiden Plattformen verfügbar sind. Zudem ist die Performance eingeschränkt, da man es schließlich mit einer Browser-Anwendung zu tun hat. Der Vorteil ist, dass sich auch Web-Entwickler an die App-Programmierung wagen können. Bekannte Frameworks dieser Art sind React Native von Facebook und Apache Cordova (ehemals PhoneGap von Adobe).

Der andere Ansatz ist folgender: Man programmiert mit Plattform-unspezifischen Sprachen und Frameworks, die dann in die gewünschte Umgebung cross-kompiliert werden und deshalb performanter sind. Ein bekannter Vertreter dieser Technologie ist Xamarin von Microsoft. Dort wird mit C# programmiert. Auch das Flutter-Framework mit der Programmiersprache Dart fällt in diese Kategorie.

## 1.2 Motivation

Der Hype um Flutter setzte 2018 ein, als bekannt wurde, dass Google an einem neuen Betriebssystem mit dem Namen Fuchsia arbeitet und es Spekulationen gab, dass dieses neue Betriebssystem Android ersetzen solle. Mittlerweile hat Google dies dementiert und verkündet, dass das neue Betriebssystem auf zukünftigen neuartigen Geräten zum Einsatz kommen soll. Fuchsia ist Open Source und frei verfügbar, man kann es ausprobieren und installieren [35]. Bei der Oberflächenprogrammierung kommt Flutter

---

1 Das sind Apps, die speziell für eine Plattform programmiert und optimiert sind

zum Einsatz. Im Buch wird auf Fuchsia selbst nicht weiter eingegangen, allerdings kann man die im Buch vermittelten Kenntnisse ebenso bei der Anwendungsentwicklung für Fuchsia anwenden. Die grafische Benutzeroberfläche wird mit einer Render-Engine namens Skia visualisiert, programmiert wird diese in Flutter. Das Framework war nach der ersten Veröffentlichung in der Alpha- bzw. Beta-Phase und erlaubte bereits die Programmierung von nativen Apps für iOS und Android-Systeme. Zudem gab es Empfehlungen von Google, dass man seine Apps besser mit Flutter realisieren soll, da dieses das Google Material-Design realisiert. Das Interesse an Flutter war dadurch auch beim Autor geweckt, der zu dieser Zeit eine Lehrveranstaltung für Medieninformatiker zur App-Programmierung plante.

## 1.3 Zielgruppe

Die Zielgruppe für das Buch sind dementsprechend interessierte App-Enwickler*innen, die sich für die neue plattformübergreifende Programmierung von Apps interessieren. Hierbei kann es sich um professionelle Programmierer*innen oder Studierende von Studiengängen mit Informatik- oder Medienbezug handeln. Alle diese Personen sollten über gewisse Grundkenntnisse in der Programmierung verfügen. Das Buch gibt keine grundlegende Einführung in die Programmierung. So wird nicht auf den Sinn von Variablen, Schleifen und Kontrollstrukturen eingegangen. Zwar wird auch für diese die Syntax für Dart erklärt, aber der Zweck der Konstrukte sollte klar sein. Auch Kenntnisse der objektorientierten Programmierung sollten vorhanden sein. Idealerweise sollten sich die Leser*innen auch mit Programmbibliotheken und der Kommandozeile bereits auseinandergesetzt haben. Kenntnisse in Java, C#, JavaScript oder C++ als erste Programmiersprache wären ideal.

## 1.4 Aufbau und Ziel des Buches

Das Buch will auf Fallstricke hinweisen, in die man zwangsläufig gerät, wenn man sich auf das Abenteuer einlässt, eine neue Programmiersprache und ein neues Framework zu lernen. Das Buch besteht aus einem Grundlagen- und einem Praxisteil. Im ersten Teil werden die wichtigsten Konstrukte der Sprache Dart erklärt. Im Anschluss gibt es eine Einführung in die App-Programmierung mit Flutter. Dort werden schon einfache Beispiele gezeigt. Im Praxis-Teil folgen komplexere Beispiele, beginnend mit einer Messenger-App, die die Verbindung der App mit der Cloud demonstriert. Es folgt ein komplexeres Beispiel, ein 2D-Spiel mit dem Namen „Chicken Maze", bei dem ein Huhn der Spielcharakter ist. Das Spiel ist nicht zu komplex, aber mehr als eine Demo-App. Es verfügt über Features, die auch professionelle Anwendungen benötigen. Der Code der Beispiele wird im Detail erklärt, dabei werden spezifische Programmiertechniken von Flutter und Dart beschrieben.

# Teil I: **Grundlagen**

Im ersten Teil wird zuerst auf die Syntax und die Besonderheiten der Programmiersprache Dart eingegangen. Danach wird das Framework Flutter vorgestellt: dessen Philosophie, Konventionen und Struktur.

# 2 Grundlagen von Dart

Im Folgenden wird die Sprache Dart kurz vorgestellt und eine vollständige Einführung in die Programmiersprache Dart gegeben. Allerdings werden hier keine Grundlagen der Programmierung vermittelt. Grundkenntnisse in der imperativen sowie der objektorientierten Programmierung sollten bei den Leser*innen vorhanden sein. Im Kapitel wird versucht, Besonderheiten der Sprache im Vergleich zu anderen Sprachen und Grundlagen zu vermitteln, die wichtig sind, um den Umgang mit dem Flutter-Framework zu verstehen. Behandelt wird Dart in der Version 2.12

Zur Erläuterung von Teilen der Syntax wird die erweiterte Backus-Naur-Form (BNF) genutzt, eine Meta-Syntax. Hierbei wird allerdings nicht eine vollständige korrekte Beschreibung der Dart-Sprache geliefert, wie es für Compiler oder Standards nötig wäre. Manche Nicht-Terminale werden auch nicht weiter aufgelöst. Es sollte klar werden, was beispielsweise mit <Bedingung> (ein boolescher Ausdruck) gemeint ist.

## 2.1 Die Sprache Dart

Dart ist eine Programmiersprache, die von Google entwickelt wird. Neben Dart wurden von Google zahlreiche andere Programmiersprachen entworfen, etwa Groovy. Diese Sprache ist kompatibel zu Java und erzeugt Code für die Java Virtual Machine. Zeitgleich zu Dart wurde die Sprache Go herausgebracht. Go ist eine hardwarenahe Sprache, die zur Systementwicklung eingesetzt werden kann, ähnlich C und C++. Go soll eine moderne Version dieser Sprachen sein und auch schneller kompilieren.

 Dart, im Gegensatz dazu, wurde als Sprache zur Anwendungsentwicklung entworfen. Ursprünglich wurde Dart als Sprache für den Web-Browser Chrome entwickelt. Der Ruf von Dart war deshalb in der Entwicklergemeinde umstritten, da es eine direkte Konkurrenz zu JavaScript darstellte und den Bestrebungen der Vereinheitlichung und Kompatibilität von Web-Browsern zuwiderlief. Man fürchtete einen neuen Browserkrieg wie in den 2000er Jahren, als Microsoft Visual Basic als Browsersprache in Konkurrenz zur damaligen Netscape-Sprache JavaScript einführte. Deshalb war die Akzeptanz der Sprache Dart eher gering und es wurde ruhig um Dart.

 Anfang 2018 kündigte Google ein neues Framework zur Entwicklung von Apps an: Flutter (siehe Kap. 4). Die Entwicklung in Flutter sollte ausschließlich in Dart erfolgen. Zum Start von Flutter wurde auch Dart modernisiert und liegt nun in der Version 2 vor. Im Zuge dieser Entwicklung veränderte sich Dart von einer Art Erweiterung von JavaScript zu einer Sprache, die starke Ähnlichkeit zu C# und Java aufweist. So bietet Dart neben einer dynamischen Typisierung auch eine statische Typisierung.

https://doi.org/10.1515/9783110753080-002

> **i** Dart wird seit 2013 von Google entwickelt. Die Sprache liegt zum Zeitpunkt der Abfassung des Buches in der Version 2.12 (stable) vor. Es gibt einen ECMA-Standard: ECMA-408.

### 2.1.1 Mobile und Web

Dart gibt es hauptsächlich für drei Arten von Plattformen: mobile Geräte, die Konsole und das Web [14]. Grundsätzlich unterscheidet sich die Art der Ausführung auf den drei Plattformen. Bei mobilen Geräten kann man Dart in einer virtuellen Maschine (VM) mit einem Just-in-Time-Compiler ausführen, dies kommt bei der Entwicklung mit Dart und Flutter zum Einsatz. Bei Flutter gibt es das „Hot-Reload"-Feature. Man kann Änderungen im Code bei laufender Anwendung vornehmen. Dies wird mithilfe der Ausführung in der VM realisiert. Bei der Veröffentlichung der App wird dann der Code zu nativem ARM-Code kompiliert, dies ist die zweite Form der Ausführung, also Kompilierung mit einem Ahead-Of-Time-Compiler und die Ausführung des nativen Codes.

Zusätzlich gibt es noch die Web-Umgebung, dort wird der Dart-Code zu JavaScript kompiliert. Ein interessantes Framework für die Web-Umgebung ist AngularDart [4], eine Dart-Version von Angular. Die Web-Version ist nicht Bestandteil des Buches, aber es ist sicher gut zu wissen, dass man eine Sprache lernt, die weitere Zielplattformen hat. Weiter kann man Dart als interpretierte oder auch kompilierte Sprache auf dem PC oder Server ausführen.

### 2.1.2 Installation

Wenn man mit Flutter mobile Apps programmieren möchte, muss man das Dart SDK und die dort enthaltene Runtime nicht separat installieren, es genügt die Installation von Flutter, die Dart enthält.

#### 2.1.2.1 Dart-SDK Installation

Allerdings kann man auch zusätzlich Dart und das SDK installieren, wenn man es auch ohne Flutter verwenden möchte, sei es für Programmier-Experimente oder zum Testen der im Buch vorkommenden Beispiele. Hierzu verwendet man den für sein Betriebssystem passenden Paket-Manager (genaue Anleitungen siehe [15]). Bei Windows kann man in der Konsole wie in Listing 2.2 Zeile 1 den Paketmanager Chocolatey verwenden, den man vorher installieren muss. Bei Linux (Zeilen 2 und 3) kann man den üblichen eingebauten Paketmanager „apt" verwenden. Analog dazu kann man bei Mac-Computern den Homebrew-Paketmanager nutzen (Zeilen 4 und 5).

**Listing 2.1:** Install Dart

```
1  C:\> choco install dart-sdk
2  $ sudo apt-get update
3  $ sudo apt-get install dart
4  $ brew tap dart-lang/dart
5  $ brew install dart
```

Dart läuft auch auf ARM-Systemen wie dem Raspberry PI. Das SDK kann man über diese Kommandos [i] bekommen:

```
1  wget https://storage.googleapis.com/dart-archive/channels/stable/release/2.7.1/
       sdk/dartsdk-linux-arm-release.zip
2  unzip dartsdk-linux-arm-release.zip
```

## 2.2 Die Dart Syntax

Listing 2.2 zeigt das übliche Hallo-Welt-Programm in Dart: Die Einsprungs-Funktion ist wie in C, *main()*. Zeile 2 lässt bereits die Ähnlichkeit zu anderen typisierten Sprachen der C-Familie erkennen, die For-Schleife ist exakt so, wie man es erwartet. Das *print* in Zeile 3 gibt einen String aus.

### 2.2.1 Programm starten

Man kann das Programm über die Konsole mit dart helloWorld.dart starten. Oder man kompiliert den Quellcode zuerst mit dart2aot helloWorld.dart helloWorld.aot in nativen Code und startet diesen anschließend mit dartaotruntime helloWorld.aot. Quellcode-Dateien müssen die Endung „.dart" bekommen.

**Listing 2.2:** helloWorld.dart

```
1  void main() {
2    for (int i = 0; i < 5; i++) {
3      print('hello ${i + 1}');
4    }
5  }
```

### 2.2.2 Datentypen

Dart erlaubt die Verwendung von statischer und von dynamischer Typisierung. Zudem gibt es Typ-Inferenz. Konstanten wird der Typ fest zugeordnet.

### 2.2.2.1 Zuweisung und Initialisierung

Vor Variablen und Funktionen sind deren Typen anzugeben. Allerdings kann man auch *var* oder *dynamic* vor die Variablen oder Funktionen schreiben. Hier gibt es allerdings einen wichtigen Unterschied: Bei der Zeile `dynamic x = 42;` bekommt die Variable *x* den Integer-Wert 42 zugewiesen. Man kann danach mit einer erneuten Zuweisung jedoch auch Werte mit anderen Typen zuweisen, beispielsweise `x = "Hello World";`. Im Gegensatz dazu kann man dies bei `var y = 23;` nicht tun. Hier wird ebenfalls ein Integer-Wert der Variable *y* zugewiesen. Allerdings wird dann auch gleichzeitig der Typ für die Variable *x* fixiert und zu int. JavaScript-erfahrenen Entwickler*innen mag dies ungewöhnlich erscheinen, C#-Entwickler*innen sollten allerdings gut damit zurechtkommen. Man spricht hier von impliziter Typisierung, Typ-Inferenz oder Typ-Ableitung.

Gleiches gilt bei der Verwendung der Bezeichnung „final": Die Zuweisung `final z = 21;` definiert eine int-Variable *z* mit dem Wert 21. Dieser kann dann nicht mehr verändert werden. Es gibt allerdings einen subtilen, aber wichtigen Unterschied zu der Zuweisung `const u = 3;`. Auch hier wird der Wert 3 einmal zugewiesen und der Typ von *u* zu *int* festgelegt. Bei *const* jedoch muss der zugewiesene Wert bereits vor der Kompilierung feststehen, also direkt in den Code hineingeschrieben werden. Werte bei der final-Zuweisung können einmalig, aber erst zur Laufzeit berechnet werden. So funktioniert `final x = DateTime.now();`, aber `const x = DateTime.now();` nicht.

### 2.2.2.2 Zahlen-Typen in Dart

In Listing 2.3 sind einige Beispiele für die Verwendung von Datentypen in Dart aufgeführt. In den Zeilen 2 und 3 werden Variablen vom Typ *int* und double, den beiden Zahlentypen von Dart, definiert. Variablen vom Typ *int* können ganze Zahlen speichern. In Dart gibt es allerdings, im Gegensatz zu anderen Sprachen wie Java, keine weiteren Ganzzahl-Typen wie *long* oder *short*. Der Typ *int* steht für alle diese Typen. Eine optimierte Speicherverwaltung sorgt dafür, dass nur so viel Speicher wie nötig, je nach Größe der Zahl, reserviert wird. Ebenso ist es mit dem Typ *double*. Dieser steht für reelle Fließkomma-Zahlen. Der Name *double* weist darauf hin, dass er von der Genauigkeit vergleichbar ist mit dem Typ *double* in Java oder anderen Sprachen. Wird allerdings eine kleinere Zahl gespeichert, ist es nicht notwendig, einen Typ wie *float* anzugeben, da dies ebenfalls von der optimierten Speicherverwaltung so geregelt ist, dass kein überflüssiger Speicherplatz reserviert wird. Beide Zahltypen, *int* und *double*, erben vom Typ *num*. Eine Variable vom Typ *num* kann Werte beider Zahltypen speichern. Diese werden dann, je nach Bedarf, zu *int* oder *num*. Der Code

```
1   num x = 42;
2   print(x.runtimeType);
```

gibt *int* als Ausgabe an. Meiner Meinung nach hätte man den Typ *double* eher *float* nennen sollen, da der Ganzzahl-Typ eben *int* und nicht analog dazu *long* genannt wurde. In Zeile 4 sieht man die Verwendung des Wahrheitstyps *bool*. Er kann die Werte *true* und *false* annehmen.

---

In Dart gibt es drei Typen für Zahlen: *int* für ganze Zahlen und *double* für Kommazahlen. Beide sind Subtypen von *num*.  **i**

---

Achtung: Alle Typen bekommen, wenn die Variablen nur deklariert wurden und noch keinen Wert zugewiesen bekommen haben, den Standardwert *null*. Somit hat eine deklarierte *bool*-Variable initial den Wert *null*, und *null* ist nicht gleich zu *false*, was bei Vergleichen ein Problem darstellen kann.[2]

Es gibt es deswegen den Dart-spezifischen konditionalen Zuweisungsoperator ??= für die Initialisierung: Dieser besagt, wenn die Variable den Wert *null* hat, wird der Ausdruck rechts zugewiesen.

---

Alle deklarierten Variablen bekommen den Standardwert *null*. Jede Variable kann auch mit dem Wert **⚡** *null* versehen werden. Ab der Version 2.12 ist Dart null-sicher, was bedeutet, man muss alle Variablen initialisieren und man kann den Wert *null* nicht mehr zuweisen. Nicht null-sicherer Code ist inkompatibel zu null-sicherem Code und muss umgeschrieben werden (mehr zu null-Sicherheit siehe 2.2.16).

---

### 2.2.2.3 Zeichenketten in Dart

Wie auch in Java üblich, gibt es einen Typ für Zeichenketten (*String*), siehe Zeile 5. Die Großschreibung entspricht den Konventionen in Java, was ein wenig verwirrend ist, da es hier nicht die Konvention gibt, dass Objekttypen groß und primitive Typen klein geschrieben werden. In Dart sind alle Typen Objekte, auch die gerade erwähnten Zahl-Typen. Man kann mehrzeilige String-Werte mit drei Hochkommata zu Beginn und am Ende kennzeichnen. Dart verwendet übrigens Unicode (UTF-8). So kann man also beliebige Zeichen im Quelltext und auch in Strings verwenden, auch Zeichen anderer Landessprachen, z.B. das japanische Kanji, können so verwendet werden. Strings können in einfachen und doppelten Hochkomma-Paaren stehen. Einen Unterschied gibt es hierbei nicht. Variablen können innerhalb der Zeichenketten evaluiert werden, indem man vor die Variablen ein Dollarzeichen ($) stellt. Auch können ganze Ausdrücke in Strings ausgewertet werden, indem man den Ausdruck zusätzlich in geschweifte Klammern setzt (${ . . . }), siehe Zeile 8.

---

**2** Es gibt sogar den Typ *Null*, eine Variable vom Typ *Null* kann allerdings nur den Wert *null* enthalten.

In Dart können Strings mit einfachen und mit doppelten Anführungszeichen geschrieben werden. Variablen mit $-Zeichen werden im String ausgewertet, egal, ob er mit einfachen oder mit doppelten Anführungszeichen umgeben wurde.

Einen Typ für Symbole, die für sich selbst stehen, gibt es auch. Symbole werden mit einem Hash-Zeichen (#) gekennzeichnet (siehe Zeile 10). Allerdings gibt es auch noch Enums für ähnliche Zwecke (Zeile 38): Eine Variable vom Typ *Direction* kann hier nur die vier aufgeführten Werte annehmen.

Funktionen besitzen, wie in den meisten modernen Programmiersprachen üblich, einen besonderen Stellenwert und können auf vielerlei Art definiert und verarbeitet werden. Es gibt die klassische Definition, mit Rückgabewert, Funktionsname, Parameterliste und Funktionsrumpf mit dem Return-Wert (Zeile 35–37).

Zudem gibt es die Lambda-Schreibweise, mit der man ein unbenanntes Funktionsobjekt einer Variable zuweisen kann, wie in den Zeilen 11 und 12. In Zeile 11 sieht man eine einzeilige Kurz-Schreibweise analog zu JavaScript, den Fat-Arrow [3], die man verwenden kann, wenn der Funktionswert in einem Term rechts vom Pfeil ausgedrückt werden kann. Wenn man mehrere Zeilen benötigt, muss man anstatt des Pfeiles einen Rumpf aus geschweiften Klammern erstellen und den Wert mit *return* zurückliefern (Zeilen 12-16).

 Lambda-Ausdrücke haben in Dart die Form (<Parameter>) => <Ausdruck>, wenn man die Funktion in einer einzelnen Zeile schreiben kann. Mit der Form (<Parameter>) {<Codezeilen> return <Ausdruck>;} kann man mehrere Codezeilen in die Funktion packen.

Zudem kann man den Typ eines Funktionsobjekts genauer bestimmen als nur den allgemeinen Typ Function zu spezifizieren. Hierzu muss man über das Schlüsselwort typedef einen neuen Typ definieren, indem man die Signatur, also den Rückgabewert und die Parametertypen der Funktion, angibt. Diesen neuen Typ kann man dann verwenden, um Variablen zu typisieren, die entsprechende Funktions-Objekte speichern (Zeilen 30-34). Noch eine Anmerkung: Benannte Funktionen können, im Gegensatz zu vielen anderen Sprachen, innerhalb ihres Rumpfs weitere Funktionsdefinitionen enthalten, da es sich bei ihnen ebenfalls um Funktionsobjekte handelt.

Zwei wichtige Arten von Kollektionen gibt es in Dart: Maps und Listen mit mehreren Elementen. In Zeile 17 sieht man die Definition einer untypisierten Liste, in der Zahlen und ein String enthalten sind. Man gibt die Werte mit Komma getrennt in eckigen Klammern an. Der Typ, der hier in Zeile 19 ausgegeben wird, ist deshalb List<Object>. Man kann Listen auch konstant erzeugen (Zeile 18). Hier werden alle Werte der Lis-

---

**3** FART: Fat-Arrow-(Term?)

te konstant. Wenn man, im Gegensatz dazu, lediglich die Variable list2 [4] als const angegeben hätte, wäre die Liste zwar konstant, aber nicht deren Inhalte.

Hier kann man auch sehen, dass Typ-Inferenz am Werk ist, das Schlüsselwort var würde eigentlich nahelegen, dass hier kein Typ festgelegt wurde. Jedoch wurde der Typ ermittelt und für die Variable list1 festgelegt. Man kann die Variable danach nicht mit anderen Werten als Listen versehen, liste = 23; würde zu einem Fehler der statischen Typprüfung führen. Wenn man im Gegensatz dazu eine Variable nur deklariert und ihr keinen initialen Wert zuweist, wie bei var a;, dann kann man in der Variablen beliebige Werte speichern. Deren Typ ist dann dynamic. Man kann diesen Typ auch explizit angeben: dynamic x = 42;. Es gibt in Dart also statische und dynamische Typisierung.

Man kann den Typ der Liste in eckigen Klammern auch angeben, in Zeile 20 sind nur *double*-Werte in der Liste zulässig. Erlaubt und üblich ist in Dart das Komma am Ende der Liste, diese Schreibweise hat sich gerade bei Flutter etabliert.

Einen Wörterbuch-Typ mit Schlüssel-Wertepaaren gibt es ebenfalls: Map, ab Zeile 21. Man kann hier Schlüssel : Werte Paare angeben, in geschweiften Klammern. Natürlich kann man Maps und Listen mischen, so dass man eine Struktur erhält, die an JSON-Objekte erinnert [12].

**Listing 2.3:** dartTypes.dart

```
 1  void main() {
 2    int aNumber = 4;
 3    double otherNumber = 4.0;
 4    bool isTrue = true;
 5    String hallo = '''
 6  Multiline
 7  String
 8  Nummer: ${aNumber + 1}
 9  ''';
10    Symbol sym = #metoo;
11    Function foo = (double x) => x*x;
12    Function bar = (x) {
13      assert(x is double);
14      double val = x*x;
15      return val;
16    };
17    var list1 = [1,2,3, 'Foo'];
18    var list2 = const [1, 2, 'Hello'];
19    print(list1.runtimeType);
```

---

4 Genau genommen wäre dies dann keine Variable, sondern eine Konstante.

```
20    List<double> list3 = [1.0, 2.0, 3.0,];
21    Map map1 = {
22      'name': 'Hans',
23      'alter': 33,
24      'square': (x) => x*x,
25    };
26    print(map1["square"](3.0));
27    print(map1.runtimeType);
28  }
29
30  typedef MyFunction = int Function(int);
31
32  MyFunction foo2 = (int x) {
33    return x*x;
34  };
35  int sq(int v) {
36    return v*v;
37  }
38  enum Direction {left, right, up, down}
39  Direction d = Direction.left;
```

---

ℹ️ Als Collection-Typen gibt es in Dart Listen [...] bei denen man die Werte mit Kommas trennt und Maps {K:V} mit Keys und Werten.

---

Eine Besonderheit beim Umgang mit der Initialisierung von Listen und sonstigen Collections ist es, dass man For-Schleifen und If-Bedingungen direkt in den Klammerterm der Liste schreiben kann. Listing 2.4 erzeugt die Ausgabe [0, 1, 2, 3, 4, 6, 7, 8, 9], also eine Liste der Zahlen 0-9, ohne die Zahl 5. In der Sprache Python ist dies als „List-Comprehensions" bekannt. Zu beachten ist hier, dass die Schleife und das If keinen Rumpf in geschweiften Klammern haben dürfen, da diese sonst als Map interpretiert würden.

**Listing 2.4:** collections.dart

```
1  void main() {
2    var numbers = [
3      for (int i=0; i<10; i++)
4        if (i != 5) i
5    ];
6    print (numbers);
7  }
```

### 2.2.3 Kontrollfluss

Hier werden die grundlegenden Möglichkeiten zur Kontrolle des Programmflusses aufgezählt. Diese orientieren sich an der üblichen C-Syntax.

#### 2.2.3.1 Schleifen

Folgende Beispiel-Schleifen (Listing 2.5) geben die Zahlen von 1-10 aus. In Zeile 4 sieht man die klassische *for*-Zähl-Schleife. In den runden Klammern nach dem *for* kommt zuerst der initialisierungs-Teil, dort können Variablen initialisiert werden. Nach dem Semikolon kommt der Bedingungsteil, dort soll ein boolescher Ausdruck stehen. So lange dieser true ergibt, wird ein weiterer Schleifendurchlauf durchgeführt. Nach dem zweiten Semikolon kommt der Update-Bereich, alle Statements dort werden nach dem Schleifendurchlauf ausgeführt. Bei Dart gilt, wie in anderen C-artigen Sprachen, dass man mehrere Ausdrücke in die Bereiche in den runden Klammern, getrennt durch ein Komma, hineinschreiben kann. Jedoch sollte man meiner Meinung nach aus Gründen der Lesbarkeit auf solche Dinge lieber verzichten. Nach den runden Klammern kommt der Rumpf, also ein Schleifen-Block in geschweiften Klammern oder ein einzelnes Kommando.

In Zeile 8 sieht man die oben erklärte Listen-Initialisierung mittels einer *for*-Schleife. Die Liste enthält dann die Zahlen 1-10.

In Zeile 10 sieht man eine For-In-Schleife. Die Variable *i* nimmt hier jeden Wert in der Liste *lst* an. Eine Alternative ist die `.forEach(...)`-Methode. Alle Listen besitzen diese Methode. Ihr gibt man eine Lambda-Funktion als Parameter mit, diese wird für jeden Wert in der Liste aufgerufen und bekommt als Parameter den aktuellen Wert mitgeliefert.

In Zeile 18 und 19 sieht man eine weitere Möglichkeit zur Iteration von Listen. Alle Listen haben einen Iterator. Dessen Methode `.moveNext()` lässt einen Zeiger zum ersten oder nächsten Eintrag wandern. Falls es keinen solchen gibt, ist der Rückgabewert der Methode *false*, ansonsten *true*. Das Attribut `.current` gibt dann den Eintrag beim aktuellen Zeiger zurück. Die *while*-Schleife läuft daraufhin, solange die Bedingung in den runden Klammern *true* ergibt.

Die Zeilen 23-27 zeigen dann der Vollständigkeit halber die *do-while*-Variante. Hier wird der Block der Schleife mindestens einmal ausgeführt und solange wiederholt, bis die Bedingung *false* ist.

---

Dart-Schleifen:
> Zählschleife: `for (<Init>;<Bedingung>;<Update>) <Rumpf>`,
> Do-While-Schleife: `do <Rumpf> while (<Bedingung>)`,
> While-Schleife: `while (<Bedingung>) <Rumpf>`,
> For-In-Schleife: `for (<Variable> in <Liste>) <Rumpf>`,
> Foreach-Methode: `<Liste>.forEach(<Lambda-Funktion>)`.

### 2.2.3.2 Verzweigungen

Nun kommen wir zur bedingten Ausführung des Programmcodes: Hier gibt es das klassische *if-else* Statement, ohne Überraschungen. Der *if*-Block wird nur ausgeführt, wenn die Bedingung in den Klammern true ergibt, ansonsten wird der Else-Block ausgeführt.

Ab Zeile 37 sieht man ein *switch-case* Statement. Hier gibt es ein paar kleine Besonderheiten von Dart zu beachten. *Switch-case* kann mehrere Fälle einer Variablen (hier *rand*) prüfen und dann in den jeweiligen *case*-Zweig springen. Ein *break*-Statement beendet den Switch-Block. In das *default:*-Label wird gesprungen, wenn die Parameter-Variable mit keinem der Fälle übereinstimmt. Bisher ist alles ähnlich wie in anderen C-artigen Sprachen. In Dart kann man allerdings das *break* nicht einfach weglassen, um in den nächsten *case*-Block „durchzufallen", wie es in C oder Java möglich wäre. Man kann aber, im Gegensatz zu anderen Sprachen, eigene Labels definieren (Zeile 47: *onefour*) und zu diesen mit einem *continue*-Kommando springen. Zudem kann man das Statement mit einer Ausnahmebehandlung, also mit *throw* beziehungsweise *rethrow* beenden. Man kann das Statement mit allerlei Variablen mit diskreten Typen aufrufen, also *int*, Enums oder Symbolen. Nicht möglich ist der Aufruf mit Variablen vom Typ *bool* und *double*.

---

i Dart-Verzweigungen:

```
If-Else: if (<Bedingung>) <Rumpf> [ else <Rumpf> ]
Switch-Case: switch (<Bedingung>) { <Case-Liste> [ [<Label>:] default: <Statements> ]}
mit <Case-Liste> ::= <Case-Zeile> | <Case-Zeile> <Case-Liste>
und <Case-Zeile> ::= [<Label>:] case <Wert>: <Statements> break;
```

---

**Listing 2.5:** control.dart

```
1   import 'dart:math';
2
3   void main() {
4     for (int i = 1; i <= 10; i++) {
5       print(i);
6     }
7
8     List<int> lst = [for (int i = 1; i <= 10; i++) i];
9
10    for (var i in lst) {
11      print(i);
12    }
13
14    lst.forEach((i) {
15      print(i);
```

```
16    });
17
18    var it = lst.iterator;
19    while (it.moveNext()) {
20      print(it.current);
21    }
22
23    it = lst.iterator;
24    it.moveNext();
25    do {
26      print(it.current);
27    } while (it.moveNext());
28
29    int rand = Random().nextInt(10);
30
31    if (rand < 5) {
32      print("smaller 5");
33    } else {
34      print("greater 5");
35    }
36
37    switch (rand) {
38      case 0:
39        print("null");
40        break;
41      case 1:
42        print("one");
43        continue onefour;
44      case 2:
45        print("two");
46        break;
47      onefour:
48      case 4:
49        print("1 or 4");
50        break;
51      default:
52        print("none");
53    }
54  }
```

### 2.2.4 Ausnahmebehandlung

In Dart gibt es verschiedene Möglichkeiten, auf Fehler, die während der Laufzeit des Programms auftreten können, zu reagieren.

#### 2.2.4.1 Try-Catch

Im Codebeispiel 2.6 sieht man, wie in Dart die Ausnahmebehandlung mit *try-catch* gemacht wird. Eine Variable *i* wird mit 0 initialisiert, ein String *s* mit einem Zeichen „2", eine weitere *int*-Variable wird ebenfalls mit 0 initialisiert. Im *try*-Block wird nun versucht, den String in eine Zahl umzuwandeln und diesen dann durch den Inhalt der Variable *d* zu teilen[5]. Je nach Variablenbelegungen können nun zwei Probleme auftreten: Der String *s* enthält Zeichen, die nicht als Zahl zu interpretieren sind. Oder der Divisor *d* enthält eine 0, durch die man bekanntlich nicht teilen darf.

Nach dem *try*-Block in Zeile 10 wird die erste Ausnahme behandelt, indem beim Auftreten einer *FormatException* ein *catch*-Block folgt, in dem dann gesprungen wird. Die Ausgabe des Parameters e gibt weitere Informationen zur Ausnahme. Falls das zweite Problem auftritt, wird in den zweiten *try-catch* gesprungen. Der optionale *finally*-Block wird immer ausgeführt, auch wenn kein Fehler auftritt. Der Unterschied zur Ausnahmebehandlung in anderen Sprachen ist gering: Der Typ des Fehlers wird nach dem on-Schlüsselwort angegeben. Der Sinn dieser Abwandlung ist folgender: Man muss nicht unbedingt den Parameter mit catch(e) entgegennehmen. So wäre es möglich, nach dem *try*-Block mit on SomeException { ... } eine Ausnahme *SomeException* abzufangen. Zusätzlich kann man auch die on ...-Klausel weglassen und mit einem reinen catch(e) nicht näher spezifizierte Fehler abfangen. Eine solche Angabe wäre sinnvoll, wenn alle Fehler gefangen werden sollen. Diese sollte vor dem *finally*-Block und nach der Behandlung aller benannten Fehler-Typen stehen.

#### 2.2.4.2 Errorhandling mit Methoden

Bei sogenannten Futures (Abschnitt 2.2.14) gibt es zudem noch eine Methode .catchError(<Lambda-Funktion>), mit der man Fehler auffangen kann. Hier gibt es auch ein funktionales Pendant zur Finally-Anweisung: .whenComplete(<Lambda-Funktion>).

#### 2.2.4.3 Eigene Ausnahmen

Man kann auch eigene Ausnahme-Klassen erstellen (Zeile 31), indem man das Interface *Exception* implementiert (siehe Abschnitt 2.2.11). Dieses ist ein reines Marker-Interface, man muss keine Methoden implementieren, darf es aber. Diese Ausnahmen können

---

5 „~/" ist der Divisions-Operator für Integer Zahlen, ohne Rest. im Gegensatz zu „%", dies ist der Modulo-Operator, also der Rest der Division.

dann mit throw geworfen werden. Neben dem Schlüsselwort throw kennt Dart noch rethrow, mit dem die bereits gefangene Ausnahme weitergeworfen werden kann. Dieses Schlüsselwort darf nur in *catch*- und *on*-Blöcken auftreten.

---

Dart-Ausnahmebehandlung:

```
try <Rumpf> <Catch-Anweisungen> [finally <Rumpf>]
mit <Catch-Anweisungen> ::= <Catch-Anweisung> | <Catch-Anweisung> <Catch-Anweisungen>
und <Catch-Anweisung> ::= <Catch-Wie?> <Rumpf>
und <Catch-Wie?> ::= on <Exception> | [ on <Exception> ] catch(<Variable>)
```

---

**Listing 2.6:** control.dart

```dart
1   void main() {
2     int i = 0;
3     String s = "1";
4     int d = 3;
5     try {
6       i = int.parse(s) ~/ d;
7       if (i < 0) {
8         throw new TooSmallException();
9       }
10    } on FormatException catch (e) {
11      print(e.runtimeType);
12    } on IntegerDivisionByZeroException {
13      print("Division by Zero!");
14      rethrow;
15    } catch(e) {
16      rethrow;
17    } finally {
18      print("Ready.");
19    }
20  }
21
22  class TooSmallException implements Exception { }
```

### 2.2.5 Objektorientierte Programmierung

Der Einstieg in die Programmiersprache Dart ist für Java- oder C# -geübte Programmierer*innen denkbar einfach. Google will damit sicher die Hürden zum Umstieg so niedrig wie möglich halten. In Listing 2.7 sieht man die Definition einer Klasse Person. In Listing 2.8 wird die Klassendatei importiert, eine Objekt erzeugt und dessen Methode info() ausgerufen. Der Code ist für die erwähnten Programmierer*innen sofort lesbar; mit geringfügigen Abweichungen wäre der Code auch sofort in den genannten Sprachen ausführbar.

Die Klassendefinition (Listing 2.7) ist sogar absolut identisch mit einer Definition in Java. Zeile 2-4 deklariert die typisierten Objekt-Variablen, Zeile 6 ist die Signatur des Konstruktors, in den Zeilen 7-9 werden die vorher deklarierten Variablen mit den Parameterwerten befüllt. Die Methode void info() gibt mit dem *print*-Kommando eine Zeichenkette aus, die String-Verkettung funktioniert analog wie in Java. Lediglich die global verfügbare *print*-Funktion bietet wegen der Variablen-Auswertung in den Strings noch andere Möglichkeiten. Leicht anders ist auch der Import von Code in Listing 2.8, Zeile 1. Man muss hier Dateien angeben und keine Klassen oder Packages. Alle Definitionen der importierten Dateien sind dann direkt sichtbar, also nicht nur Klassen, sondern auch andere Definitionen wie Variablen oder Funktionen.

**i** Klassendefinition: class <Klassenname> { <Objektvariablen> <Konstruktor> <Methoden> }

Man muss nicht wie in Java pro Klasse eine Datei erstellen, sondern kann in eine Datei beliebigen Code schreiben. Auch bei der Benennung der Datei ist man nicht auf bestimmte Namenskonventionen festgelegt. Man kann Klassen, Funktionen und andere Definitionen in einer Datei mischen. Auch Packages gibt es nicht in der Form wie in Java, man kann Code-Dateien in Ordnern strukturiert ablegen.

**Listing 2.7:** Person-1.dart

```
1  class Person {
2    String vname = "";
3    String nname = "";
4    int alter = 0;
5
6    Person(String vname, String nname, int alter) {
7      this.vname = vname;
8      this.nname = nname;
9      this.alter = alter;
10   }
11   void info() {
12     print("Person " + this.vname + " " + this.nname +
13     " ist " + (this.alter.toString()) + " Jahre alt.");
14   }
15 }
```

**Listing 2.8:** main-1.dart

```
1  import 'Person-1.dart';
2  void main() {
3    Person p = new Person("Hans", "Meier", 33);
4    p.info();
5  }
```

### 2.2.6 Kürzere Schreibweisen

Es folgen ein paar Beispiele, die auf das Vorherige aufbauen. In 2.9 fällt folgendes auf: Die Objektvariablen (Zeilen 2-4) beginnen mit einem Unterstrich. Alle Variablen, deren Namen mit einem solchen beginnen, sind geschützt, was bedeutet, sie sind außerhalb des eigenen Paketes nicht sichtbar und sind deshalb vor Zugriffen von außen geschützt. In Java entspricht dies der Standard-Sichtbarkeit nur im Paket, ohne Modifizierer vor der Variablen. Weitere feinere Steuerung des Zugriffsschutzes gibt es in Dart allerdings (bisher) nicht. Also auch kein private oder public. Allerdings erleichtert dies die Verständlichkeit der Programmierung. So ist beispielsweise in Java nicht immer intuitiv der Unterschied zwischen protected und Package-Local (kein Modifizierer) klar. Der Unterstrich hat in anderen Programmiersprachen wie Python oft auch nur rein semantische Bedeutung, dort werden lediglich Variablen per Konvention als private Objektvariablen gekennzeichnet. Der Compiler macht dort keinen Unterschied zwischen Variablen mit und ohne vorangestelltem Unterstrich. In Dart ist der Unterstrich allerdings Teil der Syntax.

Weiter fällt in Zeile 6 auf, dass dort der Konstruktor überhaupt keinen Rumpf aus geschweiften Klammern hat. Die Variablen werden dort in den runden Parameter-klammern direkt (mit this.<Variable>) initialisiert. Der Code wird so verkürzt und lesbarer. Zudem muss man die Typen dort auch nicht angeben. Als Konvention sollte man zudem den Variablentyp nur einmal (bei der Deklaration der Objektvariablen) angeben, so wird es im Coding-Style von Dart vorgeschlagen. Dies kann man allerdings kritisch sehen, da dann eventuell die Autovervollständigung in den Editoren oder Entwicklungsumgebungen keine Typ-Vorschläge mehr machen kann. Es gibt noch eine weitere kleine Syntax-Abweichung: Wie in Listing 2.10, Zeile 4 erkennbar, kann man das new-Schlüsselwort bei der Objekterzeugung einfach weglassen. Dies hat keine weitere Auswirkung auf das Verhalten des Programms. Jedoch sieht man in vielen Quellcodes z.B. auf GitHub, dass dort new gerne verwendet wird. Später, bei den Flutter-Layouts, ist das Weglassen von new sehr sinnvoll, da man damit Layout-Strukturen aus Objekten in einem deklarativen Stil konstruieren kann.

---

Konstruktor: <Klassenname>(<Konstruktorparameter>) <Rumpf> | ;            `i`

**Listing 2.9:** Person-2.dart

```
1  class Person {
2    String _vname;
3    String _nname;
4    int _alter;
5
6    Person(this._vname, this._nname, this._alter);
7
8    void info() {
9      print("Person $_vname $_nname ist $_alter Jahre alt.");
10   }
11 }
```

**Listing 2.10:** main-2.dart

```
1  import 'Person-2.dart';
2
3  void main() {
4    var p = Person("Hans", "Meier", 33);
5    p.info();
6  }
```

### 2.2.7 Benannte Konstruktoren, optionale Parameter, Fat-Arrow

Wenn man mehrere Möglichkeiten haben will, einen Konstruktor aufzurufen, also mit einer variierenden Anzahl von Parametern, muss man in vielen Sprachen, so beispielsweise in Java, mehrere Konstruktoren schreiben, mit unterschiedlicher Anzahl an Parametern, die sich dann eventuell noch gegenseitig aufrufen (Constructor Chaining).

In Dart gibt es eine elegantere Möglichkeit: Man kann Parameter[6] optional machen, indem man diese in eckige Klammern setzt (siehe Listing 2.11, Zeile 6 und 7, Aufruf Listing 2.12).

Nun wird es ein wenig komplexer: Es gibt in Dart zusätzlich zu den beispielsweise in Java üblichen Positionsparametern, also Parameter, bei denen die Werte der Reihenfolge nach zugewiesen werden, noch die Möglichkeit, Schlüsselwortparameter zu nutzen. In Listing 2.13 kann man die verschiedenen Möglichkeiten der Deklaration und des Aufrufs sehen. Leider kann man optionale Positionsparameter nicht mit Schlüsselwortparametern mischen, Die Funktionsdeklaration in Zeile 21 funktioniert so nicht.

---

6 Dies gilt für Parameter von Konstruktoren genauso wie für Parameter von Methoden oder Funktionen.

---

In Parameterklammern kann man optionale Parameter [...] oder benannte Parameter {k:v} zusätzlich zu den Positionsparametern verwenden.

---

Übrigens: Das doppelte Fragezeichen in Zeile 6 ist eine besondere Form des bedingten Ausdrucks. In den meisten Sprachen gibt es den bekannten x ? a : b Ausdruck. Zur Erinnerung, dieser bedeutet, wenn *x* wahr ist (*true*), nimmt der gesamte Ausdruck den Wert *a* an, ansonsten *b*. In Dart gibt es zusätzlich den a ?? b Ausdruck: Er bedeutet: Wenn *a null* ist wird der Ausdruck *b*, ansonsten *a*. Diese Syntax ist sinnvoll, da Variablen standardmäßig mit null initialisiert werden können, wenn man dies explizit erlaubt, indem man ein Fragezeichen nach dem Typ angibt (int? y).

---

Es gibt einen konditionalen Zuweisungs-Operator (ternären Operator), der die Zuweisung nur dann durchführt, wenn die Variable null ist <Variable> ?? <Ausdruck>.

---

In den Zeilen 14 bis 19 von Listing 2.11 sieht man weitere Besonderheiten: Dart bietet Getter und Setter mit den Keywords get und set. Wenn man diese vor Methodennamen setzt, können diese wie Objektvariablen angesprochen werden: get name {return "Fred";} kann mittels objekt.name ausgelesen werden. set name(n) {this.name = n;} kann mittels objekt.name = "Fritz" zugewiesen werden. Wie in 2.2.2 erwähnt, gibt es in Dart die Möglichkeit, Funktionsobjekte zu erzeugen und die Schreibweise mit dem Fat-Arrow kurz zu halten. Diese Syntax kann man dann auch zusammen mit den Gettern und Settern verwenden. Die obigen Beispiele werden dann zu: get name => "Fred"; und set name(n) => this.name = n;. Von Zeile 9 an bis Zeile 12 ist ein sogenannter benannter Konstruktor zu sehen. Über diese kann man dann auch mehrere Konstruktoren anbieten, allerdings müssen sie über einen eigenen Namen angesprochen werden, siehe Listing 2.12, Zeile 6.

**Listing 2.11:** Person-3.dart

```
1   class Person {
2     String _vname = "";
3     String _nname = "";
4     int _alter = 0;
5
6     Person(this._nname, [this._vname = 'Unbekannt',
7         this._alter = 18]);
8
9     Person.fromOther(Person p) {
10      this._vname = p.firstName;
11      this._nname = p.lastName;
12      this._alter = p.age;
13    }
```

```
14    get info => "Person $_vname $_nname ist $_alter Jahre alt.";
15    String get lastName => this._nname;
16    get firstName => this._vname;
17    get age => this._alter;
18    set lastName(String nam) => this._nname = nam;
19    printInfo() => print(info);
20  }
```

**Listing 2.12:** main-3.dart

```
1   import 'Person-3.dart';
2
3   void main() {
4     Person p = Person("Meier");
5     print(p.info);
6     Person q = Person.fromOther(p);
7     q.printInfo(); // gleiches Ergebnis
8   }
```

**Listing 2.13:** parameter.dart

```
1   int addXYZ1(int x, int y, int z) {
2     return x + y + z;
3   }
4
5   int addXYZ2(int x, [int? y, int? z]) {
6     return x + (y ?? 0) + (z ?? 0);
7   }
8   int addXYZ3(int x, [int y = 0, int z = 0]) {
9     return x + y + z;
10  }
11
12  int addXYZ4({x: 0, y: 0, z: 0}) {
13    return x + y + z;
14  }
15
16  int addXYZ5(int x, int y, {int z: 0}) {
17    return x + y + z;
18  }
19
20  //Falsch
21  int addXYZ6(int x, [int y], {int z: 0}) {
22    return x + y + z;
```

```
23   }
24
25   void main() {
26     print( addXYZ1(1, 2, 3) );
27     print( addXYZ2(1, 2) );
28     print( addXYZ3(1, 2) );
29     print( addXYZ4(x: 1, y: 2) );
30     print( addXYZ5(1, 2, z: 2) );
31     //Falsch
32     print( addXYZ6(1, 2, z: 2) );
33   }
```

### 2.2.8 Immutable, Annotationen

Dart bietet die Möglichkeit, Objekte „immutable" zu machen, also unveränderlich. Das bedeutet, dass diese Objekte, im Gegensatz zu den üblichen in der Objektorientierung, ihren Zustand nicht verändern können. Das Konzept wird dann im Flutter-Framework wieder aufgegriffen, dort gibt es „Stateless Widgets", also Elemente der Benutzeroberfläche, die keinen Zustand haben, beispielsweise Text, der sich nicht ändert. Der Vorteil ist eine einfachere, schnellere Speicherverwaltung.

Um eine Klasse immutable zu machen, gibt es zwei Möglichkeiten. Die erste ist in 2.14 zu sehen: Alle Felder müssen final sein (Zeilen 4-6), zusätzlich muss dem Konstruktor das const Schlüsselwort vorangestellt werden. Dann kann man wie in Listing 2.15, Zeile 4 den Konstruktor mit const aufrufen, anstatt das (ansonsten optionale) Schlüsselwort new zu verwenden. Bei dieser Methode, das Objekt unveränderlich zu machen, wird zur Compile-Zeit bereits das Objekt generiert, anstatt es zur Laufzeit in den Speicher zu laden. Nachteil hierbei ist, dass alle Informationen über den Zustand des Objektes dort bereits vorliegen müssen. Man kann also keine Informationen laden oder durch Nutzereingabe erzeugen und dann das Objekt unveränderlich generieren. Falls man dies allerdings tun will, gibt es eine zweite Möglichkeit:

In Dart kann man Annotationen einsetzen, ähnlich wie in Java. Man kann also Code-Teile mit Kennzeichnungen versehen, die dann vom System ausgewertet werden können. So gibt es ein Paket „meta" in der Systembibliothek von Dart.

Diese kann man über import 'package:meta/meta.dart'; einbinden. Dann muss man vor die Klassendefinition, also über class ... lediglich die Annotation @immutable schreiben. Die Schlüsselwörter final und const braucht man in diesem Fall nicht verwenden. Wenn man in der Folge ein Objekt erzeugt, ist dies in seinem Zustand eingefroren und kann nicht verändert werden. Man hat allerdings den Vorteil, dass man Informationen vorher dynamisch generieren kann.

> ℹ️ Immutable-Klassen: Die Verwendung von immutable, also unveränderlichen Klassen, sowie von *final* und *const*-Variablen kann die Performance erhöhen.

In Zeile 8 in Listing 2.14 sieht man noch eine Annotation `@required`, die auch Bestandteil von Flutter ist. Hier in Listing 2.16 sieht man beispielhaft eine eigene Definition der Annotation. In Dart sind diese mit den Standard-Mitteln der Programmiersyntax zu definieren – im Gegensatz zu Annotationen bei Java, wo die Syntax sich nicht mit der sonstigen Syntax der Programmiersprache deckt. In Dart sind Annotationen entweder konstante Variablen oder konstante Konstruktoren. Erzeugt man ein konstantes Objekt aus einer Klasse, kann man mit vorangestelltem @-Symbol den Code damit dekorieren und ggf. auswerten. Die Auswertung von Metadaten über den Code erfolgt mit der `dart:mirrors` Bibliothek, analog zu Reflections in Java. Übrigens gibt es den Modifizierer `required` als Schlüsselwort, den man ab Dart 2.12 anstatt der Annotation `@required` einsetzen soll.

### 2.2.9 Pakete und Abhängigkeiten

Um die Abhängigkeiten des eigenen Codes aufzulösen, hier die Verwendung des Meta-Paketes, muss zuerst einmal ein eigenes Paket geschnürt werden: Per Konvention muss im Arbeitsverzeichnis eine so genannte „pubspec.yaml"-Datei liegen, die die Abhängigkeiten auflistet: In Listing 2.17 ist in Zeile 4 das Meta-Paket aufgeführt. Die Yaml-Dateien haben eine eigene Syntax. Zu Fehlern führt oft, dass dort die Einrückungen der Zeilen von Bedeutung sind. Hier ist `meta: ^1.1.7` eingerückt, was bedeutet, dass es hierarchisch unter `dependencies:` liegt. Der zum Paket gehörige Dart-Quellcode sollte übrigens in einem Ordner `lib/` im Arbeitsverzeichnis liegen. Wenn man dann im Arbeitsordner das Kommando `pub get` ausführt, wird das Paket automatisch von einem Cloud-Server heruntergeladen und installiert, vorausgesetzt natürlich, man hat vorher Dart selbst installiert.

Pub ist das Dart-eigene Paketmanagementsystem. Solche Systeme gibt es mittlerweile für einige Programmiersprachen oder Programmier-Frameworks wie Ruby, Python oder Node. Dies erleichtert den Umgang mit externen Programm-Bibliotheken, da diese dort nicht mehr kompliziert aus dem Internet zusammengesucht werden müssen. Ein Problem ist allerdings die Versions-Abhängigkeit der Bibliotheken, beispielsweise wenn das Paket A aktualisiert wird und ein Paket B davon abhängig ist und nicht mehr funktioniert, da es auf die alte Funktionalität von Paket A aufbaut. Bei größeren Projekten kann dies auch mit Flutter und Dart zu massiven Problemen führen und hat dann umfangreiche Arbeiten im `pubspec.yaml`-File zur Folge. Denn zu allem Übel kann es sein, dass verschiedene Pakete von denselben Paketen abhängig sind, nur von unterschiedlichen Versionen. Falls die Frage aufkommt, was das Dach-Symbol (Caret) in Zeile 4 Listing 2.17 bedeutet: Es besagt hier, dass alle Haupt-Versionen ≥

1.3.0 bis zum nächsten Haupt-Release < 2.0.0 verwendet werden sollen, und zwar die größtmöglichen.

---

In der pubspec.yaml-Datei werden die verwendeten externen Bibliotheken aufgelistet. Mit dem **i** Konsolen-Kommando pub get werden diese dann aus der Cloud auf den lokalen Rechner installiert. Eine Übersicht über alle Packages gibt es unter https://pub.dev/flutter/packages.

---

**Listing 2.14:** Person-4.dart

```
1  import 'package:meta/meta.dart';
2
3  class Person {
4    final String vname;
5    final String nname;
6    final int? alter;
7    const Person(this.nname, {this.vname: 'Unbekannt',
8        @required this.alter});
9    get info => "Person $vname $nname ist $alter Jahre!!! alt.";
10   printInfo() => print(info);
11 }
```

**Listing 2.15:** main-4.dart

```
1  import 'Person-4.dart';
2
3  void main() {
4    Person p = const Person("Meier", vname: 'Hans', alter: 23);
5    p.printInfo();
6  }
```

**Listing 2.16:** meta-4.dart

```
1  const required = Required("No Arg");
2  class Required {
3    final String _msg;
4    const Required([this._msg = '']);
5  }
```

**Listing 2.17:** pubspec.yaml

```
1  name: Persons
2  description: A Test
3  dependencies:
4      meta: ^1.3.0
```

### 2.2.10 Factory Konstruktor und Initialisierungsliste

Es gibt noch weitere Möglichkeiten, Konstruktoren zu schreiben. In Listing 2.18 sieht man in Zeile 6 einen Factory-Konstruktor: Dieser muss ein Return-Kommando haben, welches ein Objekt vom Typ der Klasse zurückliefert. Hier wird ein weiterer benannter Konstruktor aufgerufen. Man beachte, dass dieser geschützt ist, durch den vorangestellten Unterstrich. In Zeile 10 ist dieser Konstruktor zu sehen. Dort wird das Feld *radius* in den Parameterklammern initialisiert. Da der Durchmesser und die Fläche eines Kreises vom Radius abhängen, sollte man diesen ebenfalls gleich mit initialisieren. Im Beispiel sieht man eine Möglichkeit, dies zu tun, ohne einen Rumpf zu schreiben, in dem man die Berechnung vornimmt. Nach dem Doppelpunkt hinter den Parameterklammern kann man Zuweisungen schreiben. Mehrere Zuweisungen können hier getrennt durch ein Komma aufgelistet werden.

**Listing 2.18:** Circle.dart

```dart
class Circle {
  double radius;
  double diameter;
  double area;

  factory Circle(r) {
    return Circle._fromRadius(r);
  }

  Circle._fromRadius(this.radius)
      : diameter = radius * 2,
        area = radius * radius * 3.14;
}
```

**Listing 2.19:** main-6.dart

```dart
import 'Circle.dart';
void main(){
  var c = Circle(10.0);
  print(c.diameter);
}
```

### 2.2.11 Vererbung, Mixins und Interfaces

Natürlich gibt es in Dart Vererbung, in Listing 2.20 Zeile 7 wird eine neue Klasse Student deklariert, die von Person aus Listing 2.14 erbt. Gleich hier kann man noch lesen, dass hier eine weitere Klasse nach with angegeben wird, nämlich Learner. Das Konzept dahinter heißt „Mixin". Mixins erlauben die Verwendung von gewissen Funktionalitäten zusätzlich zur ererbten Funktionalität. Praktisch bedeutet dies, dass die eingebundene Klasse Learner keinen Konstruktor haben darf. Die Klasse kann abstract sein (Zeile 3), das ist allerdings nicht zwingend notwendig. Man könnte also abstract weglassen und auch Objekte daraus erzeugen. Allerdings ist es guter Stil, wenn man die Teil-Funktionalitäten nicht als eigenständige Objekte behandelt. Methoden von Mixins werden in die Klasse übernommen. Im Beispiel kann dann von Objekten der Klasse Student die Methode learn() von Learner aufgerufen werden, siehe 2.21, Zeile 6.

In Zeile 10 beim Listing 2.20 ist ein Doppelpunkt nach der Konstruktor-Parameter-klammer, dort wird üblicherweise der Superkonstruktor ähnlich wie in C# oder C++ aufgerufen, mit super(...) (Zeile 12). Auch kann man hier (und auch anderswo im Code) so genannte „Assertions" angeben. Im Beispiel wird geprüft, ob der beim Konstruktor angegebene Nachname vorhanden ist.

---

Mixins: Mit diesen gibt es die Möglichkeit einer Art Mehrfachvererbung: Mit dem Schlüsselwort with kann man Fähigkeiten und Eigenschaften weiterer Klassen in die vorhandene Klasse einbinden. Objekte dieser Klasse sind dann auch vom Typ dieser Klassen. Allerdings dürfen diese keinen Konstruktor besitzen, da man den Super-Konstruktor der Mixins nicht von der Subklasse aus aufrufen kann.

---

Dart kennt auch noch das Schlüsselwort implements, wie es auch in anderen Sprachen Anwendung findet. Alle in den dort angegebenen Interfaces deklarierten Methoden müssen in der Klasse realisiert werden. Im Unterschied zu anderen Sprachen kennt Dart kein eigenes Schlüsselwort interface, mit dem man diese Interfaces spezifizieren kann. In Dart ist das einfach geregelt: Man kann als Interfaces alle Klassen angeben. In der Subklasse müssen dann alle Methoden der Interface-Klassen implementiert werden. Die Implementierungen in den Super-Klassen werden nicht mehr ausgeführt. Falls man also ein reines Interface wie in Java oder C# deklarieren will, sollte man stattdessen eine abstrakte Klasse dafür verwenden.

---

Es gibt das Schlüsselwort implements, allerdings kein Schlüsselwort interface. Interfaces sind in Dart abstrakte Klassen.

---

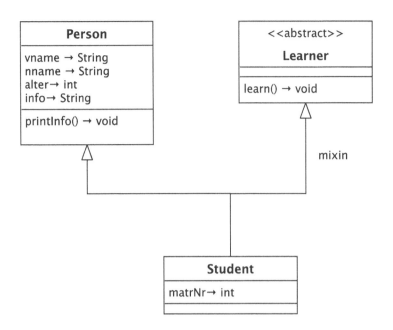

**Listing 2.20:** Person-5.dart

```dart
1   import 'Person-4.dart';
2
3   abstract class Learner {
4     void learn() => print("thinking...");
5   }
6
7   class Student extends Person with Learner {
8     int matrNr;
9     Student(nname, vname, alter, this.matrNr)
10        : assert(nname != null),
11          assert(nname != ""),
12          super(nname, vname: vname, alter: alter);
13  }
```

**Listing 2.21:** main-5.dart

```
1  import 'Person-5.dart';
2
3  void main() {
4    Student s = Student("Meier", 'Hans', 23, 123);
5    s.printInfo();
6    s.learn();
7    print(s is Learner);
8  }
```

### 2.2.12 Dynamische Erweiterung von Typen

In Dart ab der Version 2.7 gibt es so genannte Erweiterungs-Methoden. Mithilfe dieser können Klassen und auch alle „primitiven" Typen[7] wie int und bool durch Methoden und auch Getter und Setter erweitert werden. So kann man Features, die vermisst werden, einfach im Nachhinein einbauen, ohne extra eine neue Subklasse erschaffen zu müssen. In Listing 2.22 sind drei Methoden, die es ermöglichen, *int*-Variablen in Strings unterschiedlicher Zahlensysteme zu wandeln. In Zeile 1 wird einfach die Methode angegeben, mit der int erweitert werden soll: `.toBinaryString()`, die eine Binärzahl liefern soll. Der Ausdruck *this* ist immer das Objekt selbst, in diesem Fall der Zahlenwert. Die Klasse *int* bietet bereits eine Methode `.toRadixString()`, die einen String im Zahlensystem mit der angegebenen Basis zurückliefert. Für Dualzahlen wird ein String mit dem eigenen Wert im Zahlensystem zur Basis 2 zurückgegeben.

In Zeile 7 wird eine Hexadezimal-Darstellung implementiert, in Zeile 13 eine Oktalzahl-Darstellung. Hier heißen die Methoden jeweils `.str()`. Dafür tragen die Erweiterungen jeweils einen eigenen Namen: *Hex* und *Oct*. Beim Aufruf der Erweiterungs-Methoden in Zeile 21 und 22 wird die Zahl dann als Parameter der entsprechenden Namen übergeben.

---

Extension Methods:
Dart bietet die Möglichkeit, vorhandene Klassen um Methoden, Getter und Setter zu erweitern:
`extension [ <Name> ] on <Typ> { <Methoden> }`

[i]

---

---

[7] Allerdings gibt es in Dart keine primitiven Typen wie in anderen Sprachen, da alles ein Objekt ist.

**Listing 2.22:** extension.dart

```
1   extension on int {
2     String toBinaryString() {
3       return this.toRadixString(2);
4     }
5   }
6
7   extension Hex on int {
8     String str() {
9       return this.toRadixString(16);
10    }
11  }
12
13  extension Oct on int {
14    String str() {
15      return this.toRadixString(8);
16    }
17  }
18
19  void main() {
20    print (42.toBinaryString() );
21    print ( Hex(42).str() );
22    print ( Oct(42).str() );
23  }
```

## 2.2.13 Generische Klassen

### 2.2.13.1 Typparameter

Dart bietet ähnlich wie Java auch „Generics", also Typparameter. Da das Feature nicht in allen Sprachen gleich verwendet wird und da auch die Konzepte vielleicht nicht bei allen Leser*innen so präsent sind, gibt es hier eine kleine Hinführung dazu.

Angenommen, man möchte Paare von gleichen Dingen in einer Klasse repräsentieren, hier Zahlen (double) und Zeichenketten (String). Man kann natürlich jeweils eine Klasse dafür erstellen, wie in den Listings 2.23 und 2.24. Man kann in Dart die Definition aber allgemeiner halten, also „generischer", und wie in Listing 2.25 eine Typparametervariable, hier T genannt, verwenden. Man kann dann in Listing 2.26 konkrete Typen einsetzen, also double und String. Dann wird anstatt T der konkrete Typ in der Klassendefinition dafür eingesetzt.

**Listing 2.23:** PairDouble.dart

```
1  class PairDouble {
2    double a;
3    double b;
4    PairDouble(this.a, this.b);
5  }
```

**Listing 2.24:** PairString.dart

```
1  class PairString {
2    String a;
3    String b;
4    PairString(this.a, this.b);
5  }
```

**Listing 2.25:** Pair.dart

```
1  class Pair<T> {
2    T _a;
3    T _b;
4    Pair(this._a, this._b);
5    set a(T a) => this._a = a;
6    set b(T b) => this._b = b;
7    T get a => _a;
8    T get b => _b;
9  }
```

**Listing 2.26:** pairs.dart

```
1  Pair<String> st = Pair<String>("Dieter","Meiller");
2  Pair<double> d = Pair<double>(7.0,2009.0);
3  print(st.a);
```

### 2.2.13.2 Beschränkte parametrische Polymorphie

Nun ist das Typparameter-Konzept aber zu offen, deshalb gibt es in Dart die Möglichkeit, die Typen zu beschränken, mit <Variable> extends <Typ> wie in Listing 2.28, Zeile 1. Im konkreten Beispiel wird klar, wozu man dies benötigen kann: Man hätte gerne eine Definition des Konzepts eines Getränkekastens (inspiriert von [57, S. 32]), der allerdings nur mit Flaschen befüllt werden kann und nicht mit beliebigen anderen Dingen (Objekten anderen Typs in der Programmierung). Hier wird festgelegt, dass der Kasten immer nur Flaschen aufnehmen kann, wobei hier der Typ Flasche abstrakt ist (Listing 2.27, Zeile 1). Dann kann man einen Kasten vom Typ Bierkasten nur mit konkreten Flaschen bestücken, siehe 2.29. In Dart kann man nicht, im Gegensatz zu Java, die Typen mit <Variable> super <Typ> in die andere Richtung der Vererbung beschränken und angeben, dass der Typ T ein Super-Typ von einem anderen Typ sein soll.

---

**⚡** Generics in Dart sind ähnlich wie denen in Java. <Typvariable> [ extends <Supertyp> ] Allerdings kann man hier nicht eine Beschränkung nach unten der Vererbungshierarchie machen wie in Java mit super.

---

**Listing 2.27:** Flaschen.dart

```
1  abstract class Flasche {
2    int get inhalt;
3  }
4
5  class ColaFlasche implements Flasche {
6    int get inhalt => 75;
7  }
8
9  class BierFlasche implements Flasche {
10   int get inhalt => 100;
11 }
```

**Listing 2.28:** Kasten.dart

```
1  class Kasten<T extends Flasche> {
2    List<T> flaschen;
3    Kasten(this.flaschen);
4  }
```

**Listing 2.29:** kaesten.dart

```
1  var flaschen = <Flasche>[
2    BierFlasche(), BierFlasche(), ColaFlasche()
3  ];
4  var kasten = Kasten<Flasche>(flaschen);
5  var obj= Kasten<Object>([]); //Geht nicht
6  print(obj.flaschen);
```

### 2.2.14 Asynchrone Operationen

Ein wichtiges Feature in Dart ist die asynchrone Ausführung von Funktionen. Hiermit wird es möglich, in einem Thread, also einem Ausführungsstrang, auf das Eintreten eines Ereignisses zu warten, ohne die Anwendung als solche zu blockieren. In Listing 2.30 ist eine Funktion implementiert, die in Zeile 5 ein neues File erzeugt und dann in Zeile 6 so lange wartet, bis das File tatsächlich erzeugt wurde. Die Zeit, die diese Operation benötigt, ist nicht konstant, da man nicht sagen kann, wo sich der Datenträger befindet, er könnte ja auf einem entfernten Laufwerk in einer Cloud liegen. Auch die Schreibgeschwindigkeit von unterschiedlichen Laufwerken variiert. Diese Operation steht in diesem Beispiel stellvertretend für viele Operationen. Zu beachten ist bei dieser Funktion, dass diese kein String-Objekt zurückgibt, wie Zeile 7 nahelegt, sondern ein Future-Objekt des Typs String (Zeile 4).

Future-Objekte sind quasi Zukunft, die eintreten kann oder wird. Alle Future-Objekte haben eine Methode then(..). In normaler Sprache könnte man es so ausdrücken: Nach dem Eintreten von ... mache dies oder das. Im aufrufenden Code in Listing 2.31 wird die Methode .then(...) des Future-Objektes aufgerufen, welche eine anonyme Funktion mitbekommt. Diese wird erst nach der Beendigung der aufrufenden Funktion (getFilePath(...)) aufgerufen. Als Argument wird ihr dann ein Parameter vom Typ des Future-Objektes (hier String) mitgegeben und kann ihn dann in der mitgegebenen Funktion verarbeiten.

Interessant ist, dass der Aufruf in Zeile 2 nicht wartet (blockt), bis die Operation als Ganzes beendet wurde. Die Zeile 5 wird unmittelbar aufgerufen, erst danach wird Zeile 3 ausgeführt, es sei denn, die Operation zum Anlegen des Files (im Beispiel) ist schneller als die Programmausführung und der Übergang zu Zeile 5.

Wie erwähnt, kann man auch noch Fehler behandeln. Falls etwas nicht geklappt hat, kann man dies mit der Methode .catchError(...) behandeln. Dann wird diese Methode anstatt der .then(...)-Methode ausgeführt. Eine weitere optionale Methode .whenComplete(...) wird in jedem Fall ausgeführt, falls vorhanden.

---

Asynchrone Methoden werden mit async gekennzeichnet. Der Wert vom Typ T, den man mit return x zurückliefern will, wird dann als Future<T> zurückgegeben. Dieser besitzt eine Methode .then((T x) {...}), bei der man eine Methode angibt, die aufgerufen wird. wenn die asynchrone Operation, auf die mit await gewartet werden kann, durchgeführt wurde. Ein Methodenaufruf, auf dem mit await gewartet wird, muss innerhalb einer asynchronen Methode sein. Die aufgerufene Methode muss ebenfalls eine asynchrone Operation sein.

---

**Listing 2.30:** getFilePath.dart

```
1  import 'dart:async';
2  import 'dart:io';
3
4  Future<String> getFilePath(String name) async {
5    final file = new File("$name");
6    await file.exists();
7    return file.path;
8  }
```

**Listing 2.31:** callGetFilePath.dart

```
1  void foo() {
2    getFilePath('Foo.txt').then((String path) {
3      print(path);
4    });
5    print("Davor oder danach");
6  }
```

### 2.2.15 Generatoren: Iteratoren und Streams

Die Verwendung von Co-Routinen ist ein schon altes Konzept, das bereits in der objekt-orientierten Programmiersprache Simula vorhanden war, jedoch halten diese erst jetzt wieder in vielen Programmiersprachen Einzug. Diese erlauben es, aus einer Funktion zurückzukehren, die Ausführung aber beim nächsten Aufruf wieder an derselben Stelle fortzusetzen. In Dart gibt es zudem noch Generator-Funktionen, die eine Erweiterung dieses Konzeptes sind: Diese erzeugen eine Sequenz an Ergebnissen, aber nicht alle auf einmal, sondern „träge" (engl.: lazy), also nach Bedarf.

In der in Listing 2.32 zu sehenden Funktion zahleBis(n) zählt eine *while*-Schleife eine Zählvariable k bis n hoch. Zu beachten ist hier das Schlüsselwort yield, welches wie return den nachfolgenden Ausdruck zurückgibt. Im Gegensatz zu einer normalen Funktion mit return wird die Ausführung jedoch an dieser Stelle wieder fortgesetzt, bis die Bedingung k < n nicht mehr erfüllt wird. Nach der Rückkehr wird immer eine Sekunde abgewartet (Zeile 7). Die Funktion ist mit sync* als Iterator gekennzeichnet. (Der Stern bedeutet Generator-Funktion.) So wie async und await zusammengehören, gehören auch sync* oder async* und yield zusammen. Der Rückgabewert ist ein Iterable<int>. Im Gegensatz zu einer Liste, die vorab durch eine Schleife gefüllt und danach durchlaufen wird, können Iteratoren prinzipiell unendlich viele Werte haben, da der nachfolgende Wert immer erst beim nächsten Zugriff gebildet wird.

In Listing 2.33 wird die Ausgabe 2.34 erzeugt. Zuerst wird unmittelbar „Start" und „0" ausgegeben. Nach jeweils einer Sekunde dann „1, 2, 3". Nach zwei weiteren

Sekunden dann „2". In Zeile 7 wird zwar mit zahlenBis(50000000) eine hohe Zahl an Daten beschrieben, jedoch nur das 3. Element angefordert.

---

Es gibt normale „synchrone" Funktionen, asynchrone Funktionen mit async, sowie Generator-
Funktionen mit sync* und async*.

---

**Listing 2.32:** zahlenBisSync.dart

```
1  import 'dart:io';
2
3  Iterable<int> zahlenBis(n) sync* {
4    int k = 0;
5    while (k < n) {
6      yield k++;
7      sleep(Duration(seconds: 1));
8    }
9  }
```

**Listing 2.33:** callZahlenBisSync.dart

```
1   import 'zahlenBisSync.dart';
2   void main() {
3     print("Start");
4     for (var i in zahlenBis(4)) {
5       print(i);
6     }
7     print (zahlenBis(50000000).elementAt(2));
8     print (zahlenBis(2).runtimeType);
9     print("Fertig");
10  }
```

**Listing 2.34:** Ausgabe im Terminal

```
1  Start
2  0
3  1
4  2
5  3
6  2
7  _SyncIterable<int>
8  Fertig
```

Bei Listing 2.35 sieht man die asynchrone Variante. Der Rückgabewert ist hier Stream<int> und die Funktion ist als async* gekennzeichnet. Hier wird in Listing 2.36 Zeile 3 auf jedes einzelne Element des Streams gewartet. Ein Stream besteht aus einzelnen Future-Elementen, hier aus Future-Elementen vom Typ int. Bei Future-Elementen kann man nur zwei Dinge tun: entweder wartet man auf sie mit await, oder man sagt, was zu tun ist, wenn sie da sind, mit then(...). Dort muss als Parameter eine Funktion übergeben werden, die dann aufgerufen wird, wie vorher beschrieben.

Das Programm hat nun folgenden Ablauf: In der Main-Funktion wird zuerst unmittelbar, wie in Ausgabe 2.37 zu sehen, „Start", der Typ, „Fertig." und „0" ausgegeben, dann die Zahlen 1-3 nach jeweils einer Sekunde. Der Aufruf in Zeile 10 bewirkt nun, dass mit einer Sekunde Verzögerung die „2" ausgegeben wird, danach erst die „4".

**Listing 2.35:** zahlenBisAsync.dart

```
1  import 'dart:async';
2  import 'dart:io';
3  Stream<int> zahlenBis(n) async* {
4    int k = 0;
5    while (k < n) {
6      yield k++;
7      sleep(Duration(seconds: 1));
8    }
9  }
```

**Listing 2.36:** callZahlenBisAsync.dart

```
1  import 'zahlenBisAsync.dart';
2  void callZahlenBisAsync() async {
3    await for (int i in zahlenBis(5)) {
4      print("Zahl $i");
5    }
6  }
7  void main() {
8    print("Start");
9    callZahlenBisAsync();
10   zahlenBis(5).elementAt(2).then((n) => print(n));
11   print(zahlenBis(2).runtimeType);
12   print("Fertig.");
13 }
```

**Listing 2.37:** Ausgabe im Terminal

```
1  Start
2  _ControllerStream<int>
3  Fertig.
4  Zahl 0
5  Zahl 1
6  Zahl 2
7  Zahl 3
8  2
9  Zahl 4
```

### 2.2.16 Null-Sicherheit

Dart wird intensiv weiterentwickelt. Im Gegensatz zu Java, wo man immer eine Abwärts-kompatibilität gewährleistet, hat man bei Dart den Mut, Neuerungen einzuführen, die zur Folge haben, dass bestehender Code nicht mehr lauffähig ist. So kann man die Sprache Dart den neuesten Trends in der Programmiersprachenentwicklung anpassen, wohingegen Neuerungen bei Java nur mit großer Vorsicht eingeführt werden, so dass die Sprache anderen Sprachen hinterherhinkt. Der Nachteil bei diesem Vorgehen ist allerdings, dass bestehender Code nicht mehr funktioniert und man diesen umschreiben muss. Hier ist darauf zu achten, dass man auch Bibliotheken verwenden muss, die dem neuen Standard entsprechen. Diese müssen ihrerseits wieder vorher mit den dort verwendeten Bibliotheken in Einklang gebracht werden. Es entsteht eine Kette von Abhängigkeiten, so dass man nicht sofort den neuen Standard verwenden kann, sondern erst warten muss, bis alle Abhängigkeiten dem neuen Standard entsprechen. So ist es auch mit der Null-Sicherheit, die ab der Version 2.12 von Dart eingeführt wurde. Es gibt auf der Dart-Seite eine Empfehlung, wie man bei der Migration auf neue Versionen vorzugehen hat, siehe [16]. Hier wird nun eine kurze Einführung in die Null-Sicherheit gegeben (siehe [17]), an derer man auch erkennen kann, was es bedeutet, wenn sich Sprach-Features grundlegend ändern. Es ist davon auszugehen, dass weitere zukünftige Entwicklungen bei Dart ähnliche Effekte auf die Programmierpraxis haben werden.

Eine Variable hat den Wert *null*, wenn sie zwar deklariert, aber ihr noch kein Wert zugewiesen wurde. Dies kann einfach vergessen worden sein, aber in der Praxis wird dies problematisch, wenn man den Wert aus einer Datenquelle bezieht, die nicht deterministisch ist. Wenn man beispielsweise eine Datei ausliest, kann es vorkommen, dass dies fehlschlägt und das Ergebnis dann eben nicht eine Datei, sondern *null* ist. Zur Laufzeit muss man hier eine Ausnahmebehandlung vorsehen. Mit der Null-Sicherheit will man dieses Problem mit den Mitteln der statischen Typprüfung angehen. Bei interaktiven Programmen wie Apps gibt es keine Möglichkeit, sicherzustellen, dass

Variablen nie *null* werden, aber man will das weitestgehend vermeiden. So ist die Grundidee bei der Null-Sicherheit, dass man es bei Variablen explizit angeben muss, wenn diese den Wert *null* annehmen dürfen. Syntaktisch wird dies bei Dart dadurch ausgedrückt, dass man den Typ mit einem Fragezeichen (?) versieht. In Zeile 8 in Listing 2.38 sieht man eine Deklaration und Definition der Integer-Variable x1. Da Null-Sicherheit aktiviert ist, muss man gewährleisten, dass die Variable immer einen Wert zugewiesen bekommt. In Zeile 10 sieht man die Deklaration der Variable x2, einen Wert bekommt diese nicht zugewiesen. Wegen des Fragezeichens nach dem Typ darf diese Variable allerdings explizit den Wert *null* haben. In Zeile 13 sieht man einen Listentypen List<int>. Die Variable x3 dieses Typs muss immer mit einer Liste versehen werden, auch darf kein Element der Liste *null* sein. In Zeile 14 muss die Variable x4 nicht zwingend initialisiert werden. Falls ihr aber eine Liste zugewiesen wird, darf wiederum kein Element der Liste *null* sein. In Zeile 15 muss die Variable x5 mit einer Liste initialisiert werden, deren Elemente dürfen aber *null* werden. Null-sichere Variablen müssen den Wert zugewiesen bekommen, bevor man sie erstmalig verwendet. Wenn man Zeile 17 weglässt und der Variable x6 keine Liste zuweist, bekommt man deshalb schon bei der statischen Prüfung die Meldung:

```
Error: Non-nullable variable 'x6' must be assigned before it can be used.
```

In Zeile 20 wird in eine nullbare Variable ein Objekt der Klasse *Foo* gespeichert. Da die Eigenschaft *bar* der Klasse nicht bei Erzeugung des Objektes initialisiert wird, muss dies explizit mit late gekennzeichnet werden (Zeile 2). Der Zugriff auf dieses Feld müsste, da die Variable *f* selbst nullbar ist, durch eine Erweiterung des Punkt-Operators ?. erfolgen. Er sagt aus, dass man nur auf Eigenschaften des Objektes zugreifen kann, wenn das Objekt selbst nicht *null* ist. Der Ausdruck f?.bar liefert also den Wert von *bar*, wenn *f* nicht *null* ist, ansonsten *null*. Allerdings erkennt die statische Typprüfung hier, dass die Variable initialisiert wurde, somit ist die Angabe des Fragezeichens hier überflüssig (Zeile 22). In Klassen kann man null-sichere Variablen wie gewohnt deklarieren, wenn man diesen Standardwerte im Konstruktor gibt, so dass sichergestellt ist, dass diese einen Wert besitzen (Zeile 4). Bisher wurde, wenn man auf eine Eigenschaft eines Null-Objektes zugreifen wollte, ein Laufzeitfehler erzeugt. Mit der Null-Sicherheit will man mittels statischer Typ-Prüfung solche Fehler weitestgehend einschränken. In Zeile 25 würde einer null-sicheren Variable der Wert einer null-baren Variable zugewiesen. Man kann dies tun, indem man dies explizit angibt, durch das Ausrufezeichen (!) nach der Variable. Komplett dynamische Variablen können nach wie vor *null* sein (Zeile 26).

**Listing 2.38:** nullable.dart

```
1  class Foo {
2    late int bar;
3    int baz;
4    Foo([this.baz = 23]);
5  }
6
```

```
7   void main() {
8     int x1 = 42;
9     print(x1);
10    int? x2;
11    print(x2);
12
13    List<int> x3 = [1, 2, 3];
14    List<int>? x4;
15    List<int?> x5 = [1, 2, 3, null];
16    List<int?> x6;
17    x6 = [1, 2, 3, null];
18    print(x6);
19
20    Foo? f = Foo();
21    f.bar = 42;
22    //print(f?.bar);
23    print(f.bar);
24    x2 = 23;
25    //x1 = f.baz!;
26    var x7;
27    print(x7);
28  }
```

Dies war ein kurzer Überblick über die besonderen Features der Programmiersprache Dart. Diese bilden das Fundament für die Programmierung mit dem App-Entwicklungs-Framework Flutter, von dem der Rest des Buches handelt. Zusätzliche Informationen kann man der sehr guten Dokumentation auf der Dart-Homepage entnehmen [13].

# 3 Werkzeuge

In diesem Abschnitt wird auf die zur Entwicklung mit Flutter nötigen und nützlichen Werkzeuge eingegangen. Die Installations-Schritte werden besprochen, es gibt Hinweise auf nötige Konfigurationen. Es sei angemerkt, dass hier das Prinzip und das Zusammenspiel der Komponenten im Vordergrund steht. Noch detailliertere Anleitungen findet man in den angegebenen Quellen im Web.

## 3.1 Installation

Zur Arbeit mit Flutter benötigt man eine Reihe an Voraussetzungen. Notwendig ist folgende Software:
- Dart
- Flutter SDK
- Natives SDK (Android und/oder XCode)
    - für Android
        * Android SDK
        * Java SDK
    - XCode via App-Store
- Flutter
- Code-Editor
    - Android Studio und/oder
    - Visual Studio Code und/oder
    - anderer Editor
- Test Geräte iOS und/oder Android
    - iOS Emulator (mit XCode) und/oder
    - Android Geräte-Emulator und/oder
    - iOS-Gerät und/oder
    - Android-Gerät

https://doi.org/10.1515/9783110753080-003

### 3.1.1 Zusätzliche Software

Zudem wird nahegelegt, dass man zur Entwicklung von Apps mindestens folgende
Software installiert oder zur Verfügung hat:
- Git (Versionierung und Repository)
- Bildbearbeitungs-Software
  - Gimp oder Photoshop
  - Illustrator oder Inkscape
- Soundbearbeitungs-Software
  - Adobe Audition oder Audacity

Git kann man verwenden, um seine eigene Software-Entwicklung zu verwalten, also
zu versionieren und Backups zu machen, Falls man im Team entwickelt, wäre dies
dringend anzuraten. Zusätzlich ist es sehr nützlich, um Software aus dem Internet zu
beziehen. Falls nicht bereits auf dem Rechner vorhanden (z.B. bei Windows), gibt es
hier [32] eine Installationsanleitung.

Da es um die Programmierung von grafischen Oberflächen und Spielen geht, ist
eine Bildbearbeitungssoftware nötig. Diese zu installieren, ist auch für die Entwickler*innen zu empfehlen, da man oft Anpassungen an Bildern vornehmen muss. Natürlich kommt es darauf an, ob man ein Hobby-Projekt realisiert oder in einem Unternehmen im Team arbeitet. Jedoch ist es günstig, wenn man nicht wegen jeder kleinen
Änderung einen Designer bemühen muss. So muss man bei der Veröffentlichung (Deployment) der App Icons und Banner unterschiedlicher Größe bereitstellen. Die Wahl
für professionelle Grafiker*innen wären hier Adobe-Produkte, also Photoshop und
Illustrator, die in der Creative Cloud (CC) Software Suite verfügbar sind [1]. Neben den
Zeichenprogrammen kann noch weitere Grafiksoftware wie 3D-Animationsprogramme
oder Video-Bearbeitungssoftware zum Einsatz kommen. Im professionellen Bereich
sind Premiere und After Effects zur Videobearbeitung empfehlen (ebenfalls Adobe
Creative Cloud). Beim Deployment kann man Vorschau-Videos der App in den Store
hochladen. Die Aufgabe der professionellen Entwickler*innen wäre es, das vorprodu-
zierte Video in das geeignete Format zu konvertieren. Auch ein Soundbearbeitungs-
Programm ist von Vorteil. Adobe bietet hier Audition. Bereits bei der Planung des
Projektes könnte man geeignete Prototyping-Software einsetzen, so gibt es in der Adobe CC Adobe XD für die Erstellung von Klick-Prototypen. Im 3D-Bereich hat sich die
Software der Firma Autodesk mit 3ds Max und mit Maya durchgesetzt [6].

### 3.1.2 Freie Software, Ressourcen und Lizenzen

Allerdings kann man auch (als Entwickler*in oder auch als Grafiker*in) auf sehr etablier-
te Open-Source Software zurückgreifen. Es lohnt sich, einen Blick auf die Lizenzen der
Software, die man einsetzt, zu werfen, da es unterschiedliche Nutzungsbedingungen

gibt. So darf manche Software nur für nichtkommerzielle Projekte verwendet werden. Dies gilt auch für Education-Versionen von einigen erwähnten Grafik-Programmen. Bestimmte Software erzeugt sogar digitale Wasserzeichen in Bildern oder Filmen, und spezielle Firmen durchsuchen das Web auf solche Erzeugnisse zum Zwecke der Abmahnung. Deshalb sollte man sich als Entwickler*in, egal ob im Hobby- oder Profibereich, über die Modalitäten der Nutzung der eigenen Software im Klaren sein. Es gibt eine Menge freier Software und eine Menge an unterschiedlichen Open-Source Lizenzen. Die bekannteste und älteste Lizenz ist die GNU-Lizenz, die ursprünglich das Ziel hatte, eine freie Unix-Plattform zu verwirklichen [33]. Es gibt allerdings eine Menge anderer Software unter dieser Lizenz, die nicht direkt mit dem Betriebssystem in Beziehung steht. Für Bildbearbeitung empfiehlt sich Gimp, es bietet die meisten wichtigen Funktionen, die auch Photoshop besitzt [31]. Für Vektorgrafiken gibt es das Schwesterprogramm Inkscape [45]. Für Soundbearbeitung kann man Audacity nutzen [65].

Gerade beim Sound stellt sich die Frage, woher man den Content bekommt. Bei allen Ressourcen, die verwendet werden, muss man sich Gedanken darüber machen, ob und zu welchen Bedingungen diese verwendet werden dürfen. Viel kreativer Content, also Bilder, Sounds und Schriften, werden unter einer Creative-Commons Lizenz zur freien Verwendung zugänglich gemacht [11]. Hier sind die Unterschiede in den Lizenzen zu beachten. Oft muss man bei der Verwendung des Contents den Namen des Autors/der Autorin nennen. Hier sollte man in einer extra Seite in der Software (About...) die Lizenzen und die verwendeten Ressourcen erwähnen. Es ist manchmal einfacher, wenn man die Inhalte alle selbst erzeugt, wie im Beispielprojekt im Kapitel 7 geschehen, was gerade beim Sound nicht leicht ist. Man benötigt Geräusch-Effekte für das Spiel. Diese könnte man selbst aufnehmen und mit Audacity verfremden. An freie Hintergrundmusik kommt man nicht so einfach. Im Beispielprojekt wurde die Musik selbst erzeugt, mit der Synthesizer-Software Sonic Pi [60]. Damit kann man per Programmcode in der Programmiersprache Ruby die Musik algorithmisch erzeugen, was sicher vielen Entwickler*innen entgegenkommt. Die Erzeugnisse kann man dann wieder mit Audacity zuschneiden. Bei den Grafik-Ressourcen verhält es sich ähnlich, unter Creative Commons lizenzierte Grafiken, die passend für Flutter-Projekte sind, findet man beispielsweise unter der Webseite Open Game Art [58]. Freie Fonts gibt es zahlreich im Netz. Googles Seite Google Fonts [38] bietet hochwertige Schriften und ist komfortabel zu nutzen.

Bei Projekten, die veröffentlicht werden, muss man auf die Lizenzen achten. Es ist abzuklären, zu welchen Konditionen man Tools, Software-Bibliotheken und Content nutzen darf. Oft ist nur eine nichtkommerzielle Nutzung erlaubt. Eine wichtige Software-Lizenz ist GNU [33]. Für kreative Inhalte gibt es die Creative Commons Lizenz [11].

### 3.1.3 Installation des Flutter Frameworks

Am einfachsten ist es, Flutter und alle benötigten Dinge zu installieren, indem man Android Studio oder Visual Studio (die Vollversion, nicht VS-Code) installiert und das Flutter-Plugin für Android Studio und die Installation der Geräte-Simulatoren darüber ausführt.

Flutter selbst kann man manuell herunterladen und installieren. Die Anleitung findet man unter [27]. Das Problem dabei ist, dass man trotzdem die Android- beziehungsweise iOS-Entwicklertools benötigt. Diese bekommt man am einfachsten, indem man Android Studio (oder Visual Studio) beziehungsweise XCode auf dem Mac installiert. Von einer manuellen Installation des Android Software Development Kits (SDK) ist dringend abzuraten: Man müsste den kompletten Software-Stack installieren, also erst die korrekte Java-Version, dann das Android-SDK, danach noch einen Device-Emulator, also den Handy-Simulator. Der Autor unternahm solche Experimente unter Linux und musste dabei noch weitere Software-Bibliotheken beziehen, kompilieren und installieren, da diese nötig sind, um den Emulator und das SDK zu starten. Teilweise gab es dann Konflikte mit vorhandenen Bibliotheken. Diesen Aufwand und die Gefahr, seinen Rechner unbrauchbar zu machen, kann man sich sparen.

Ausgehend davon, dass ein natives Entwickler-SDK bereits installiert wurde, kann man Flutter auch alleine ohne eine integrierte Entwicklungsumgebung (IDE) über den direkten Bezug des Frameworks installieren. Das kann Vorteile haben, wenn man einen anderen Editor bevorzugt. Man kann die Flutter-Kommandos sehr gut ohne IDE ausführen. So gibt es Programmierer*innen, die VI oder EMACS oder Sublime Text als Editoren schätzen. Diese müssen nicht die vorgegebenen Standard-Editoren verwenden. Für den Mac und Linux kann man folgende Schritte durchführen, Voraussetzung ist es, dass Git installiert ist. Zuerst wird in das Home-Directory gewechselt. Darin wird die stabile Version von Flutter hineingeklont.

```
1  cd
2  git clone https://github.com/flutter/flutter.git -b stable
```

Damit man im Terminal das Flutter-Kommando eingeben kann, muss man die Path-Variable in der Shell-Umgebung anpassen. Es kommt allerdings darauf an, welche Shell man verwendet. Die Bash ist in älteren macOS-Betriebssystemen und meist unter Linux die Standard-Shell. Ab der macOS-Version Catalina ist die Standard-Shell die Z-Shell. Man öffnet die versteckte Ressource-Datei der entsprechenden Shell, also im HOME-Verzeichnis (~) die Datei „.zshrc" oder „.basrc". Hier trägt man dann `export PATH="$PATH:~flutter/bin"` ein. Wichtig ist es, danach das Terminal neu zu starten.

**Abb. 3.1:** Android Handy Emulator

---

⚡ Das HOME-Verzeichnis (˜) ist unter Linux und Mac das Verzeichnis /users/<USERNAME>. Dort befinden sich die Konfigurationsdateien für die Shell. Die versteckten Dateien sind dort weder im Terminal noch über den File-Browser sichtbar. Unter dem Mac-Finder kann man durch Drücken von „Shift+CMD+." diese sichtbar machen und dann mit dem Standard-Texteditor ändern. Unter Linux kann man den Terminal-Editor Nano im Superuser-Modus ausführen, um dies zu tun: sudo nano ~/.bashrc.

---

Dann sollte man per Kommandozeile eine Diagnose ausführen und dann ein Flutter-Beispiel-Projekt anlegen und starten können.

```
1 flutter doctor
2 flutter create example
3 cd example
4 flutter run
```

### 3.1.4 Installation von Android Studio

Je nach Betriebssystem, auf dem man entwickelt, muss man einer eigenen Installationsanleitung folgen. Unter dem Link `https://flutter.io/get-started/editor/` [27] kann man die Anleitung nachlesen. Auch Visual Studio Code wird unterstützt. Der Autor selbst bevorzugt VS Code und empfindet es als etwas bedienfreundlicher als Android Studio. Jedoch wird hier empfohlen, dennoch zuerst Android Studio und darüber Flutter zu installieren, da es manchmal (gerade bei Linux) zu Problemen bei der Installation kommen kann. Man kann danach auf jeden Fall trotzdem VS Code installieren und damit arbeiten. Hier wird kurz der Installationsvorgang beschrieben.

---

Als Entwicklungs-Umgebungen für Flutter stehen Android Studio und Visual Studio Code zur Verfügung. **i**

---

- Android Studio installieren (Installer unter: [18]).
- Android SDK installieren: Man sollte noch ein Android SDK installieren, unter Tools ⇒ SDK Manager.
- Zudem benötigt man noch ein virtuelles Gerät zum Testen. Unter tools ⇒ AVD Manager ⇒ Create Virtual Device kann man ein neues Gerät anlegen.
- Android Studio öffnen. File ⇒ Settings ⇒
  Plugins Browse repositories..., suche Flutter, klicke install. (Yes bei „Dart" Plugin; bestätigen bei der Installation). Dann muss man noch den Pfad zum fehlenden Flutter SDK angeben.
- Also muss man es runterladen (wie beschrieben via Git) oder per Download: `https://flutter.io/get-started/install/` und in einen Ordner entpacken, z. B. /home-Ordner oder auch Programme... (Das SDK ist der größte Download-Brocken)
- Nach der Installation sollte man in Android Studio ein neues Flutter-Projekt anlegen Dort den Pfad des SDKs eintragen, erst wenn dieser auf den Ordner „flutter" im entpackten Ordner verweist, kann man „weiter" klicken.
- Das Projekt sollte man nicht löschen, sonst werden die Einstellungen wieder aus dem Android Studio entfernt.

### 3.1.5 Installation von Visual Studio Code

Danach kann man bei Bedarf auch VS Code über einen Installer installieren [53]. Im Anschluss muss man hier auch ein paar Konfigurationen machen, um mit Flutter arbeiten zu können. Man kann bei den Extensions suchen, diese erreicht man über das Symbol mit den vier Quadraten in der rechten Sidebar, siehe Abbildung 3.4. Dort kann man nach den Erweiterungen suchen. Man muss das Flutter-Plugin und gegebenenfalls das Dart-Plugin installieren.

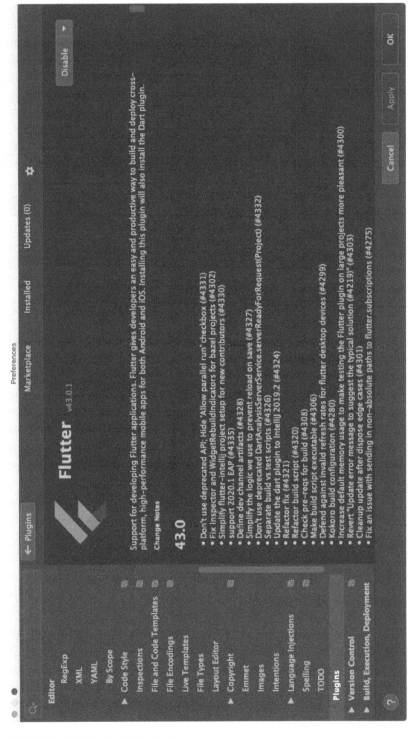

**Abb. 3.2:** Android Studio: Flutter Plugin

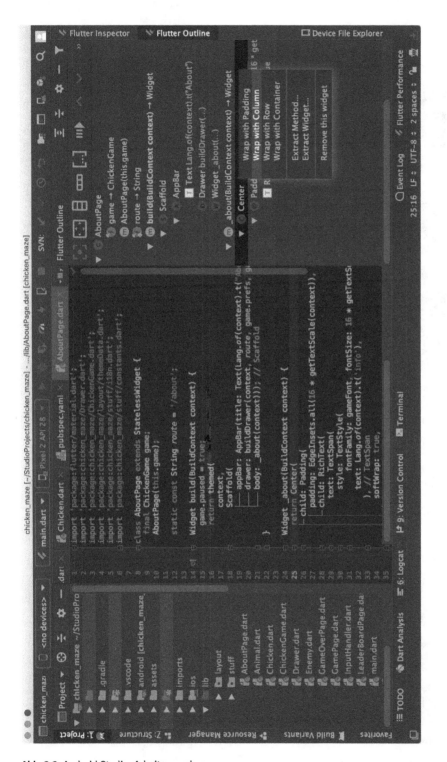

**Abb. 3.3:** Android Studio: Arbeitsumgebung

**Abb. 3.4:** Visual Studio Code: Flutter Plugin

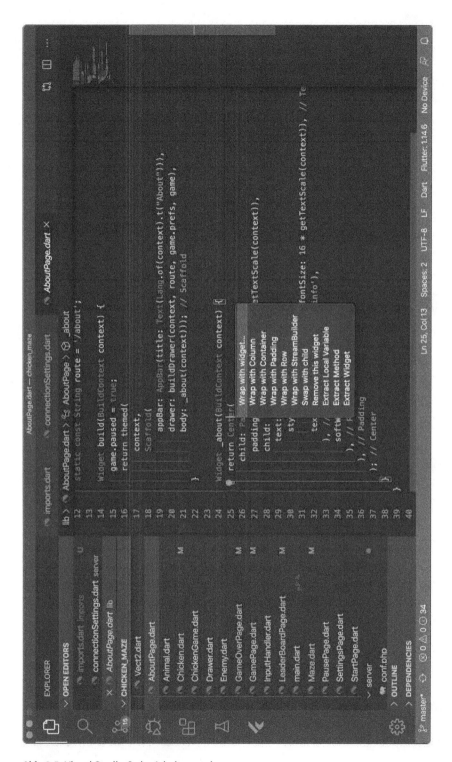

**Abb. 3.5:** Visual Studio Code: Arbeitsumgebung

Mit dieser Anleitung installiert man die Entwicklungsumgebung, das Flutter-SDK sowie das Android-SDK zur Entwicklung von Android-Anwendungen. Falls man, was schließlich ein Vorteil von Flutter ist, auch Anwendungen für iOS entwickeln will, muss man zusätzlich noch XCode installieren. Hier ist allerdings ein Mac-Rechner zu verwenden, um die native Datei für den App-Store zu erzeugen. Allerdings wäre es möglich, auf einem nicht-Mac unter Windows oder Linux zu programmieren und die Android-App über den Emulator zu testen und dann auf einem anderen Rechner unter macOS und XCode dann die . app-Datei zu erzeugen, was durchaus sinnvoll ist, wenn man im Team arbeitet. So könnte man sich einen speziellen Mac-Compile-Rechner, der von mehreren Entwickler*innen geteilt wird, konfigurieren.

### 3.1.6 Projekte anlegen und starten mit Android Studio

Es folgt eine Beschreibung, wie Projekte angelegt und gestartet werden. Die Konfiguration wird zuerst für Android Studio und eine Android-App erklärt. Das Prinzip ist allerdings dasselbe, egal ob man mit Android Studio, VS Studio Code oder nur über die Kommandozeile arbeitet. Nachdem Android Studio sehr schön durch den Workflow führt, wird dieser zuerst damit erklärt. Nachdem alles konfiguriert wurde, kann man Flutter-Projekte anlegen: Unter New ⇒ New Flutter Project kann man zwischen einer Flutter Application, einem Flutter Package, einem Flutter Plugin und einem Flutter Module wählen. Um eine App zu erstellen, sollte ein Flutter-Projekt angelegt werden. Die anderen Optionen sind dazu da, um Komponenten zu programmieren. Im Abschnitt 4.4.5 wird genauer darauf eingegangen. Und im Abschnitt 4.4 wird vorgestellt, wie man selbst eigene Packages programmieren kann. Der Unterschied ist, wie man auf der Auswahlmenü-Seite nachlesen kann, folgender:

Ein Plugin enthält nativen Code, also Code in Swift oder Objective-C für iOS und/oder Code in Java, oder Kotlin für Android. Man implementiert neue Features, die spezielle Fähigkeiten des Gerätes für Flutter verfügbar machen. Man programmiert damit eine Schnittstelle zur Dart-Welt. Ein Package ist ebenfalls eine Flutter-Komponente, allerdings wird diese nur in Dart programmiert und baut auf vorhandene Flutter-Komponenten auf. Komplexere GUI-Elemente werden so wiederverwertbar zur Verfügung gestellt. Flutter Module sind dann noch in Flutter implementierte Komponenten, die allerdings in der nativen Welt, beispielsweise in einem Android-Java-Projekt, verwendet werden können.

Wenn man nun ein neues Flutter-Projekt, eine Flutter-Application, anlegt, wird man zuerst nach dem Namen des Projekts gefragt. Wichtig ist es, zu beachten, dass man den Projektnamen klein schreibt und Wörter mit einem Unterstrich „_" trennt. Weiter kann man nochmals den SDK-Pfad angeben. Von Android Studio wird dann die korrekte Projekt-Struktur erzeugt: Ein Ordner „ios", in dem sich das native iOS-Projekt befindet, ein Ordner „android" in dem sich das native Android-Projekt befindet. Es gibt einen Ordner „test", in dem sich die Unit-Tests befinden. Android Studio hat hier dann bereits eine Datei „widget_test.dart" angelegt. Der eigentliche Code befindet sich im Ordner „lib". Hier findet man eine Datei „main.dart". Es handelt sich um ein lauffähiges Beispiel-Layout. Wenn man Versionsverwaltung (Git) verwendet, werden die nicht eingecheckten Dateien rot dargestellt.

Man kann das Projekt gleich starten, indem man auf den Debug-Button oder den Play-Button klickt. Man sollte entweder den Geräte-Simulator vorab starten oder ein Testgerät via USB anschließen.

Unter Windows muss man noch den Google USB-Treiber installieren, um ein Hardware-Testgerät anzusprechen. Bei Tools ⇒ SDK Manager ⇒ SDK Tools muss man den Haken bei „Google USB Driver" setzen. Den Treiber kann man allerdings auch manuell installieren [19].

Wenn man ein Android-Testgerät verwendet, muss man darauf zuerst den Entwicklungs-Modus aktivieren. Dies geschieht, indem man unter den Einstellungen und dem Info-Punkt „Über das Telefon" siebenmal auf die Build-Nummer tippt. Daraufhin gibt es unter dem Punkt Einstellungen noch einen Punkt Entwickler-Optionen. Hier muss man „USB-Debugging" anwählen. Funktioniert alles, wird nach dem Start des Debuggings die APK-Datei, also die kompilierte und mit den Ressourcen zusammengepackte native App, auf das Gerät geladen und installiert.

APK-Dateien sind ZIP-komprimierte Ordner, die das gesamte Projekt enthalten, der Code ist allerdings kompiliert.

Bei der weiteren Entwicklung kann man die angelegte „main.dart"-Datei nach Wunsch verändern. Zu beachten ist hierbei, das der Code in der Datei „widget_test.dart" mit verändert werden muss oder zu Beginn einfach gelöscht werden kann, da die dort getesteten Komponenten dann nicht mehr existieren.

Der Editor von Android Studio bietet allerlei Features, eine genaue Beschreibung würde hier zu weit gehen. In Abbildung 3.3 sieht man die Arbeitsumgebung des Editors. Hier ist das Projekt aus Abschnitt 7 geöffnet. Links befindet sich der Dateibrowser, in der Mitte die Reiter mit den geöffneten Code-Dateien und rechts eine strukturelle Ansicht des Layouts im aktuellen File. An dieser Stelle kann man auch die Layout-Struktur überarbeiten (Refactoring): Klickt man mit der rechten Maustaste auf einen Knoten, kann man diesen mit einem Layout-Element, welches man aus einer Liste auswählen kann, umschließen.

Es gibt übrigens keinen visuellen Layout-Editor für Flutter. Allerdings gibt es externe Programme, beispielsweise eine Desktop-Anwendung [47] und eine Online-Anwendung [64]. Bei diesen handelt es sich um frei nutzbare Software.

Eine Besonderheit und ein angenehmes Feature von Flutter ist das sogenannte „Hot Reload": Ändert man das Layout und speichert die Datei, wird ohne merkliche Verzögerungen der Code auf dem Gerät bei laufender Debug-Session aktualisiert, ohne dass man diese stoppen, den Code neu kompilieren und hochladen muss. Dies kann viel Zeit sparen. Jedoch hat die Erfahrung gezeigt, dass dies nur beim Layouten hilfreich ist. Tiefergehende Änderungen an der Struktur des Codes werden nicht aktualisiert, so dass sich der genannte Schritt des Neu-Kompilierens oft nicht vermeiden lässt.

### 3.1.7 Projekte anlegen und starten mit Visual Studio Code

Auch mit Visual Studio Code kann man Flutter-Projekte erstellen, eine korrekte Installation vorausgesetzt. Dafür nutzt man die Kommando-Palette von VS Studio. Hierzu drückt man CTRL+Shift+P unter Windows oder Linux und CMD-Shift+P unter Mac. Es erscheint ein Eingabefeld am oberen Rand der Entwicklungsumgebung. Hier gibt man dann „Flutter: New Project" ein. Beim Tippen werden hierbei bereits Vorschläge angezeigt, die man dann über die Cursortasten auswählen und mit ENTER bestätigen kann. Danach muss man den Namen des Projektes eingeben. Es ist darauf zu achten, dass man den Namen entsprechend der Konventionen wählt, also kleingeschrieben mit Unterstrich als Worttrenner. Nach der Bestätigung mit ENTER muss man noch einen Ordner auswählen, in dem der das Projekt angelegt wird. Danach wird dort ein Beispiel-Projekt angelegt, es handelt sich um das übliche Hallo-Welt Projekt von Flutter, mit einem Gerüst und einem Button, der einen Zähler erhöht.

Zum Start des Projektes kann man dann die F5-Taste drücken[8]. Danach muss man einen Emulator neu anlegen oder einen bereits angelegten Emulator auswählen, in dem dann das Projekt nach dem Kompilieren hochgeladen wird. Wenn man ein Gerät direkt an den Rechner angeschlossen hat, kann man auch dieses auswählen. Mit Shift-F5 kann man das Programm wieder stoppen. Auch hier funktioniert das Hot-Reload, beim Speichern von Änderungen wird die App auf dem Gerät aktualisiert. Bei laufender App wird in VS-Studio Code auch eine Steuer-Leiste eingeblendet, über die man die App kontrollieren kann. Hier gibt es einen blauen Button, über den man die „DevTools Widget Inspector Page" im Browser anzeigen lassen kann, siehe Abschnitt 3.1.9.

In Abbildung 3.5 sieht man das geöffnete Projekt. Oben links sieht man die geöffneten Dateien, darunter den Projektordner. Nicht in Git eingecheckte Dateien sind gelb dargestellt. Rechts gibt es eine Mini-Ansicht des Codes, bei längeren Dateien behält man damit den Überblick. In der Mitte sind die Reiter mit den geöffneten Dateien. Man kann mit CMD-Alt -Cursor links oder -Cursor rechts durch diese Dateien blättern. Auch Visual Studio Code bietet viele Features, deren genaue Beschreibung hier zu weit gehen würde. Das Refactoring ist ein interessantes Feature: Wenn der Cursor sich über einem Widget befindet, kann man CTRL+Shift+R drücken oder Rechtsklick ⇒ Refactor klicken, dann bekommt man ein Auswahlmenü, wie in der Abbildung zu sehen. Man hat hier mehrere Optionen wie „Wrap with widget...", damit kann man die Struktur des

---

8 Beim Mac oder auch anderen Rechnern FN-F5, da die F5-Taste vom System bereits eventuell anders belegt ist.

Layout-Baumes ändern. Das ist manuell eher kompliziert, da man die schließenden Klammern immer mit ändern muss. Dies kann zu Syntax-Fehlern führen, die nicht leicht zu beheben sind.

### 3.1.8 Projekte anlegen und debuggen über die Kommando-Zeile

Man kann ohne Entwicklungsumgebung mit einem Editor der Wahl und der Kommandozeile ebenfalls gut arbeiten. Man kann sich alle Optionen des Flutter-Kommandos in der Konsole ausgeben lassen (Zeile 1). In Zeile 2 kann man sich alle Optionen des „Create"-Kommandos ausgeben lassen. Zeile 3 legt ein Flutter-Projekt an, als Organisation gibt man eine Domain an, -a erzeugt ein Java-Android Projekt dazu (-i würde ein iOS-Projekt zusätzlich anlegen). Dann kann man noch eine Beschreibung angeben. In Zeile 4 wird zum Projekt-Ordner gewechselt. Zeile 5 startet den Emulator, Zeile 6 schließlich führt das Projekt aus.

```
1  flutter help
2  flutter create --help
3  flutter create --org de.meillermedien -a java --description 'Test App
       ' my_test_app
4  cd my_test_app
5  flutter emulators --launch Pixel_2_API_28
6  flutter run
```

Auch auf Debugging und Hot Reload braucht man bei der Konsolen-basierten Entwicklung nicht verzichten: Drückt man beim laufenden Prozess auf der Konsole die „r"-Taste, wird das Hot-Reload durchgeführt. Auch gibt die Konsole beim Start des Projektes eine Web-Adresse der Art http://Localhost:Port/<id> aus, dort hat man einen Profiler und Debugger. Auf der rechten Seite der Webseite kann man über einen Link zum Debugger und zu einer Objekthierarchie-Ansicht gelangen. Beim Debugger kann man dann über eine webbasierte Konsole per Kommandos debuggen. So kann man das Kommando break <Zeilennummer> ausführen, um einen Breakpoint hinzuzufügen.

### 3.1.9 Dev-Tools

Die Browser-basierten DevTools funktionieren nur im Chrome-Browser. Man kann keinen anderen Browser dafür nutzen, da nur Chrome über eine Dart-VM verfügt. Diese werden über Android Studio und über VS-Studio Code über den entsprechenden Button in der Kommando-Palette gestartet. Auch über die Konsole lassen sich diese starten:

```
1  flutter pub global activate devtools
2  flutter pub global run devtools
```

Es wird dann die URL ausgegeben, unter der man die DevTools über einen lokalen Server erreichen kann. Man bekommt diese dann im Chrome-Browser zu sehen (siehe Abbildung 3.6). Hier kann man auf dem Gerät ein Widget auswählen und sich den Render-Baum anzeigen lassen. Weiter kann man sich die Performance ansehen und Logging-Ausgaben anzeigen lassen.

## 3.2 Tiled-Editor

Es gibt einen sehr schönen Editor, um große Spielelevels zu erzeugen, wie man sie später in der Flame-Engine (Siehe Abschnitt 7.1.1.1) verarbeiten kann: „Tiled" (Abbildung 3.7), ein Open-Source Projekt, siehe: [48].

Der Editor besitzt in der Mitte eine Zeichenfläche, rechts oben kann man einzelne Ebenen erschaffen. Rechts unten sieht man dann die „Tilesets" mit den Kacheln, die man zeichnen kann. Aus diesen Vorlagen kann man einzelne Kacheln auswählen und mit diesen eine große Karte pflastern. Die Tilesets sind keine einzelnen Grafiken, sondern Bilder, die miteinander in eine Grafik montiert wurden, mit fester Breite und Höhe. Diese Abmessungen muss man festlegen (Bild links oben). Beim Entwurf der Grafiken sollte man darauf achten, dass diese in unterschiedlichen Kombinationen an den Kanten zusammenpassen. Die Anzahl der Kacheln der gesamten Map in horizontaler und vertikaler Richtung muss man ebenfalls angeben.

Wichtig für die spätere Arbeit mit Flutter und dem Flame-Plugin (siehe 7.1.1.1) ist es, das Layer-Format auf Base64, zlib Komprimiert zu stellen, sonst kann die Datei nicht geladen werden (siehe Abbildung 3.7). Zusätzlich werden dann die Kachel-Nummern nicht im CSV-Format (Comma Separated Values) in die Datei geschrieben, sondern komprimiert, was natürlich Speicherplatz spart. Im Screenshot links kann man diese Einstellung erkennen.

## 3.3 Rive und Nima

Mit Rive und Nima, zwei Animations-Umgebungen der gleichnamigen Plattform und Firma Rive, kann man [61] tatsächlich wie früher in Adobe Flash [2] Grafiken über eine Timeline animieren. Die Animations-Software läuft, im Gegensatz zu Flash, nur im Browser und ist kostenfrei nutzbar, solange man sein Projekt der Öffentlichkeit zugänglich macht. Ansonsten muss man die kommerzielle Variante nutzen. Das gesamte Projekt wird ebenfalls in der Cloud gespeichert. Man muss sich entscheiden, welche Art von Grafik man animieren möchte, also Vektor- oder Pixelgrafiken. Wählt man Vektorgrafiken, muss man Rive verwenden, ansonsten Nima. Man kann dann seine Grafiken ins Projekt per Drag and Drop hochladen und anschließend über eine Timeline animieren. Das Ergebnis kann man wiederum als ZIP-File herunterladen und im Projekt verwenden. Den einzelnen Animationen kann man einen Namen geben

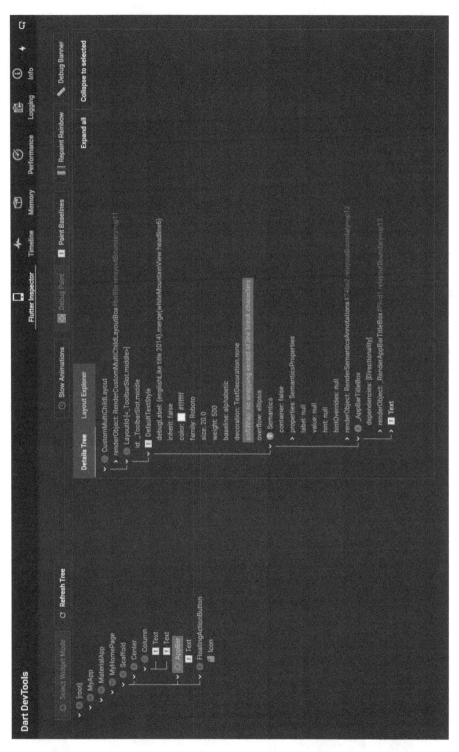

**Abb. 3.6:** Dart DevTools

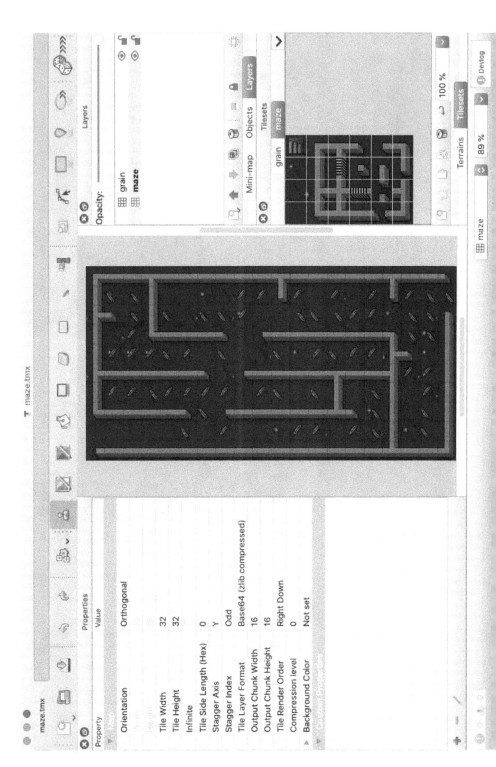

**Abb. 3.7:** Tiled Editor

und diesen verwenden, um die Animation im Programm anzusteuern (siehe Abschnitt 4.4.4).

Unten rechts in Abbildung 3.8 sieht man die zwei im Beispiel verwendeten Animationen „shot" und „fly". Man kann hier weitere Animationen hinzufügen. Unten in der Mitte ist die Timeline, dort kann man Keyframes an einem gewünschten Zeitpunkt anlegen. Man kann zwischen der Keyframe (blauer Kreis) und einer Kurven-Ansicht wählen, dort kann man die zeitlichen Übergänge zwischen den Keyframes mit Bezierkurven steuern. Hier findet sich auch ein Symbol mit kreisförmigen Pfeilen, wenn man dies aktiviert, wird die Animation als Schleife abgespielt; auch nach dem Export. Oben links kann man zwischen der Animations- und der Setup, also der Positionierungs-Ansicht hin- und herschalten. Ist man fertig, kann man über das Export-Symbol unten rechts (Pfeil aus Box) die Animationen für Flutter exportieren (Export to Engine). Als Format gibt man hier „Generic" an. Die Art der Bedienung ist ähnlich der von Adobe AfterEffects. Animations- und Compositing-Profis sollten sich deshalb gut zurechtfinden.

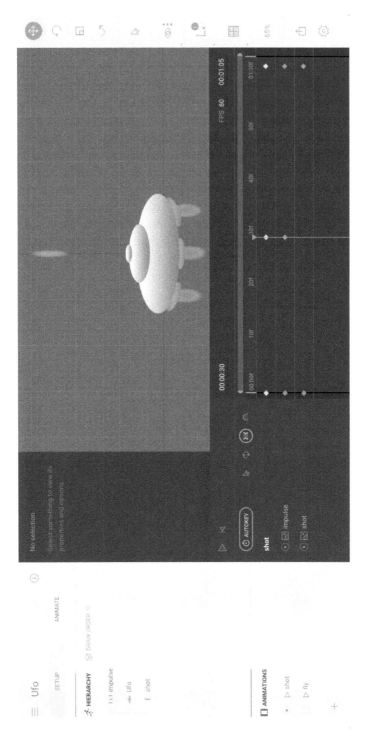

**Abb. 3.8:** Rive Animationen mit Rive und Nima

# 4 Grundlagen von Flutter

Der Umgang mit dem Framework „Flutter" ist das Hauptthema des Buches. Behandelt wird Flutter in der Version 2.0 (stable). Bevor komplexere Anwendungsbeispiele realisiert werden können, wird in diesem Kapitel auf die Philosophie und die Grundlagen von Flutter eingegangen. Im vorherigen Kapitel 3 wurde die Installation von Flutter und der Werkzeuge besprochen, diese ist die Voraussetzung für das Nachvollziehen der Beispiele.

## 4.1 Warum Flutter?

Sinn und Zweck von Flutter ist die Programmierung von mobilen Anwendungen. Zielplattformen sind hier iOS für Apple-Geräte und Android für die anderen Mobilgeräte. Schwerpunkt ist also ganz klar die Entwicklung für Geräte mit Touch-Screen, also Handys und Tablets. Allerdings werden auch andere Geräte unterstützt, wie Desktop-Rechner oder Smart-TVs. Hardwarespezifische Funktionen werden als Plugins für die jeweiligen Geräte angeboten, mit je einer nativen Implementierung für die Plattformen. Es ist durchaus möglich, mit einer Codebasis für alle Plattformen zu programmieren. Das Erscheinungsbild ist modern, da Flutter auf das Google Material Design aufbaut. Allerdings kann man auch das Cupertino-Design verwenden, um ein konsistentes Design für Apple-Geräte zu erhalten. Die Performance von Flutter ist sehr gut, da dieses zu nativem ARM-Code kompiliert wird. Zudem verwendet Flutter eine eigene performante Render-Engine „Skia". So ist das Framework, im Gegensatz zu anderen plattformunabhängigen App-Frameworks, die oft auf Web-Technologien aufbauen, äußerst performant. Die Programmier-Philosophie ist ebenfalls modern, so unterstützt Flutter die sogenannte Reactive-Programmierung.

---

Für Flutter gibt es Realisierungen für zwei Design-Sprachen: Cupertino und Material Design.    **i**

---

In Zukunft sollen noch weitere Plattformen unterstützt werden. So gibt es experimentelle Unterstützung für Desktop-Computer und deren Betriebssysteme Windows, macOS und Linux. Zudem kann Flutter auch auf Raspberry-Pi-Rechnern verwendet werden. Auch eine Web-Version von Flutter gibt es bereits. Darüber hinaus sollen zukünftig Smart-Devices aus dem IOT-Bereich unterstützt werden. Zu beachten ist bei der Programmierung dieser Plattformen, dass die für die mobilen Anwendungen verfügbaren Plugins dort meist nicht unterstützt werden. Flutter ist auf dem besten Weg, eine Universal-Framework zu werden. Erinnerungen an Java mit dem Slogan „Write once, Run Everywhere" werden bei älteren Entwickler*innen wach. Damals trat Java mit dem Anspruch an, dass man damit realisierte Anwendungen über die Java Virtual Machine (Java VM) auf allen Geräten, auf denen diese verfügbar war, laufen lassen kann. Der

https://doi.org/10.1515/9783110753080-004

Unterschied zu Flutter: Es wird zum einen nativer Code erzeugt und kein Bytecode, der über eine VM ausgeführt werden muss. Zum anderen haben sich die Formate der Geräte stark geändert, Smartphones und Tablets gab es zur Java-Anfangszeit nicht.

## 4.2 Material Design und mehr

Flutter ist eine Realisierung des Google Material Designs [41]. Hierbei handelt es sich um eine neue Design-Philosophie. Bereits zu Beginn der Zeiten von grafischen Bedienoberflächen wurden optische Effekte eingesetzt, zuerst wurden Kanten abgeschrägt (engl. Bevel). Danach folgten Schlagschatten, die Fenster schwebend erscheinen ließen. Der Höhepunkt dieser Entwicklung war die die Betriebssystemoberfläche von macOS X, dort kamen noch Transparenzen, Reflektionen und Refraktionen hinzu. Buttons wirkten gläsern. Skeuomorphismus nennt man diesen Stil, der versucht, eine Wirklichkeit vorzugaukeln (Abb. 4.1).

**Abb. 4.1:** Skeumorphismus, Flat- und Material Design

Viele kritisierten diesen Stil als kitschig und bemerkten, dass diese Oberflächen das Gegenteil der physischen Geräte von Apple mit ihrem minimalistischen Design verkörperten. Microsoft kopierte zuerst diesen Stil eher schlecht als recht. Dann jedoch veränderten die Microsoft-Grafiker*innen mit dem Erscheinen von Windows 8 das Aussehen der Oberfläche radikal und machten das genaue Gegenteil: Sie setzten auf reine farbige Flächen und eine abstrakte Darstellung. Flat-Design wird dieser Stil genannt. Apple wiederum reagierte daraufhin mit einer ähnlichen Entwicklung und entschärfte die Realitätsnähe der Bildschirm-Elemente. Flächige Elemente mit Ver-läufen und leichten Schatten sowie Transparenzen bestimmen seither das Aussehen der Mac-Oberflächen. Google hatte bisher keinen eigenen besonderen Design-Stil. Auf-grund dessen schufen sie das Google Material Design, ein Corporate Design für alle Google Produkte, sowie eine Design-Philosophie, die für alle Designer und Entwickler auf der Webseite [41] nachzulesen ist. Dort heißt es, dass die dem Design zugrunde-liegende Metapher sich auf physisches Material bezieht. Wobei man damit farbige Flächen wie Papier- oder Karton-Elemente meint, die übereinander liegen (Abb. 4.2). Diese haben eine Dicke und können schweben: „Elevation". Diese Elemente sollen sich physikalisch (abgesehen vom Schweben) so ähnlich verhalten wie in der realen Welt. Deshalb sollen sie in den Bildschirmbereich herein- und herausfahren, wenn sie erscheinen, Ausnahmen sind hier Dialogboxen. Auch können sie ihre Form und Größe ändern, so als ob sie aus flexiblem Material bestünden.

---

Material Design bedeutet: Alle Elemente sind wie farbige Karton-Formen zu verstehen, Sie haben eine Dicke und einen Schatten.

---

Flutter ist nun eine Implementierung dieser Design-Metapher. Es gibt weitere Implementierungen wie Google Material Design Lite für Web-Projekte [42]. Bei der Benutzung von Flutter ist man allerdings nicht darauf festgelegt. Falls man Apps entwickeln möchte, die das Design von nativen iOS Apps haben, kann man auch das im Framework ebenfalls vorhandene Cupertino-Design von Apple verwenden.

**Abb. 4.2:** Die Philosophie von Material Design

## 4.3 Flutter Layouts

Layouts werden in Flutter nicht in XML, wie in Android und/oder mithilfe eines grafi-schen Editors erstellt, sondern direkt in einer Dart-Datenstruktur beschrieben. Hier zeigen sich die Stärken von Dart. Es ist ausdrucksstark genug, um dies zu ermöglichen. In Listing 4.1 sieht man ein einfaches Beispiel: einen zentrierten Text mit einem Abstand zu den umgebenden Elementen. Listing 4.2 ist ein ähnliches Beispiel in HTML. Der HTML-Code ist weniger gut lesbar, da alle Elemente in allgemeine div- oder span-Tags eingebettet sind. Zudem wird noch eine weitere Sprache, CSS, benötigt. Der Dart-Code hingegen ist sofort verständlich, „Literate-Programming" im besten Sinn. Nachdem die Dart-Syntax in Kapitel 2 eingeführt wurde, ist auch klar, wie die Syntax funktio-niert. Es werden Objekte erzeugt, man hätte auch new Padding(...) schreiben können, aber man kann das Keyword new weglassen, dadurch wirkt die Codierung der Layout-Struktur mehr wie eine deklarative Beschreibung. Die Konstruktor-Parameter sind bei den Layout-Elementen benannte Parameter, die dann weitere Eigenschaften spe-zifizieren, wie hier padding. Die Werte selbst sind meist ebenfalls Objekte. Um eine Baum-Struktur aufbauen zu können, gibt es zwei spezielle benannte Parameter, die allerdings nicht gleichzeitig in einem Objekt vorkommen können. child: definiert ein Kind-Objekt, bei children: kann man eine Liste an Kindern angeben. Mit die-ser einfachen Syntax kann man beliebige Baum-Strukturen und deren Eigenschaften beschreiben.

> **i** Layouts werden als hierarchische Dart-Datenstrukturen aus aus Widgets und Listen von Widgets beschrieben.

Die Frage, warum es keinen Layout-Editor gibt, kann man sich selbst beantworten, wenn man schon mal versucht hat, mit einem solchen ein komplexes responsives Layout für verschiedene Endgeräte in Hoch- oder Querformat zusammenzuklicken. Mit einem WYSIWYG-Editor (What you see is what yout get) bekommt man zwar dann das, was man gerade sieht, aber mehr auch nicht. Professionelle Web-Coder*innen arbeiten aus diesem Grund auch nicht mir grafischen Editoren.

**Listing 4.1:** layout.dart

```
1  Padding(
2      padding: EdgeInsets.all(8.0),),
3      child: Center(child: Text("Hello"), ), ),
```

**Listing 4.2:** layout.html

```
1  <div style='padding: 8px'>
2      <div style='text-align: center'><span>Hello</span></div>
3  </div>
```

### 4.3.1 Alles ist ein Widget

In Flutter ist alles ein „Widget". Widget ist ein Kunstwort aus „Window" und „Gadget" (engl. Dingsbums). Diese Fenster-Dinger beschreiben alles Sichtbare wie Text oder Buttons, aber auch Layout-Formatierungen wie Zentrierung `Center(...)` oder Bewegungen. In Abbildung 4.3 sieht man ein Klassendiagramm, welches wichtige Zusammenhänge wiedergibt. So erben alle Widgets von der Basisklasse *Widget*. Hier wird deutlich, dass es grundsätzlich drei Arten von Widgets gibt.

Erstens *RenderObjectWidgets*, also Formatierungen wie Ausrichtungen. Zweitens *StatelessWidgets*, also grafische, unveränderliche Elemente ohne einen Zustand. Drittens *StatefulWidgets*, also Elemente, die einen Zustand haben, der sich ändern kann. Zustände werden extra als Klasse spezifiziert. Hierbei handelt es sich um parametrisierte Klassen, als Typparameter muss man die korrespondierende Implementierung des *StatefulWidgets* angeben. Klarheit bringen zukünftige Beispiele. Im Diagramm 4.3 sind Implementierungen von *StatefulWidget „MyPage"* und von *State „MyPageState"* angegeben (grau), diese sind nicht Bestandteil der Klassenbibliothek von Flutter. Der Grund für die Trennung des Zustands von der *StatefulWidget* Klasse ist, dass die Superklasse *Widget* mit `@immutable` gekennzeichnet ist, somit sind alle Widgets unveränderbar. Der veränderliche Zustand kann über die Fabrik-Methode `createState()` erzeugt werden, die ein Objekt vom Typ `State<StatefulWidget>` erzeugt.

---

Es gibt drei Arten von Widgets: *RenderObjectWidgets*, die Layout- Eigenschaften beschreiben, dann **[i]** *StatelessWidgets*, die für unveränderliche sichtbare Elemente stehen, sowie *StatefulWidgets*, die einen veränderlichen Zustand haben. Da alle Widgets unveränderlich sind, wird der Zustand separat definiert.

---

Wichtig für den Bau von Apps ist die Fähigkeit, mehrere Seiten mit unterschiedlichen Inhalten bereitzustellen, sowie die Möglichkeit, zwischen den Seiten zu navigieren. Üblicherweise werden diese Seiten in Flutter „Routes" genannt. Für eine Route kann jedes *Widget* verwendet werden. Mithilfe eines Navigators kann man zwischen den Seiten umschalten. Die Design-Philosophie von Google Material Design ist, dass solche Routes übereinander auf einen Stapel gelegt werden und wieder vom Stapel genommen werden können. Der Übergang wird üblicherweise animiert, und neue Routes werden von der Seite oder von oben herein- oder herausgeschoben. Die Klasse `Navigator` verfügt über die entsprechenden Methoden `push(...)` und `pop(...)`.

Um eine Route zu erzeugen, muss man ein Route-Objekt generieren und diesem einen *WidgetBuilder* mitgeben. Dieser ist lediglich eine Lambda-Funktion, die ein Widget zurückgibt, im Diagramm beispielsweise MyPage. Später folgen entsprechende Beispiele, die dies klarer werden lassen.

---

Routes sind einzelne Screens, zu denen hin- und zurücknavigiert werden kann. **[i]**

---

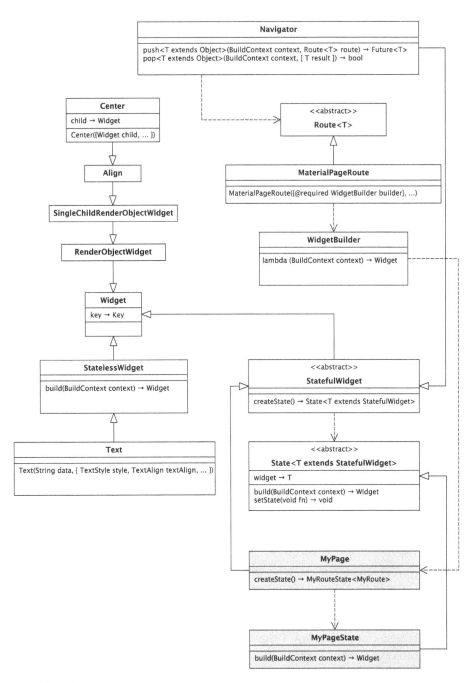

**Abb. 4.3:** Flutter Classes

### 4.3.2 Layout-Beispiel ohne State

Nun werden wir konkreter und zeigen ein Beispiel für einen Screen mit einer Liste. Das Ergebnis soll wie in Abbildung 4.4 aussehen. Die Hierarchie und die Schachtelung der einzelnen Widgets kann man in der schematischen Abbildung 4.5 sehen. Listing 4.3 ist der dazugehörige Quellcode. Zuerst wird die Material-Bibliothek importiert, der Implementierung des Material-Designs, welche auch die Widgets und alle Flutter-Basisfunktionalitäten bereitstellt.

Der Einsprung für das Programm ist, wie üblich, die `main(...)`-Funktion. Diese ruft eine Funktion `runApp(Widget app)` auf, die ein Widget erwartet und dies darstellt. Ab Zeile 5 wird dieses Widget als Klasse implementiert, hier als Subklasse der abstrakten Klasse *StatelessWidget*. Man muss die Methode `build(...)` überschreiben, die ein Widget als Rückgabewert haben muss. Ab Zeile 8 wird hier die Layout-Struktur direkt codiert. Als alles umfassendes Element gibt es die MaterialApp, die wichtige Dinge wie den Navigator oder Lokalisierung bereitstellt. Alles weitere wird über die verschiedenen benannten Parameter spezifiziert. Bei `title:` kann man einfach die Bezeichnung der App mit einen Text-String angeben. In `home:` wird die Seite angegeben, die als erste erschienen soll, in unserem Beispiel auch die einzige Seite. Hier wird ein Scaffold-Objekt erzeugt, also ein Template für Material Design-Seiten. Dort kann man eine Titelleiste `appBar:` angeben und eine entsprechende AppBar erzeugen, wieder mit einem Titel, der dann sichtbar in der standardmäßig blauen Titelleiste steht, vorangestellt wird ein Menü-Icon. Im `body:`, also dem darunterliegenden Bereich, wird nun eine Liste erzeugt, über ein ListView-Objekt, welches als Kind eine Liste an Widgets bekommt, die die einzelnen Zeilen festlegen (Zeile 16).

Zeile 17 zeigt die Verwendung der Python-artigen Syntax zum Initialisieren von Listen (siehe Abschnitt 2.2.2). Hier wird 30 mal ein Card-Objekt erzeugt. Dies ist lediglich ein Container, der gefärbt werden kann, und der eine gewisse Höhe (Elevation) hat. Das Widget kann eine Liste an Kindern haben, die für einzelnen Elemente stehen, also ein vorangestelltes Icon, einen Käfer (Zeile 25), einen größeren Titel und einen kleineren Untertitel. Zudem gibt es einen benannten Parameter `onTap:` der eine Lambda-Funktion erwartet, die festlegt, was passiert, wenn man auf das Element mit dem Finger tippt (Zeile 28).

Alle Listen- und Parameter-Angaben können mit einem Komma enden, auch wenn kein weiterer Eintrag folgt (z.B. Zeile 29). Dies ist Konvention in Flutter, da es das Einfügen von weiteren Elementen erleichtert. Die IDEs ergänzen automatisch immer ein solches Komma. An diesem Beispiel kann man erkennen, dass die deklarative Beschreibung eines Layouts inklusive der automatischen Generierung über Schleifen mit Dart-Mitteln sehr lesbar und übersichtlich ist.

**Listing 4.3:** main.dart

```
1    import 'package:flutter/material.dart';
2
3    void main() => runApp(new MyApp());
4
5    class MyApp extends StatelessWidget {
6      @override
7      Widget build(BuildContext context) {
8        return MaterialApp(
9            debugShowCheckedModeBanner: false,
10           title: 'List',
11           home: Scaffold(
12               appBar: AppBar(
13                 leading: Icon(Icons.menu), title: Text('Bug Report'),
14               ),
15               body: ListView(
16                 children: <Widget>[
17                   for (int i = 1; i <= 30; i++)
18                     Card(
19                       elevation: 5.0,
20                       color: Colors.deepOrange,
21                       child: Column(
22                         mainAxisSize: MainAxisSize.min,
23                         children: <Widget>[
24                           ListTile(
25                             leading: Icon(Icons.bug_report, size: 50),
26                             title: Text("Bug Nr. $i"),
27                             subtitle: Text("Lorem Ipsum"),
28                             onTap: () => print("Pressed: Nr.: $i"),
29                           ),
30                         ],
31                       ),
32                     )
33                 ],
34           )));
35    }
36  }
```

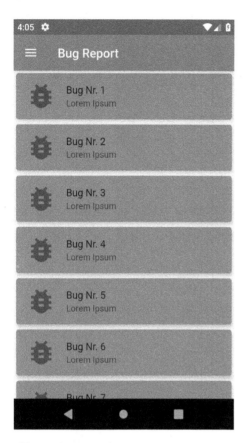

**Abb. 4.4:** List Screenshot

### 4.3.3 Der Navigator

In Listing 4.4 wird die Funktionsweise des Navigators anhand eines einfachen Beispiels erklärt. Es werden zwei Screens erstellt, zwischen denen per Druck auf einen Button umgeschaltet werden kann. In den Abbildungen 4.6 sieht man die beiden Seiten. In Zeile 4 wird die App gestartet, indem eine Umgebung erstellt wird. In den Zeilen 6-15 wird dafür ein Widget bereitgestellt, welches eine *MaterialApp* enthält. Als Home-Page wird die erste zu sehende Seite *PageOne* ausgewählt. In den Zeilen 17-38 ist diese beschrieben: In der „build"-Methode wird hier ein Gerüst (*Scaffold*) aufgebaut, wieder mit Titel (*AppBar*) und Body. Dieser enthält dann einen Text und einen Button. Wenn dieser gedrückt wird (Zeile 30), wird in den Navigator des Kontextes eine neue Route hinzugefügt. Diese enthält einen Builder, also eine Lambda-Funktion, die die Seite zwei (*PageTwo*) erzeugt. Zu beachten ist hierbei, dass der Kontext auch wirklich einen Navigator enthält. Oberste Ebene muss deshalb hier die MaterialApp sein, die einen Navigator bereitstellt. Die Seite zwei wird ab Zeile 40 beschrieben. Sie enthält noch

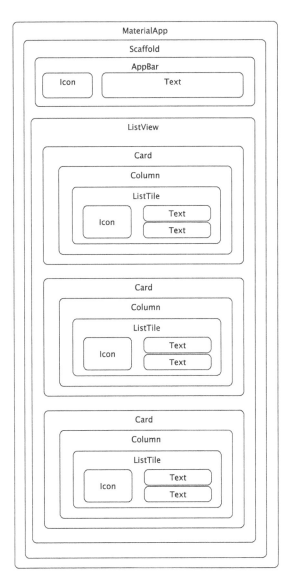

**Abb. 4.5:** List View

einen Zähler, der mitzählt, wie viele dieser Seiten bereits generiert wurden (Zeile 44). Dessen Variable ist eine Klassenvariable, die statisch ist und deswegen nicht bei jeder Objekterzeugung als Objektvariable neu initialisiert wird, sondern für alle Objekte gilt. Wird das Widget gebaut, wird dieser Zähler um eins erhöht. Wie in der anderen Klasse *PageOne* wird in der Klasse *PageTwo* ebenfalls ein Gerüst mit einer Titelzeile und einem Body mit Text und einem Button generiert. Wird dieser gedrückt, so wird

 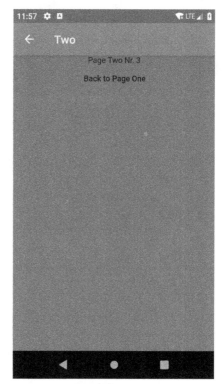

(a) Screenshot Navigator          (b) Screenshot Navigator Back

**Abb. 4.6:** Zwei Screens

vom Navigator mit .pop() die letzte Seite vom Navigations-Stapel genommen. Dies ist hier die aktuelle Seite selbst.

---

Der Navigator wird von einer *MaterialApp* bereitgestellt. Zu diesem können einzelne Routes wie Karten zu einem Stapel mit .push(...) und .pop(...) hinzugefügt und weggenommen werden.

---

Bei Klick auf den Button der ersten Seite wird also eine immer neue zweite Seite erzeugt. Dies kann man auch im Beispiel daran erkennen, dass sich deren Farbe immer zufällig ändert, siehe Zeile 57. Falls diese Zeile nicht lesbar ist, hier eine kurze Erklärung: Es wird ein zufälliger RGB-Wert erzeugt, jeweils 0-255 (0-FF hexadezimal) mögliche Werte für Rot, Grün und Blau. Damit die Farbe sichtbar ist, wird der Alpha-Wert auf 255 (FF) gesetzt, indem das höchste Byte mithilfe des Shift-Operators auf 255 gesetzt wird. Man hat also als Farbwert hier einen ARGB-Wert, A steht für Alpha.

**Listing 4.4:** main.dart

```
1  import 'package:flutter/material.dart';
2  import 'dart:math';
3
4  void main() => runApp(new RootApp());
5
6  class RootApp extends StatelessWidget {
7    @override
8    Widget build(BuildContext context) {
9      return new MaterialApp(
10       title: 'Flutter Demo',
11       home: PageOne(),
12       debugShowCheckedModeBanner: false,
13     );
14   }
15 }
16
17 class PageOne extends StatelessWidget {
18   @override
19   Widget build(BuildContext context) {
20     return Scaffold(
21       appBar: AppBar(
22         title: Text("One"),
23       ),
24       body: Center(
25         child: Column(
26           children: <Widget>[
27             Text("Page One"),
28             MaterialButton(
29               child: Text("Go to Page Two"),
30               onPressed: () => Navigator.of(context).push(
31                 MaterialPageRoute(
32                 builder: (BuildContext context) => PageTwo())),
33               ),
34             ],
35           ),
36         ),
37         backgroundColor: Color(0xFFCCCCFF));
38   }
39 }
```

```
40  class PageTwo extends StatelessWidget {
41    static int _counter = 0;
42    @override
43    Widget build(BuildContext context) {
44      _counter++;
45      return Scaffold(
46        appBar: AppBar(
47          title: Text("Two"),
48        ),
49        body: Center(
50          child: Column(
51            children: <Widget>[
52              Text("Page Two Nr. $_counter"),
53              MaterialButton(
54                child: Text("Back to Page One"),
55                onPressed: () => Navigator.of(context).pop(),
56              ), ], ), ),
57        backgroundColor: Color(Random().nextInt(0xFFFFFF) | 0xff <<
                24));
58    }
59  }
```

### 4.3.4 Ein Layout mit State

Es folgt ein Beispiel für ein Widget, welches nicht statisch ist. Der Code ist online auf
GitHub [52] erhältlich. Man kann ihn mithilfe von Git mit
`git clone https://github.com/meillermedia/world_cup.git`
auf den Rechner klonen. Im Gegensatz zum vorherigen Beispiel hat man meist den
Fall, dass der Inhalt der Liste dynamisch abgerufen wird und sich zudem ändern
kann. Das Beispiel hier lädt eine Liste mit den Fußballergebnissen aller Spiele der
Fußballweltmeisterschaft 2018. Die Idee für die App ist es, dass man bei einer laufenden
Meisterschaft alle aktuellen Ergebnisse nachschlagen kann (Siehe Abb. 4.7). Die Liste
soll nach jedem Spiel ständig aktualisiert werden, daher soll sich der Zustand ändern
können. Die URL der Datenquelle verweist auf ein GitHub-Repository (Zeile 11, 12),
die Datei wurde während der Meisterschaft von engagierten Fußball-Fans laufend
aktualisiert. Wie im Diagramm 4.3 ersichtlich, müssen *StateFulWidgets* einen eigenen
State in Form eines Objektes haben. Dieses wird in der zu überschreibenden Methode
`createState()` generiert, siehe Zeile 16 in Listing 4.5.

Die entsprechende Klasse `FootballAppState extends State<FootballApp>` besitzt eine Liste als Objekt-Variable (_gamesList). Alle Felder eines States enthalten

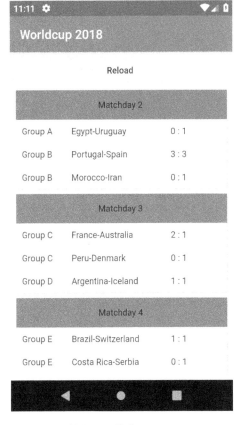

**Abb. 4.7:** World Cup vertikales Layout

den aktuellen Zustand. Hier enthält die Liste einfach alle formatierten Zeilen in Form von Widgets. Initialisieren kann man den Zustand in der Methode initState() (Zeile 188). Wenn man den Zustand später ändern will, muss man die Methode setState(void Funktion fn) dafür verwenden, die eine Lambda-Funktion als Argument bekommt, in der man die Variablen dann ändern kann (ab Zeile 27). Die Hilfsmethode _getFootballResults() funktioniert wie folgt: Ab Zeile 28 wird zuerst die gesamte Liste gelöscht und eine Lade-Animation angezeigt. In Zeile 42 wird danach die Datei gelesen. Die Hilfsmethode readCachedData() wird nicht weiter erklärt, da sie nicht zur Verdeutlichung des Zustand-Prinzips beiträgt (siehe Code online im Repository). Sie lädt jedenfalls die Datei. Falls die Internetverbindung nicht steht, wird die im Cache vorhandene Datei geladen. Nachdem auf das Laden der Datei gewartet wurde, wird in Zeile 44 zuerst die Liste geleert. Ab Zeile 46 wird die JSON-Datei ausgewertet und die einzelnen Werte gelesen. In der Hilfsmethode _addResult(...) wird dann ein komplexes Layout aufgebaut, in dem einzelne Zeilen mit den Einzelergebnissen generiert und in eine *Card* (Zeile 128) gelegt werden, die für einen Spieltag steht. In Zeile 143

**Abb. 4.8:** World Cup horizontales Layout

wird diese in die Liste hinzugefügt. In Zeile 111 wird noch eine Interaktionsmöglichkeit hinzugefügt, es wird beim Drücken auf ein Ergebnis eine Route auf den Navigationsstapel gelegt, die eine Seite mit Details anzeigt. Die Generierung der Detailseite ist hier nicht relevant, es handelt sich um ein *StatelessWidget*. Die Navigation und die *AppBar* fügen automatisch einen Zurück-Pfeil ein, der bei Aktivierung die Seite wieder vom Stapel nimmt.

Das Beispiel realisiert ein responsives Design mithilfe eines *OrientationBuilders* (ab Zeile 164): Solche Builder-Klassen gibt es mehrere in Flutter. Diese reagieren auf äußere Einflüsse und erzeugen bei einer Änderung neue Widgets. Hier wird die Builder-Funktion aufgerufen, wenn sich die Ausrichtung des Gerätes ändert. Bei einer Ausrichtung im Querformat wird ein dreispaltiges Raster erzeugt, bei horizontaler Ausrichtung ein einspaltiges Layout (Abb. 4.8).

---

Der *OrientationBuilder* dient zur Unterscheidung, ob das Gerät sich im Hoch- oder Querformat befindet. Die Orientierung kann ausgewertet werden und, abhängig davon, ein extra Layout generiert werden. Bei Änderung der Ausrichtung wird das Layout neu erzeugt und der Builder erneut ausgeführt.

---

**Listing 4.5:** main.dart

```dart
1  import 'dart:convert';
2
3  import 'package:flutter/material.dart';
4
5  import 'details_page.dart';
```

```
6   import 'read_cached_data.dart';

7

8   void main() => runApp(
9       MaterialApp(debugShowCheckedModeBanner: false, home: new
            FootballApp()));

10

11  const String wc_uri = "raw.githubusercontent.com";
12  const String wc_path = "/openfootball/world-cup.json/master/2018/
        worldcup.json";

13

14  class FootballApp extends StatefulWidget {
15    @override
16    State<StatefulWidget> createState() {
17      var fbs = FootballAppState();

18

19      return fbs;
20    }
21  }

22

23  class FootballAppState extends State<FootballApp> {
24    List<Widget> _gamesList = <Widget>[];

25

26    void _getFootballResults() async {
27      setState(() {
28        _gamesList = <Widget>[
29          Center(
30            child: Text("Please wait"),
31          ),
32          Center(
33            child: new Container(
34                alignment: FractionalOffset.center,
35                child: CircularProgressIndicator()),
36          ),
37          Center(
38            child: Text("Loading results"),
39          ),
40        ];
41      });
42      var response = await readCachedData(name: 'football.json', uri:
          wc_uri, path: wc_path);
43      setState(() {
44        _gamesList = <Widget>[];
```

```
45        });
46        Map<String, dynamic> wc = json.decode(response);
47        for (var r in wc['rounds']) {
48          print(r['name']);
49          var day = <String>[];
50          var teams = <String>[];
51          var scores = <String>[];
52          for (var m in r['matches']) {
53            day.add(m['group'] ?? ' ');
54            teams.add("${m['team1']['name']}-${m['team2']['name']}");
55            var s1et = m['score1et'] ?? 0;
56            var s2et = m['score2et'] ?? 0;
57            var score = m['score1'] == null || m['score2'] == null
58                ? '? : ?'
59                : "${m['score1'] + s1et} : ${m['score2'] + s2et}";
60            scores.add(score);
61          }
62          try {
63            _addResult(r['name'], day, teams, scores, r);
64          } finally {
65            //Nothing
66          }
67        }
68      }
69
70      void _addResult(String day, List<String> groups, List<String> teams
71          , List<String> scores, Map<String, dynamic> details) {
72        List<Widget> groupList = <Widget>[];
73        for (String s in groups) {
74          groupList.add(Text(s));
75        }
76        List<Widget> teamList = <Widget>[];
77        for (String s in teams) {
78          teamList.add(Text(s));
79        }
80        List<Widget> scoreList = <Widget>[];
81        for (String s in scores) {
82          scoreList.add(Text(s));
83        }
84        var rows = <Widget>[];
85        for (int i = 0; i < teamList.length; i++) {
```

```
86      Row r = Row(
87        // mainAxisAlignment: MainAxisAlignment.spaceBetween,
88        children: <Widget>[
89          Expanded(
90            child: groupList[i],
91            flex: 1,
92          ),
93          Expanded(
94            child: teamList[i],
95            flex: 2,
96          ),
97          Expanded(
98            child: scoreList[i],
99            flex: 1,
100         ),
101       ],
102     );
103     var ink = InkWell(
104       child: Padding(
105         child: r,
106         padding: EdgeInsets.all(10.0),
107       ),
108       highlightColor: Colors.blue,
109       splashColor: Colors.blue,
110       borderRadius: BorderRadius.all(Radius.circular(5.0)),
111       onTap: () {
112         Navigator.of(this.context)
113             .push(MaterialPageRoute(builder: (BuildContext context)
                    {
114           return detailsPage(details, i);
115         }));
116       },
117     );
118     rows.add(ink);
119   }
120   var col = Column(
121     children: rows,
122   );
123
124   SingleChildScrollView s = SingleChildScrollView(
125     child: col,
126   );
```

```
127
128     Card c = Card(
129         child: Column(
130       children: <Widget>[
131         Container(
132           child: Text(day),
133           padding: EdgeInsets.all(15.0),
134           decoration: BoxDecoration(color: Colors.lightBlue),
135           alignment: FractionalOffset.center,
136         ),
137         Expanded(
138           child: s,
139         ),
140       ],
141     ));
142     setState(() {
143       _gamesList.add(c);
144     });
145   }
146
147   @override
148   Widget build(BuildContext context) {
149     return Scaffold(
150       appBar: AppBar(
151         title: Text("Worldcup 2018"),
152       ),
153       body: Center(
154         child: Padding(
155           padding: EdgeInsets.all(5.0),
156           child: Column(children: <Widget>[
157             MaterialButton(
158               child: InkWell(child: Text("Reload")),
159               highlightColor: Colors.orange,
160               splashColor: Colors.orange,
161               onPressed: _getFootballResults,
162             ),
163             Expanded(
164               child: OrientationBuilder(
165                 builder: (BuildContext context, Orientation
                     orientation) {
166                   var size = MediaQuery.of(context).size;
167                   print(size.height);
```

```
168              if (orientation == Orientation.landscape) {
169                return GridView.count(
170                  crossAxisCount: 3,
171                  childAspectRatio: size.height / 752.0 * 2.4,
172                  children: _gamesList);
173              } else {
174                return GridView.count(
175                  crossAxisCount: 1,
176                  childAspectRatio: size.height / 1232.0 * 4.5,
177                  children: _gamesList);
178              }
179            }),
180          ),
181        ]),
182      ),
183    ),
184  );
185  }
186
187  @override
188  void initState() {
189    super.initState();
190    _getFootballResults();
191  }
192 }
```

## 4.4 Flutter-Packages

Eine Stärke von Flutter ist dessen Modularität und Erweiterbarkeit. Im zentralen Repository unter https://pub.dev/flutter [25] kann man eine Menge an Erweiterungen finden, dort werden alle Packages für die App-Entwicklung gehostet. Es lohnt sich, dort zu suchen, wenn man ein gewünschtes Feature verwenden will.

Meist sind dies Funktionalitäten, die auf spezielle Hardware oder Betriebssystem-Funktionen zugreifen, wie beispielsweise der Zugriff auf die Kamera oder das Fotoalbum oder der Beschleunigungssensor. Diese werden im Flutter-Jargon „Plugin" genannt. Allerdings findet man dort auch komplexere Layout-Komponenten, wie eine Landkarten-Komponente oder auch einfach spezielle Arten von Buttons. Solche plattformunabhängigen Pakete, die komplett in Dart programmiert werden, nennt man dann im Dart-Jargon „Flutter-Packages". Packages und Plugins kann man dann, wie bereits in Abschnitt 2.2.9 beschrieben, in die *pubspec.yaml*-Datei einbinden und dann per flutter pub get analog zur Verwendung von pub get für die reinen Dart-Packages herunterladen. Diese Pakete werden dann lokal in einen Ordner .pub-cache im Home-Verzeichnis unter Mac, Linux bzw. \Pub\Cache unter Windows gespeichert.

Zu jeder auf der Webseite zum Repository aufgelisteten Komponenten gibt es eine Mini-Homepage mit guter Dokumentation. In Abbildung 4.9 sieht man die Seite des Paketes für die Flame-Game Engine. So kann man dort grundsätzlich erfahren, was die Komponente tut, welche Versionen es gibt und unter welcher Lizenz diese veröffentlicht wurde. Für die Verwendung in kommerziellen Projekten spielt auch die Lizenz eine entscheidende Rolle. Man sollte sich im Klaren darüber sein, ob und unter welchen Bedingungen man die Software nutzen darf. Weiter wird erklärt, wie man sie installiert, indem der entsprechende Eintrag in die *pubspec.yaml* angegeben ist, den man dann einfach herauskopieren kann. Die entsprechende Import-Anweisung ist dort auch zu finden. Zudem gibt es einfachen Beispielcode. Die Version kann einen Hinweis darauf geben, wie ausgereift das Paket ist. Zusätzlich interessant ist es, auf welchen weiteren Bibliotheken es aufbaut. So hat man einen Hinweis darauf, welche Konflikte auftreten können. Auch umgekehrt kann man sehen, welche Pakete auf dieses aufbauen. Auch ist eine API-Referenz verfügbar, die man online durchsuchen kann.

Man kann den kompletten Quellcode über das verlinkte Git-Repository (meist GitHub) ansehen. Dort findet man einen Ordner lib mit dem Quellcode, oft gibt es dort noch einen Ordner example mit mehr Beispielcode für die Verwendung. In einem Ordner test gibt es meist noch Testfälle für Unit-Tests. Bei den Komponenten, die spezielle Plattformabhängige Funktionalitäten nutzen (Plugins), gibt es noch zwei weitere Ordner, ios und android, in denen sich der native Code befindet, der auf die nativen Systembibliotheken des jeweiligen Betriebssystems zugreift. Hier endet die plattformunabhängige Welt von Dart und man findet hier XML, Java, Kotlin oder JAR-Files (Android) oder Swift und Objective-C Dateien (iOS). Manchmal kann man auch einen Bug finden. Falls dies vorkommt, sollte man diesen auf GitHub melden. Auf diese Weise kann man sich selbst bei der Entwicklung und Verbesserung von Open Source-Projekten einbringen.

---

Unter https://pub.dev/flutter/packages kann man im globalen Verzeichnis nachsehen, welche Pakete verfügbar sind. Hier gibt es die Unterscheidung zwischen verschiedenen Arten von Plattformen, auf denen die Pakete verfügbar sind: „Android", „iOS" „Web" oder weitere. Manchmal werden nicht alle Plattformen gleichermaßen gut unterstützt.

---

# flame 0.18.1

Published Feb 9, 2020 · ✅ flame-engine.org  👍 34 likes

`FLUTTER` ANDROID IOS

Readme      Changelog      Example      **Installing**      Versions      97

## Use this package as a library

### 1. Depend on it

Add this to your package's pubspec.yaml file:

```
dependencies:
  flame: ^0.18.1
```

### 2. Install it

You can install packages from the command line:

with Flutter:

```
$ flutter pub get
```

Alternatively, your editor might support `flutter pub get`. Check the docs for your editor to learn more.

### 3. Import it

Now in your Dart code, you can use:

```
import 'package:flame/flame.dart';
```

**Publisher**
✅ flame-engine.org

**About**
A minimalist Flutter game engine, provides a nice set of somewhat independent modules you can choose from.
Repository (GitHub)
View/report issues
API reference

**License**
MIT (LICENSE.md)

**Dependencies**
audioplayers, box2d_flame, convert, flare_flutter, flutter, flutter_svg, meta, ordered_set, path_provider, synchronized, tiled

**More**
Packages that depend on flame

**Abb. 4.9:** Webseite für Flutter Pakete

### 4.4.1 Die Nutzung einer Map-Erweiterung

Um eine Kartenanwendung zu programmieren, kann man beispielsweise ein geeignetes Package nutzen. Das „flutter_map"-Package [62] ist eine Portierung des beliebten Leaflet-Plugins [3] von JavaScript nach Dart und Flutter. Abbildung 4.10 zeigt den Screenshot des hier aufgeführten Beispiels.

---

Beim Test von Kartenanwendungen im Simulator muss man zuerst die eigene Position manuell festlegen, sonst wird standardmäßig eine Position in Kalifornien gewählt. Hierzu muss man im Menü des Simulators (Drei Punkte ...) diese einstellen: Location ⇒ Search ⇒ Save Point ⇒ Set Location.

---

Zuerst wird das Package für die Maps und die Geolocation im *pubspec.yaml* eingebunden, siehe Listing 4.7. Dann werden diese per Eingabe von `flutter pub get` im Terminal installiert. Weiter muss man noch für Android in der Datei *AndroidManifest.xml* im Ordner *android/app/src/main* den Internetzugriff und den Zugriff auf die Position erlauben (Listing 4.6). Man beachte, dass zum Zeitpunkt der Abfassung des Buches nicht alle verwendeten Module Null-sicher waren. So muss beim Start die Null-Sicherheit mit dem Kommando `flutter run --no-sound-null-safety` deaktiviert werden.

**Listing 4.6:** AndroidManifest.xml

```
1  <uses-permission android:name="android.permission.INTERNET"/>
2  <uses-permission android:name="android.permission.
      ACCESS_COARSE_LOCATION" />
3  <uses-permission android:name="android.permission.
      ACCESS_FINE_LOCATION" />
```

In Listing 4.8 werden dann die Pakete zuerst importiert, in der Main-Funktion wird in Zeile 9 dann zuerst sichergestellt, dass alles initialisiert ist. Dann kann man über den *Geolocator* die eigene Position auswählen und für die spätere Verwendung speichern. Anschließend wird eine MaterialApp erzeugt, mit einem StatefulWidget und einem State mit einem Scaffold (Gerüst), welches im `body:` die FlutterMap enthält, also die eigentliche Karte. Bei den `options:` wird in den MapOptions als `center:` die Position angegeben, an der die Karte angezeigt werden soll [9]. Weiter kann man noch die Detaillierung mittels der Zoom-Stufen angeben. Dann folgen mehrere Ebenen. In der untersten Ebene befinden sich die Grafiken, die online über OpenStreetMap geladen werden. Die TileLayerOptions geben an, wie die Adresse für die einzelnen Grafiken gebildet wird. Je nach Zoomstufe, Ort und Kachelnummern wird anhand des Strings in `urlTemplate:` eine neue Adresse für eine Kachel generiert. Es folgt eine Ebene mit Markern. Diese haben ebenfalls eine Position und eine Größe sowie

---

**9** Hier ist die Position fest hineincodiert, falls man im Simulator die Position der OTH Amberg-Weiden hinterlegt hat, kann man die Zeile 12 auskommentieren und die Zeile 13 einkommentieren.

einen Builder, der ein Widget generiert. Man kann hier beliebige Widgets auf die Karte legen. Hier werden zwei Icons auf die Karte gelegt. Beim Drücken auf diese Icons wird jeweils eine Funktion angegeben, die dann ausgeführt wird.

**Listing 4.7:** pubspec.yaml

```
1   dependencies:
2     flutter:
3       sdk: flutter
4     flutter_map: ^0.12.0
5     geolocator: ^7.0.1
6     cupertino_icons: ^0.1.2
7
8   dev_dependencies:
9     flutter_test:
10      sdk: flutter
```

**Listing 4.8:** main.dart

```
1   import 'package:flutter/material.dart';
2   import 'package:flutter_map/flutter_map.dart';
3   import 'package:latlong/latlong.dart';
4   import 'package:geolocator/geolocator.dart';
5
6   late LatLng _position;
7
8   void main() {
9     WidgetsFlutterBinding.ensureInitialized();
10    Geolocator.getLastKnownPosition().then((pos) {
11      if (pos != null) {
12        //_position = LatLng(pos.latitude, pos.longitude);
13        _position = LatLng(49.4448369, 11.8473098);
14      } else {
15        _position = LatLng(49.4448369, 11.8473098);
16      }
17      runApp(new MyMapApp());
18    });
19  }
20
21
22  class MyMapApp extends StatelessWidget {
23    @override
24    Widget build(BuildContext context) {
```

```
25    return new MaterialApp(
26      home: new MyMapPage(),
27      debugShowCheckedModeBanner: false,
28    );
29   }
30 }
31
32 class MyMapPage extends StatefulWidget {
33   @override
34   _MyMapPageState createState() => new _MyMapPageState();
35 }
36
37 class _MyMapPageState extends State<MyMapPage> {
38   @override
39   Widget build(BuildContext context) {
40     return new Scaffold(
41       appBar: new AppBar(title: new Text('My Locations')),
42       body: new FlutterMap(
43         options: new MapOptions(
44           center: _position, minZoom: 10.0, maxZoom: 18, zoom:
                  17),
45         layers: [
46           new TileLayerOptions(
47             urlTemplate:
48               "https://{s}.tile.openstreetmap.org/{z}/{x}/{y}.
                      png",
49             subdomains: ['a', 'b', 'c']),
50           new MarkerLayerOptions(markers: [
51           Marker(
52             width: 45.0,
53             height: 45.0,
54             point: new LatLng(49.4448369, 11.8473098),
55             builder: (context) => new Container(
56               child: IconButton(
57                 icon: Icon(Icons.local_bar),
58                 color: Colors.red,
59                 iconSize: 45.0,
60                 onPressed: () {
61                   print('Marker tapped');
62                 },
63               ),
64             )),
```

```
65              Marker(
66                  width: 45.0,
67                  height: 45.0,
68                  point: new LatLng(49.443369, 11.8473098),
69                  builder: (context) => new Container(
70                      child: IconButton(
71                          icon: Icon(Icons.person),
72                          color: Colors.red,
73                          iconSize: 45.0,
74                          onPressed: () {
75                              print('Marker tapped');
76                          },
77                      ),
78                  ))
79              ])
80          ]));
81      }
82  }
```

### 4.4.2 Flutter-Erweiterungen selbst programmieren

Selbstverständlich kann man eigene Pakete entwickeln (genaue Anleitung siehe: [24]). Diese kann man über das Publish-Kommando (`flutter pub publish`) in die Cloud hochladen und auf der Pub-Webseite zur Verfügung stellen. Hierzu sollten allerdings auch, wie in der Anleitung beschrieben, die Lizenz, die Dokumentation und die Implementierungen für alle Plattformen verfügbar sein.

Allerdings kann man auch Pakete für die eigene Entwicklung einsetzen, um den Code modularer zu gestalten oder für interne Projekte modulare Komponenten entwickeln. Diese werden dann nicht über ein externes Repository verwaltet, sondern können lokal auf dem Rechner liegen. Man kann diese dann selbstverständlich über ein anderes Versionierungssystem, beispielsweise einem internen GitLab-Server, verwalten. Für die Verwendung dieser lokal verfügbaren Komponenten muss man diese ebenfalls der *pubspec.yaml* bekannt machen, indem man den lokalen Pfad dazu angibt (siehe Listing 4.15).

Die Nutzung der Erweiterungen ist sehr komfortabel, trotzdem kann es hierbei zu Problemen kommen: Bei den Plug-In-Packages kann man nicht automatisch davon ausgehen, dass die gewünschte Funktion auf den jeweiligen Plattformen identisch ist oder gleich gut funktioniert. Manchmal gibt es auch nur Implementierungen für eine Plattform, oder die eine Implementierung funktioniert, und die andere hat einen Bug. Falls man nur für eine Plattform entwickeln will, ist dies allerdings nicht relevant.

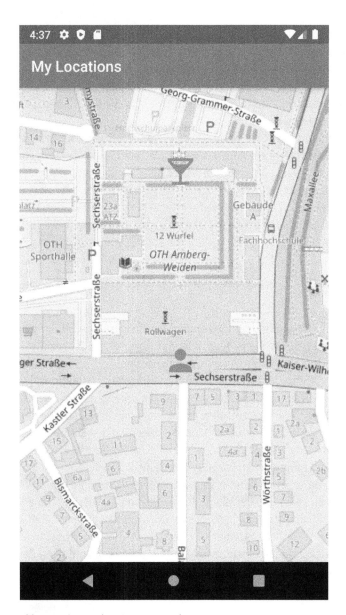

**Abb. 4.10:** Screenshot Kartenanwendung

Hier lohnt es sich, die Issues auf GitHub anzusehen, dort werden Fragen, Verbesserungsvorschläge und Bugs aufgelistet. Falls man selbst einen Bug entdeckt, sollte man sich einbringen und diesen dort melden. Überhaupt ist das eigene Engagement bei solchen Open-Source Projekten sinnvoll und erwünscht. Man bekommt meist schnelle Rückmeldung. Außerdem muss man nicht warten, bis etwas wieder funktioniert, da man selbst die Initiative ergreifen kann.

Ein weiteres Problem sind indirekte Abhängigkeiten in den Erweiterungen. Es kommt vor, dass man beispielsweise ein Plugin A verwendet, welches seinerseits ein Plugin B in einer bestimmten Version X nutzt. Nun gibt es den Fall, dass man entweder selbst das Plugin B in einer anderen Version Y > X verwendet, oder ein weiteres Plugin U nutzt, welches ebenfalls (direkt oder wieder indirekt) das Plugin B verwendet. Hier kommt es dann zu Versions-Konflikten bei der Nutzung. Es kann sehr zeitraubend sein, solche Abhängigkeiten aufzulösen.

### 4.4.3 Einfache Animationen

Es folgt ein Beispiel für die Verwendung eines einfachen Plugins. Eine Stärke von Flutter ist die Animierbarkeit der Widgets. Jedoch ist das Konzept der Programmierung dahinter nicht besonders eingängig und schwer umzusetzen. Da hilft ein Plugin, welches das Erstellen von Animationen stark vereinfacht: „simple_animations"[9]. Zum Importieren muss man dieses wie in Listing 4.9 unter den dependencies angeben. Danach muss man per flutter pub get aufrufen. Schon kann man im Quellcode den Import durchführen, siehe Zeile 2 in Listing 4.10. Im Beispiel folgt das Setup für ein *StatelessWidget*, es werden wieder eine *MaterialApp* und ein *Scaffold*-Gerüst verwendet, in dessen Body befindet sich dann eine *MirrorAnimation*, eine Klasse aus dem neuen Plugin. Innerhalb des Typparameters muss man die animierten Parameter mithilfe einer *enum* (siehe Zeile 2) angeben. Bei der Klasse *MirrorAnimation* wird die Animation vorwärts und dann rückwärts abgespielt. Möglich wäre auch beispielsweise eine Klasse *LoopAnimation*, dann würde die Animation immer wieder von vorn beginnen. Mit dem Parameter curve: kann man bestimmen, wie sich die Geschwindigkeit der Animation verhält, also ob sie linear ist oder eher langsamer oder schneller wird. Hier wird mit Curves.easeInOutSine ein weicher Start und ein weiches Ende angegeben (vgl. Abbildung 4.11).

Als nächstes wird die Dauer der gesamten Animation angegeben: Man hat die Möglichkeit, über das *Duration*-Objekt verschiedene Zeiteinheiten, hier Millisekunden, anzugeben. Die Werte, die sich per Animation verändern sollen, werden im Tween ab Zeile 20 angegeben. Das Wort „Tween" kommt von „Between". Es gibt einen Startwert und einen Endwert, zwischen diesen Werten erfolgt in einer angegebenen Zeit eine Überblendung, ein aktueller Wert wird pro Zeit-Fortschritt an den Zielwert angenähert. Für komplexere Animationen bietet sich die Klasse *MultiTween* an. Man kann hier eine Liste an Einträgen hinzufügen, die man animieren will. In der Methode .add(...)

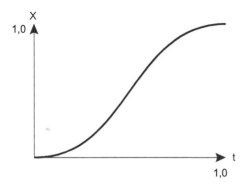

**Abb. 4.11:** *Curves.easeInOutSine*

gibt man jeweils den zu animierenden Parameter, die Überblendung (*Tween*) der Zahl an, die dem Parameter zugeordnet ist und dann die Dauer des Animations-Teils. Die Parameter-Typen entscheiden, ob die Breite des Objektes oder dessen Höhe animiert wird. Man könnte noch weitere Typen, beispielsweise für die Farbänderung, spezifizieren. Zeile 21, 22 und 22 lesen sich so: Zuerst passiert eine halbe Sekunde nichts, da der Tween ein *ConstantTween* ist, was bedeutet, dass die Zahl konstant auf 10 bleibt. Erst nach dieser halben Sekunde passiert eine weitere Animation, wieder mit einer halben Sekunde Länge, dort wird der Wert von 10 auf 200 interpoliert. In den Zeilen 25-28 passiert ähnliches für den *Track* für die Breite, dort wird allerdings gleich animiert und dann eine halbe Sekunde gewartet. Zu sehen sein soll dann später in der Animation folgendes:

Erst ändert das Objekt seine Breite, dann seine Höhe. Bei der *MirrorAnimation* wird ein weiterer Parameter angegeben: `builder`: Dies ist, wie bei den *Builder*-Klassen üblich, eine Lambda-Funktion, die als Parameter den Kontext sowie die Animation mitbekommt. Über die *enum*-Einträge, die man zur Identifizierung angegeben hat, kann man hier die konkreten Werte auslesen. Bei Änderung der Werte erzeugt der *Builder* ein neues Objekt mit anderen Werten für die Breite und die Höhe des Objektes, hier einfach ein blauer Container. Als Resultat wird ein Rechteck animiert, erst wird dessen Breite skaliert, dann dessen Höhe. Da *MirrorAnimation* verwendet wurde, wird dieser Vorgang rückwärts abgespielt, dann beginnt die gesamte Animation von vorn. Weitere Informationen über diese Flutter-Erweiterung kann man im GitHub-Repository finden, welches auch über die Repository-Webseite (pub.dev) verlinkt ist [8].

---

Man kann als Widgets auch programmierte Animationen angeben: Diese haben eine Dauer und eine **i**
Beschleunigungsfunktion. Man kann alle visuellen Eigenschaften wie Größen oder Farben animieren.

---

**Listing 4.9:** pubspec.yaml

```
1  dependencies:
2    flutter:
3      sdk: flutter
4    simple_animations: ^3.0.2
```

**Listing 4.10:** main.dart

```
1  import 'package:flutter/material.dart';
2  import 'package:simple_animations/simple_animations.dart';
3
4  void main() => runApp(MyApp());
5  enum AnimatedParams { width, height }
6
7  class MyApp extends StatelessWidget {
8    // This widget is the root of your application.
9    @override
10   Widget build(BuildContext context) {
11     return MaterialApp(
12       title: 'Animation Demo',
13       debugShowCheckedModeBanner: false,
14       home: Scaffold(
15         backgroundColor: Colors.white,
16         body: Center(
17           child: MirrorAnimation<MultiTweenValues<AnimatedParams>>(
18             curve: Curves.easeInOutSine,
19             duration: Duration(milliseconds: 1000),
20             tween: MultiTween<AnimatedParams>()
21               ..add(AnimatedParams.height,
22                 ConstantTween(10.0), Duration(milliseconds: 500))
23               ..add(AnimatedParams.height,
24                 Tween(begin: 10.0, end: 200.0), Duration(
                    milliseconds: 500))
25               ..add(AnimatedParams.width,
26                 Tween(begin: 10.0, end: 200.0), Duration(
                    milliseconds: 500))
27               ..add(AnimatedParams.width,
28                 ConstantTween(200.0), Duration(milliseconds: 500)),
29             builder: (context, child, value) {
30               return Container(
31                 width: value.get( AnimatedParams.width),
32                 height: value.get(AnimatedParams.height),
```

```
33              color: Colors.lightBlue);
34          },),
35        ),
36      ),);
37    }
38  }
```

(a) Höhe animiert

(b) Breite animiert

**Abb. 4.12:** Einfache Animation

### 4.4.4 Animationen mit Nima und Rive

Im Abschnitt 3.3 haben wir das Animationstool Rive kennengelernt. Wenn man das Nima-Plugin verwendet, kann man die Animationen direkt als Widget einbinden. Falls man Vektorgrafiken, also mit dem Rive-Tool animiert hat, muss man das „Flare-Flutter" Plugin verwenden.[10] Es folgt ein kurzes Beispiel für die interaktive Steuerung einer Nima-Animation. In Listing 4.11 ist das entsprechende Pubspec-File: Es wird das Paket Nima angegeben und bei `assets:` die Position der exportierten Files aus dem Animationstool angegeben. Man beachte, dass zum Zeitpunkt der Abfassung des Buches das Plugin nicht Null-sicher war. So muss beim Start die Null-Sicherheit mit dem Kommando `flutter run --no-sound-null-safety` deaktiviert werden. In 4.12 ist der Code für die Animation: In Zeile 2 wird die Bibliothek für die Animation des Nima-Widgets importiert. Es wird dann ab Zeile 4 eine *MaterialApp* angelegt, mit einem weiteren Stateful-Widget als Homepage. Im State gibt es eine private Methode `_ufo()` (Zeile 17), die ein *NimaActor*-Widget zurückliefert. Hier wird das „.nma"-File, welches aus dem Animationstool exportiert wurde, angegeben. Als benannter Parameter `animation:` wird die aktuelle Animation angegeben. Diese ist auch der State, anfangs mit dem String „fly" initialisiert. Man kann beim Parameter `completed:` eine Lambda-Funktion angeben, die aufgerufen wird, wenn die Animation fertig abgespielt wurde. Jedoch funktioniert dies nicht zuverlässig, dies wird hier lediglich erwähnt, da der Parameter in einigen Tutorials verwendet wird. Experimente haben gezeigt, dass, je nach Animation, dieses Ereignis nicht immer aufgerufen wurde. Die Gründe sind nicht klar, zukünftige Versionen könnten zuverlässiger reagieren.

Wenn das Widget erstellt wird, (Ab Zeile 27), wird ein Gerüst erzeugt, im Body ist der beschriebene *NimaActor*, das Gerüst bekommt zudem einen Button. Wird dieser gedrückt, wird der State auf „shot" geändert. Damit wird das Widget neu erzeugt und der *NimaActor* bekommt eine neue Animation, das Raumschiff, welches in Abschnitt 3.3 entworfen wurde, schießt. Um nach Ablauf der Schuss-Animation erneut die Flug-Animation abzuspielen, wird nicht, wie erwähnt, der `completed:`-Handler verwendet, sondern es wird einfach eine feste Zeit gewartet, bis die Animation beendet ist, sie ist 1000 Millisekunden lang im Modus „fly". Die `Future.delayed(...)`-Methode bietet diese Funktionalität. Das Verfahren hat zudem den Vorteil, dass man per Programmierung genau den Ablauf unter Kontrolle hat, unabhängig von den Animationen. Abbildung 4.13 zeigt einen Screenshot der Animation mit dem Button.

---

10 Rive hieß vorher Flare, das Flutter-Plugin heißt immer noch so.

**Listing 4.11:** pubspec.yaml

```
1   environment:
2     sdk: ">=2.12.0 <3.0.0"
3
4   dependencies:
5     flutter:
6       sdk: flutter
7     nima: ^1.0.5
8
9   dev_dependencies:
10    flutter_test:
11      sdk: flutter
12
13  flutter:
14    uses-material-design: true
15    assets:
16     - assets/Ufo.nma
17     - assets/Ufo.png
18     - assets/Hop.nima
19     - assets/Hop.png
```

**Listing 4.12:** main.dart

```
1   import 'package:flutter/material.dart';
2   import 'package:nima/nima_actor.dart';
3
4   void main() => runApp(MaterialApp(
5         title: 'Nima',
6         debugShowCheckedModeBanner: false,
7         home: MyHomePage(),
8       ));
9
10  class MyHomePage extends StatefulWidget {
11    @override
12    _MyHomePageState createState() => _MyHomePageState();
13  }
14
15  class _MyHomePageState extends State<MyHomePage> {
16    String _anim = "fly";
17    NimaActor _ufo() {
18      return NimaActor("assets/Ufo.nma",
19          alignment: Alignment.center,
```

```
20        fit: BoxFit.scaleDown,
21        animation: _anim,
22        mixSeconds: 0.01,
23        completed: (String animationName) {});
24    }
25
26    @override
27    Widget build(BuildContext context) {
28      return Scaffold(
29        appBar: AppBar(
30          title: Text('Nima Example'),
31        ),
32        body: _ufo(),
33        floatingActionButton: new FloatingActionButton(
34          onPressed: () {
35            setState(() {
36              _anim = "shot";
37              print("Buff");
38              Future.delayed(Duration(milliseconds: 1000))
39                  .then((value) => setState(() {
40                      print("Ready");
41                      _anim = "fly";
42                  }));
43            });
44          },
45          child: new Icon(Icons.arrow_upward),
46        ),
47      );
48    }
49  }
```

## 4.4.5 Eine animierte Backdrop-Komponente

Es folgt ein Beispiel für eine selbst erstellte Komponente, ein sogenanntes „Backdrop“. Es handelt sich um eine Material-Design Komponente (siehe: [34]). Die Komponente besteht grundsätzlich aus zwei Ebenen, einer Hintergrund- und einer Vordergrund-Ebene. Die Vordergrund-Ebene ragt von unten ein Stück in den Bildschirmbereich und kann auf Kommando nach oben über den Bildschirm geschoben werden. Das Backdrop ist deshalb ein gutes Beispiel, weil es die Material-Design-Prinzipien (siehe Abschnitt 4.2) anschaulich verdeutlicht. Im Gegensatz zu Dialog-Fenstern, die sich

**Abb. 4.13:** Nima Beispiel

plötzlich ein- und ausblenden, wird die vordere Karte in den sichtbaren Bereich hinein- und hinausgeschoben. In Abbildung 4.14a sieht man eine ausgefahrene, in Abbildung 4.14b eine eingefahrene Komponente. Eine ähnliche Komponente ist auch im zentralen Repository zu finden, unsere Implementierung ist allerdings weniger komplex. Anhand der Backdrop-Komponente kann man auch gleich erklären, wie Animationen funktionieren. In Listing 4.14 sieht man die *pubspec.yaml*-Datei: Dort werden der Name des Paketes, eine Beschreibung, eine Version und der Autor angegeben. In Listing 4.13 ist der Code für die Komponente selbst zu sehen. Sie ist natürlich ebenfalls ein Widget, mit State. In Zeile 14 sieht man den Konstruktor. Als Parameter bei der Erzeugung eines neuen Backdrops muss man mitgeben: eine Callback-Funktion, die aufgerufen wird, wenn sich die Zustandsvariable des States der Komponente (Zeile 25: panelIsOut) ändert. Zudem wird im Konstruktor der Titel als Text, ein Icon, welches zum Ein- und Ausfahren gedrückt wird, sowie ein Widget base mit der hinteren Ebene und ein Widget content mit der vorderen Ebene und die Gesamthöhe mitgegeben. Wie die beiden Ebenen aufgebaut sind, ist hier egal, Hauptsache, sie sind Widgets. Schließlich kann man optional einen Key zum Identifizieren der Komponente für Testzwecke (mehr dazu später in Abschnitt 4.5) mitgeben. In der Methode initState() wird die State-Variable panelIsOut) mit true initialisiert, da die Komponente zuerst ausgefahren ist. Weiter wird ein AnimationController erzeugt, der die Animationen steuert (Zeile 30). Hier wird auch die Dauer der Animation mit 500 Millisekunden gleich angegeben.

Dieser Controller muss einen so genannten *TickerProvider* besitzen (Parameter vsync:), der wie eine Uhr tickt, also Zeit ablaufen lässt. In Zeile 22 wird dieser im State-Objekt selbst hinzugefügt als Mixin. Der *SingleTickerProviderStateMixin* tickt nur, wenn die jeweilige Komponente aktiv ist. Deshalb dieses etwas umständlich erscheinende Verfahren. Ab Zeile 37 wird ein *Scaffold* als Gerüst erzeugt, welches eine Kopfzeile (appBar:) mit dem vorher übergebenen Titel bekommt. Bei dieser wird links (leading:) ein *IconButton* eingefügt, mit dem ebenfalls im Konstruktor übergebenen animierten Icon. Wenn dieser *IconButton* gedrückt wird, wird die Methode changePanelState() ab Zeile 56 aufgerufen, die dann die State-Variable invertiert. Zusätzlich wird die im Konstruktor übergebene Callback-Funktion aufgerufen. Die Benutzer*innen der Komponente können dann zusätzlich als Seiteneffekt auf das Ein- und Ausklappen weitere Aktionen implementieren. Danach wird der Animation-Controller aktiviert, der, je nach Zustand der State-Variable panelIsOut, auf den Wert -1 oder 1 animiert, es wird also pro Tick eine kleine Änderung der Animation vorgenommen.

---

Will man einen *AnimationController* verwenden, muss man *TickerProvider* zur Verfügung stellen. Dieser sorgt für einen synchronisierten Zeitablauf. Günstigerweise kann man diesen als Mixin in die Klasse einbauen.

---

Als Body des Gerüsts wird in Zeile 50 ein *LayoutBuilder* erzeugt, der ab Zeile 65 den eigentlichen Layout-Baum generiert. im Parameter color: wird im obersten Container-Widget nicht eine feste Farbe hinterlegt, sondern, je nach Farb-Theme, die Primärfarbe als Farbe verwendet. Als Kind wird ein Stack angegeben, also ein Stapel an Widgets. Hier werden genau zwei Widgets angegeben, nämlich der im Konstruktor übergebene Hintergrund (base) sowie eine animierte Fläche: Diese besteht aus einem Übergang, der *PositionedTransition* (ebenfalls ein Widget). Diese wiederum beinhaltet eine Rechteck-Überblendung: (rect: RelativeRectTween), wo die Start- und die End-Rechteck Eckkoordinaten angegeben sind. Dies wird dann animiert (.animate(...)). Diese Methode liefert die Animation, die bei rect: angegeben werden muss. In der dort übergebenen Kurven-Animation wird als „parent"| der vorher erschaffene Controller angegeben (Zeile 75). Die *CurvedAnimation* sorgt für einen soften und nicht abrupten zeitlichen Verlauf. Als Kind des Übergangs-Widgets wird einfach ein Material, also eine Fläche angegeben. Dort sind die Ecken abgerundet und dessen Kind ist der im Konstruktor übergebene Inhalt content. Ändert sich der Wert von panelIsOut, wird der Controller aktiv und der Tween, also die Überblendung, erzeugt Übergangswerte für die angegebenen Rechtecke, so dass der Eindruck entsteht, die Fläche fährt herein und heraus.

**Listing 4.13:** backdrop.dart

```
1   library oth_backdrop;
2   import 'package:flutter/material.dart';
3
4   class BackDrop extends StatefulWidget {
5
6       Widget content;
7       Widget base;
8       Widget title;
9       AnimatedIconData animatedIcon;
10      double height;
11      Function callback;
12      Key testKey;
13
14      BackDrop(this.callback, this.title, this.animatedIcon, this.base,
              this.content, this.height, [this.testKey = const ValueKey(0)]);
15      @override
16      State<StatefulWidget> createState() {
17          return _BackdropPageState();
18      }
19  }
20
21  class _BackdropPageState extends State<BackDrop>
22      with SingleTickerProviderStateMixin {
23    late BackDrop _backDrop;
24      late AnimationController _controller;
25      late bool panelIsOut;
26      @override
27      void initState() {
28          super.initState();
29          panelIsOut = true;
30          _controller = AnimationController(
31              duration: Duration(milliseconds: 500), value: 1.0, vsync:
                  this);
32      }
```

```
33
34    @override
35    Widget build(BuildContext context) {
36      _backDrop = context.widget as BackDrop;
37      return Scaffold(
38          appBar: AppBar(
39            elevation: 0.0,
40            title: _backDrop.title,
41            leading: IconButton(
42              onPressed: changePanelState,
43              key: _backDrop.testKey,
44              icon: AnimatedIcon(
45                icon: _backDrop.animatedIcon,
46                progress: _controller.view,
47              ),
48            ),
49          ),
50          body: LayoutBuilder(
51            builder: _buildStack,
52          ),
53        );
54    }
55
56    void changePanelState() {
57      setState(() {
58        panelIsOut = ! panelIsOut;
59      });
60      _backDrop.callback(panelIsOut);
61      _controller.animateTo(
62          panelIsOut ? 1.0 : -1.0);
63    }
64
65    Widget _buildStack(BuildContext context, BoxConstraints constraints
          ) {
66      return Container(
67        color: Theme.of(context).primaryColor,
68        child: Stack(
69          children: <Widget>[
70            _backDrop.base,
71            PositionedTransition(
72                rect: RelativeRectTween(
```

```
73        begin: RelativeRect.fromLTRB(0.0, constraints.maxHeight
              - _backDrop.height, 0.0, 0.0),
74        end: RelativeRect.fromLTRB(0.0, 0.0, 0.0, 0.0),
75      ) .animate(CurvedAnimation(parent: _controller, curve: Curves.
          easeInOut)),
76        child: Material(
77          borderRadius: const BorderRadius.only(
78            topLeft: const Radius.circular(16.0),
79            topRight: const Radius.circular(16.0)),
80          elevation: 12.0,
81          child: _backDrop.content,
82        ),
83      ),
84     ],
85    ),
86   );
87  }
88  @override
89  void dispose() {
90    _controller.dispose();
91    super.dispose();
92  } }
```

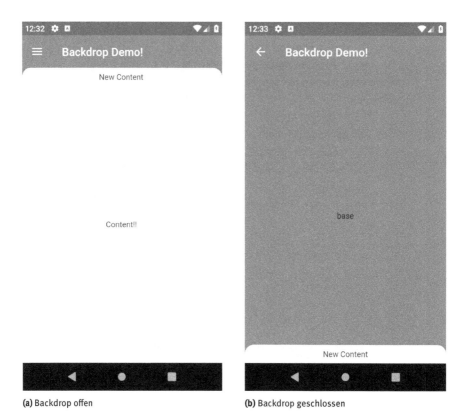

(a) Backdrop offen

(b) Backdrop geschlossen

**Abb. 4.14:** Backdrop Komponente

**Listing 4.14:** pubspec.yaml

```
1  name: oth_backdrop
2  description: A package for a backdrop
3  version: 0.0.1
4  author: Dieter Meiller
```

**Listing 4.15:** pubspec.yaml

```
1  oth_backdrop:
2    path: ../backdrop_package
```

## 4.5 Automatisierte Tests

Flutter bietet ein eigenes Test-Framework für automatisierte Tests von User-Interfaces. Im Gegensatz zu klassischen Unit-Tests, bei denen Funktionen darauf getestet werden, ob sie die gewünschten Werte liefern, wird bei UI-Tests das Nutzerverhalten simuliert. Es können gezielt Eingaben für einzelne Widgets erzeugt werden, indem so getan wird, als ob ein Mensch beispielsweise mit dem Finger auf einen Button drückt. Üblicherweise befinden sich die Test-Skripts im Ordner test des Projektes.

---

Man muss bei Android-Studio darauf achten, dass der automatisierte Code im Test-Ordner immer bereits einen „Hallo-Welt"-Test enthält, wenn man ein Projekt mit dem Projekt-Wizard anlegt. Ändert man seinen Code, wird meist der Test nicht mehr funktionieren, da er auf vielleicht gelöschte Objekte zugreift. Man kann den Code auch einfach insgesamt löschen, wenn man bei Experimenten keine Tests anlegen will.

---

In Listing 4.16 wird die Backdrop-Komponente getestet. Das entsprechende Package flutter_test wird in Zeile 1 importiert. Zuerst wird ein Beispiel-Inhalt für das Backdrop-Fenster erstellt (Zeilen 12-18). Hier ragt das Backdrop um 32 Pixel aus dem Screen, der eigentliche Inhalt wird auf der Fläche zentriert (Text „Content"). In den Zeilen 19-21 wird der Hintergrund generiert, ebenfalls nur ein einfacher Text („base"). In Zeile 22 wird eine Funktion definiert, die aufgerufen wird, wenn die Komponente sich ändert. Darin wird eine bool-Variable negiert, die den Status repräsentiert und später überprüft wird. Die Funktion testWidgets (Zeile 23) startet den Test und gibt ihm einen Namen, hier „Test Callback". Der Lambda-Funktion, in der der Test-Code steht, wird ein virtueller Tester (WidgetTester) mitgegeben, der Nutzereingaben simulieren kann. Zuerst wird ein *BackDrop*-Objekt erzeugt und in Zeile 24 gestartet. Hier wird in der Methode .pumpWidget(...) runApp(...) aufgerufen und gewartet, bis alles läuft. Dann wird die zu testende Status-Variable zwischengespeichert, um später vergleichen zu können, ob diese sich geändert hat. Nun soll die Berührung des Buttons, der die Komponente öffnet und schließt, simuliert werden. Hierzu wird diese zuerst über einen in Zeile 10 generierten und im Konstruktor (Zeile 24) übergebenen Key identifiziert (Zeile 27). Das vom Framework bereitgestellte *Find*-Objekt bietet eine entsprechende Methode find.byKey(Key key). Man kann übrigens allen Widgets einen solchen Key im Konstruktor mitgeben, so dass man alle Widgets identifizieren könnte.

Das *Find*-Objekt kann noch mehr, es kann beispielsweise eine bestimmte Instanz finden, wenn man auf diese Zugriff hat, mittels find.byWidget(Widget widget). Oder es kann nach Texten in text-basierten Widgets mittels find.text(String text) suchen. Als Rückgabe bekommt man ein *Finder*-Objekt, welches das gefundene Widget repräsentiert. Hier wird das gefundene Widget zuerst gedrückt (Zeile 30), danach wird gewartet, bis die Komponente ein- oder ausgefahren wurde (Zeile 29). danach wird in Zeile 30 mit expect(...) überprüft, ob das Ergebnis der Interaktion den Erwartungen entspricht. Hier wird der alte Status mit dem neuen Status verglichen. Falls der Test erfolgreich abgelaufen ist, wird in der Konsole der Name des Tests mit einem Haken versehen, ansonsten wird eine Exception geworfen. Das Schreiben solcher Tests ist aufwändig und ersetzt sicher nicht das manuelle Testen. Allerdings kann man diese Tests immer wieder ablaufen lassen. Man könnte beispielsweise prüfen, ob ein Login-Mechanismus immer funktioniert. Der virtuelle Tester (WidgetTester) kann dafür auch Texteingaben simulieren (.enterText(Finder finder, String text)). So kann man in ein über den Finder gefundenes Textfeld den Nutzernamen bzw. das Passwort eintragen.

---

**i** In Flutter kann man automatisierte GUI-Tests durchführen, in dem man Nutzerinteraktionen simuliert. Die einzelnen Widgets kann man durch das *Find*-Objekt finden. Widgets können optional alle einen selbstdefinierten Key bekommen, über den sich diese identifizieren lassen.

---

**Listing 4.16:** backdrop_test.dart

```
1   import 'package:flutter_test/flutter_test.dart';
2   import 'package:flutter/material.dart';
3   import 'package:oth_backdrop/backdrop.dart';
4
5   late bool status;
6
7   void main() {
8     const _PANEL_HEADER_HEIGHT = 32.0;
9     status = true;
10    final key = Key('TestKey');
11    var title = Text("Backdrop Demo!");
12    var content = Column(children: <Widget>[
13      Container(
14        height: _PANEL_HEADER_HEIGHT,
15        child: new Center(child: new Text("Panel")),
16      ),
17      Expanded(child: Center(child: Text("Content")))
18    ]);
19    var base = Center(
20      child: Text("base"),
21    );
22      var callback = (var stat) => status = ! status;
23      testWidgets('Test Callback', (WidgetTester tester) async {
24        final BackDrop app = BackDrop(callback, title, AnimatedIcons.
                 menu_close, base, content, _PANEL_HEADER_HEIGHT, key);
25        await tester.pumpWidget(MaterialApp(home: app,));
26        bool oldstat = status;
```

```
27      Finder f = find.byKey(key);
28      await tester.tap(f);
29      await tester.pump(Duration(milliseconds:1500));
30      expect(status, !oldstat);
31    });
32  }
```

# Teil II: **Praxis**

Im zweiten Teil des Buches werden nun komplexere Projekte präsentiert und erläutert: eine Cloud-basierte Anwendung, eine Zeichen-App für den Desktop, und zuletzt ein Spiel-Projekt inklusive eines Webservers.

# 5 Cloud-Anwendung

Moderne Web-Anwendungen benötigen einen persistenten Speicher. Im Buch wird auf verschiedene Möglichkeiten zur Speicherung von Daten eingegangen. Ein lokaler Speicher auf dem Gerät ist wichtig, damit man Daten wie Einstellungen der App speichern oder auch Daten aus dem Internet in einem Cache ablegen kann, falls die Verbindung abreißt oder falls der genutzte Dienst gerade nicht verfügbar ist. Ein Vorteil von Apps gegenüber Web-Seiten ist eben die lokale Verfügbarkeit.

Der lokale Speicher wird in Kombination mit einem nicht-lokalen Speicher eingesetzt. Hier gibt es auch unterschiedliche Möglichkeiten, zwei werden hier im Buch vorgestellt: Im Spiel aus Kapitel 7 (Abschnitte 7.5.1 und 7.5.2) wird ein eigener Server-Dienst, implementiert in Dart, vorgestellt. Man kann allerdings auch einen Cloud-Dienst von einem kommerziellen Anbieter nutzen.

## 5.1 Google Firebase

Google Firebase ist ein Cloud-Dienst, der sich sehr gut in Flutter integrieren lässt. Hier wird Schritt für Schritt erklärt, was Firebase leistet, wie man die Firestore-Datenbank einrichtet und mit der eigenen App verknüpft.

Firebase stellt nicht nur einen Cloud-Speicher zur Verfügung, es bietet eine umfangreiche Palette an Features [37]: Man kann damit die App analysieren und hat eine Verknüpfung zu Google Analytics. So kann man die Zugriffszahlen oder auch Programm-Abstürze analysieren, sogar A/B-Testing lässt sich über Firebase realisieren. Weiter kann man Berechnungen auf den Servern von Google durchführen lassen und so die App oder den eigenen Server entlasten. Natürlich skalieren die Dienste sehr gut, so dass man nicht mit Überlastung rechnen muss. Man kann auch Files und Assets der App dort hosten. Machine-Learning-Features kann man ebenfalls über Firebase realisieren. So kann man Text- oder Gesichtserkennung relativ leicht implementieren. Die Beschreibung aller Möglichkeiten würde den Rahmen des Buches sprengen.

Hier wird auf die Speicherung von App-Daten in der Echtzeit-Datenbank Firestore eingegangen. Interessant zu wissen: Firebase war zu Beginn ein eigenständiges Start-Up Unternehmen und wurde dann von Google gekauft. Das erste Produkt war die Echtzeit-Datenbank. Firestore ist deren Nachfolger. Vermutlich wird das alte Modell noch weiter gepflegt, da es noch in alten Produkten in Verwendung ist.

### 5.1.1 Einrichtung und Setup

Zunächst benötigt man einen Google-Account. Damit kann man sich in der Firebase-Konsole anmelden (unter: `https://console.firebase.google.com`) und dann ein Pro-

https://doi.org/10.1515/9783110753080-005

jekt anlegen. Dies ist denkbar einfach, man klickt auf das „+" und gibt einen Projektnamen an, ein Projekt-„Wizard" wird gestartet, es werden Fragen gestellt, man muss diese
beantworten und auf den „Weiter"-Button klicken. Zuerst wird man gefragt, ob man
Google Analytics für das Projekt aktivieren will, standardmäßig wird dies empfohlen.
Danach muss man den physischen Speicherort, das Land, auswählen, danach wird
das Projekt angelegt.

Im Anschluss muss man eine App registrieren, in der man Firebase nutzen möchte.
Es werden vier Möglichkeiten angeboten: Man kann sich zwischen einer iOS-, einer
Android-, einer Web- oder einer Unity-App entscheiden. Relevant für Flutter sind lediglich die iOS- und die Android-Version. Die Anleitung im Beispiel wird auf Android
beschränkt, die iOS-Variante funktioniert sehr ähnlich.

Nach der Auswahl der Android-App werden vier Schritte angezeigt, die man ausführen soll:

– App registrieren
– Konfigurationsdatei herunterladen
– Firebase SDK hinzufügen
– App ausführen, um die Installation zu prüfen

App registrieren: Man wird nach einem Paketnamen gefragt. Hier muss ein Java-
artiger Package-Name angegeben werden. Die Logik hinter den Paketnamen entspricht der des URI-Schemas, allerdings umgekehrt. So wäre beispielsweise der Name
„de.meinstartup.meineapp " ein günstiger Name für das Paket. Optional kann man
noch einen SHA-1 Wert eines Signaturzertifikates angeben, was für bestimmte Firebase-
Services nötig ist. Für die Nutzung des Firestores allerdings ist dies nicht zwingend
notwendig. Konfigurationsdatei herunterladen: Die Datei „google-services.json" muss
heruntergeladen und in einen bestimmten Ordner Projektes verschoben werden. Im
Gegensatz zu der im Wizard angegebenen Ordnerstruktur muss man beachten, dass
man die Datei nicht in das Stammverzeichnis des Projektes, sondern in den Ordner
„android/app" des Projektes verschiebt (oder ios bei der iOS-Version).

Firebase SDK hinzufügen: Nun muss man die Datei „android/build.gradle" ändern:
Der Classpath für die Google-Services muss hinzugefügt werden:

```
1  buildscript {
2    ...
3    dependencies {
4      ...
5      classpath 'com.google.gms:google-services:4.3.4'
6    }
7  }
```

Dann muss man die Datei „android/app/build.gradle" ändern, eine weitere „build.gradle"-
Datei, die sich eine Ebene tiefer im „app"-Ordner befindet. Hier müssen drei Zeilen
ergänzt sowie die minimale SDK-Version geändert werden:

```
1   ...
2   defaultConfig {
3       ...
4       minSdkVersion 21
5       ...
6   }
7   ...
8   apply plugin: 'com.google.gms.google-services'
9   ...
10  dependencies {
11      ...
12      implementation platform('com.google.firebase:firebase-bom:26.1.1')
13      implementation 'com.google.firebase:firebase-analytics'
14  }
```

App ausführen, um die Installation zu prüfen: Es wird gewartet, bis Sie die App ausführen. Diese verbindet sich mit der Google-Cloud und testet, ob eine Verbindung zustande kommt. Diesen Schritt kann man überspringen.

---

Es gibt im Android-Projekt zwei build.gradle-Dateien: Eine im Ordner android/ und eine im Ordner android/app/. In beiden Dateien müssen verschiedene Änderungen vorgenommen werden.

---

### 5.1.2 Firestore

Nach der Einrichtung von Firebase kann man nun den Button „Datenbank erstellen" unter dem Menüpunkt „Database" wählen. Man wird dann aufgefordert, sich zu entscheiden, ob man Firestore im Produktions- oder Testmodus startet. Der Testmodus wird nach 30 Tagen automatisch beendet. Im Testmodus sind alle Daten von außerhalb ohne Sicherheitsmechanismen zugänglich. Dies soll die Einrichtung erleichtern. Allerdings kommt man um diese ohnehin nicht herum, und nach 30 Tagen beschäftigt man sich vermutlich mit anderen Dingen und müsste diese Baustelle wieder erneut betreten. Man kann allerdings in den Einstellungen von Firebase (Zahnrad-Button) die Anmeldemethode auf „Anonym", stellen, dann kann jeder ohne Anmeldung die App nutzen. Hier müsste man vom Nutzer zumindest eine Einverständniserklärung einholen, dass er einverstanden ist, wenn Daten zum Server übermittelt werden. Als weiterer Punkt in der Einrichtung von Firestore muss man den Standort für die Datenbank-Server festlegen, hier allerdings in einer geografisch gröberen Einteilung als vorher, man kann nur zwischen den Kontinenten wählen. Die Frage ist, welche Daten auf den vorher bei Firebase ausgewählten Server gespeichert werden und warum man eine solche Auswahl zweimal treffen muss.

Die Auswahl des physischen Speicherorts kann man nur bei der Einrichtung treffen. Man sollte sich dies genau überlegen, nachträglich ändern kann man dies nicht.

Danach jedenfalls kann man in der Web-Oberfläche (siehe Abbildung 5.1) beginnen, Daten einzutragen. Man muss zumindest eine Sammlung anlegen, man kann diese mit den Tabellen einer SQL-Datenbank vergleichen. In diese Sammlungen kann man dann Daten speichern. Die Struktur der Firestore-Datenbank ist folgende: Es gibt drei Untergliederungen. Man kann eine Sammlung anlegen, die eine Reihe von Dokumenten enthält. Diese Dokumente wiederum bestehen aus einzelnen Datenfeldern. Felder haben einen Namen, einen Datentyp und einen Wert. Die Typen sind primitive Datentypen, es gibt Strings, Zahlen und boolesche-Werte. Aber auch Maps und Arrays gibt es als Typen, so dass man komplexe JSON-artige Baum-Strukturen aufbauen kann. Zudem kann man in Dokumenten erneut Sammlungen anlegen und dies rekursiv wiederholen. Auch einen Referenztyp gibt es, Felder können auf andere Dokumente verweisen. So wird Firestore seiner Eingruppierung in die Klasse der NoSQL-Datenbanken gerecht: Dokumente können unterschiedliche Felder haben, im Gegensatz zu Tabellen-Einträgen in SQL-Datenbanktabellen. Zudem ist die Hierarchie nicht flach, die Datenstrukturen können baumartig sein. Es gibt keinen Typ für Files oder Binärdaten. Allerdings könne man Dateien als Base-64 codierte Strings ablegen, es gibt hier allerdings ein Limit, einzelne Strings dürfen nur maximal 1 MB Speicher verwenden. Binärdaten und Files sollte man deshalb hier lieber nicht speichern, hierzu könnte man die Storage-Lösung von Firebase einsetzen.

Die Firebase-Datenbank hat drei Hierarchieebenen: Sammlung ⇒ Dokumente ⇒ Felder. In Dokumenten kann man rekursiv weitere Sammlungen anlegen.

Man kann die Firestore-Datenbank nicht mit SQL-Datenbanken vergleichen, aber man könnte sagen, dass die Sammlungen den Tabellen, die Dokumente den Einträgen mit den Feldern entsprechen, solange man ein festes Schema ohne unterschiedliche Anzahlen von Feldern und ohne Unterstrukturen einhält. Interessant ist das Preismodell von Firestore. 20 000 Schreibvorgänge pro Monat sind kostenfrei. Darüber hinausgehende Datenzugriffe kosten dann eingen geringen Betrag, einen Cent-Bruchteil, beispielsweise 0,013 Dollar pro Zugriff. So kann man eine App mit geringen Nutzerzahlen kostenfrei betreiben. Erfolgreiche Apps mit höheren Zugriffszahlen werden vermutlich ohnehin genug Einnahmen generieren, um diese Kosten zu decken. Firestore ist eine sogenannte NoSQL-Datenbank. Die Daten werden auf von Google betriebenen Servern gehostet; man kann sich aber den Standort des Servers aussuchen, was sich allerdings im Preis bemerkbar machen kann. So ist Frankfurt teurerer als Los-Angeles und Zürich noch teurerer[11]. Bei sensiblen Daten wäre dies eine Überlegung wert, da die Server den jeweiligen lokalen Datenschutzgesetzen unterliegen. Ob der NSA allerdings nicht trotzdem ein Hintertürchen für den Zugriff hat, ist dabei nicht abschätzbar. Für die im Folgenden beschriebene Messenger-App wird eine Sammlung „messages" angelegt. Die darin enthaltenenen Dokumente verkörpern die Nachrichten. Sie haben drei Felder: Eine Zeit vom Typ „timestamp", bestehend aus Datum und Uhrzeit (UTC, also Weltzeit), einer Nachricht vom Typ „string" und einen User, der der Einfachheit halber auch ein String ist.

### 5.1.3 Messenger

In Listing 5.1 ist der Code für die Messenger-App zu sehen. Abbildung 5.2 zeigt die Anwendung. Die vorher beschriebenen Einrichtungen für Android und/oder iOS müssen, damit die App eine Verbindung zur Cloud aufbauen kann, zuerst gemacht werden. In der *pubspec.yaml* des Projektes muss dann noch das Firestore-Modul geladen werden.

```
1  dependencies:
2    cloud_firestore: ^1.0.1
```

Der Code ist online auf GitHub [51] erhältlich. Man kann ihn mithilfe von Git mit
`git clone https://github.com/meillermedia/messenger_app.git`
auf den Rechner klonen. Danach kann man die Bibliothek verwenden, indem man sie importiert (siehe Listing 5.1, Zeilen 2,3). Über einen *FutureBuilder* wird Firebase initialisiert und danach eine *MaterialApp* und ein App-Gerüst erstellt, in dem dann ein *StateFulWidget* (*Note*) platziert wird. Dessen Zustand *NoteState* besteht aus drei Listen, die die Einträge der Chat-Teilnehmer aufnehmen und den Feldern in der Cloud-Datenbank entsprechen (Zeilen 36-38). Beim Start der App (ab Zeile 45) wird zuerst die Liste leer initialisiert (ab Zeile 47) und dann in der Methode _loadAll() die Daten aus der Cloud geholt. In der Zeile 60 wird über eine Instanz eines Firebase-Datenbankobjektes eine Referenz zur Sammlung „messages" besorgt. An diese wird eine Abfrage gesendet, die die Dokumente nach Datum und Uhrzeit sortiert, zurückgeben soll. Geliefert wird ein Stream<QuerySnapshot>-Objekt, welches mehrere QuerySnapshots als Datenstrom liefern kann. Diese beinhalten nun nicht schon die einzelnen Dokumente, sondern eine oder mehrere Sammlungen von Dokumenten. Dies wurde vermutlich deswegen so gelöst, da die Anzahl der Dokumente in der Datenbank sehr große Mengen an Daten enthalten kann („Big Data"). Große Datenmengen werden so in einzelnen Paketen geliefert. Aus den einzelnen Paketen kann man dann die Dokumente bekommen. Der Ausdruck „Snapshot" (Schnappschuss) soll wahrscheinlich verdeutlichen, dass es sich hierbei immer um eine Momentaufnahme des Zustandes der Datenbank handelt, da

---

11 Vermutlich wegen der aufwändigeren Sicherheitsvorkehrungen.

**Abb. 5.1:** Cloud Firestore Datenbank

es durchaus möglich ist, dass sich die Einträge auch bereits während des Auslesens der Daten ändern. Da die Datenbank, wie in diesem Bereich üblich, das ACID-Prinzip befolgt („Atomicity, Consistency, Isolation, Durability") und die Datenbank während des Auslesens nicht gesperrt wird, kann es sein, dass der Schnappschuss bereits veraltet ist, wenn man ihn betrachtet. Wenn ein Dokument vom Stream geliefert wurde, wird es in die Zustandsvariablen geschrieben (ab Zeile 72). Es werden allerdings nur die letzten 200 Nachrichten übernommen. In einer „echten " Anwendung müsste man eventuell auch die alten Nachrichten am Server löschen, je nach Anwendungsfall des Messenger-Dienstes.

---

Ein Firestore- Snapshot-Objekt, wie es in Flutter zur Verfügung steht, ist eine Momentaufnahme des Standes der Datenbank. Dieser kann sich laufend ändern, so dass der Schnappschuss eventuell nicht konsistent mit dem wahren Zustand der Datenbank ist.

---

Ab Zeile 121 wird die Layout-Struktur des Messenger-Clients aufgebaut: Diese hat zwei Spalten, die obere Spalte enthält die Nachrichten, die untere die Eingabe für die Nachrichten. Die Nachrichten werden mit einem `Listview.builder(...)`-Aufruf erstellt. Der `itemBuilder:`-Parameter wird mit einer Index-Variable aufgerufen, mit allen Indizes von 0 bis zur Anzahl der Einträge in den Nachrichten (-1). eine Methode `_getColor(String nick)` (ab Zeile 111) mapt den Anfangsbuchstaben des Benutzernamens auf eine Farbe, so dass es für die meisten User eine eigene Farbe für die Nachrichtenanzeige gibt. Für jede Nachricht wird eine neue ListTile erstellt, die als `leading:`-Parameter einen CircleAvatar erhält, mit der entsprechenden Farbe und dem Anfangsbuchstaben als Text-Inhalt. Der Titel enthält dann die eigentliche Nachricht. Diese wird in eine dekorierte Box, mit der generierten Farbe (nur mit 50% Transparenz) und nur drei abgerundeten Ecken, gepackt. Dies erzeugt die Anmutung einer Sprechblase, wie man sie von den Messenger-Diensten kennt. Der Eingabebereich enthält zuerst zwei Textfelder, jeweils eins für den Benutzer-Namen und eins für den Nachrichtentext. Beide werden mit einem Controller verknüpft, der aufgerufen wird, wenn sich der Inhalt des Feldes ändert. Darunter kommt der Button, den man drückt, wenn man die Nachricht absenden möchte. Dessen `onPressed:`-Controller ruft die Methode `sendMsg(String msg)` auf. Allerdings kann man auch die Nachricht senden, wenn man über die Software-Tastatur auf ENTER tippt. Der Controller `onSubmitted:` aus dem Textfeld ruft ebenfalls die genannte Methode auf. Dort wird ab Zeile 101 zuerst geprüft, ob überhaupt Text eingegeben wurde. Falls ja, wird die Nachricht abgeschickt und dann mithilfe des scrollControllers der Liste mit den Nachrichten an den Anfang gescrollt. Position 0 ist der Anfang, da beim ListView-Builder der Parameter `reverse:` auf true gesetzt wurde. Das Speichern der Nachricht geschieht ab Zeile 92 in der Methode `_saveMsg(String msg)`: Es wird über die Referenz auf die Sammlung „messages" einfach die Methode `.add(Map<String, dynamic> data)` eine Map übergeben. Für den jeweiligen Key, den String, wird ein entsprechendes Feld im neuen Dokument angelegt.

Die Magie und die Datenbindung der Liste im Client an den Server passiert im Stream ab Zeile 60: Wenn ein neues Dokument in der Cloud hinzugefügt wird, wird automatisch die in die forEach(...)-Methode des Streams übergebene Lambda-Funktion für alle Dokumente, die die Anfrage liefert, aufgerufen, wenn das Dokument Teil der Anfrage ist. Das bedeutet, der Stream ist tatsächlich ein laufender Datenstrom, der immer die aktuelle Anfrage (query) liefert.

---

**i** Der Stream der Sammlung aus der Firestore-Datenbank reißt nicht ab, sondern liefert asynchron neue Elemente. Dieser lässt sich mit den State verknüpfen, so dass die Widget-Elemente automatisch aktualisiert werden. Alle Streams haben eine *forEach*-Methode (Siehe [26]).

---

In den meisten Fällen für die Nutzung von Cloud-Diensten würde man noch eine Authentifizierung hinzufügen, an dieser Stelle wird sie aus Gründen der Verständlichkeit nur prinzipiell erklärt. Eine Schritt-für-Schritt Anleitung für die Implementierung eines Anmeldeprozesses findet man bei [54] oder [10]. Hier soll kurz das Prinzip verdeutlicht werden: Man kann in den Einstellungen von Firebase, wie erwähnt, die Anmeldemethoden auswählen. Neben Anonym kann man eine Reihe von Anbietern auswählen, beispielsweise Apple, Microsoft, Facebook, Twitter, über das Telefon und weitere. Zusätzlich benötigt man aber ein entsprechendes Flutter-Plugin. Für Flutter gibt es das Google Sign-In Plugin, um sich per Google-Dienst anzumelden. Dies wäre eine günstige Wahl, wenn man eine Android-App generiert. So benötigt man das Plugin und man muss die entsprechende Anmeldemethode aktivieren. Weiter benötigt man das Firebase-Auth Plugin, um die Authentifizierung mit Firebase zu ermöglichen. Über eine asynchrone Methode des Google Sign-In Plugins kann man sich nun anmelden. Man könnte die bei Start der App oder über einen Login-Button ermöglichen. Es sollte eine entsprechende Google-Seite eingeblendet werden, mit einem Login-Screen. Bei der Einrichtung der Firebase-App (siehe 5.1.1) muss man noch, um überhaupt die App während der Entwicklung testen zu können, einen SHA1-Fingerprint hinzufügen. Diesen kann man sich über das Java-Keytool selbst erzeugen und dann ins Formular eintragen. Zu beachten ist weiter, dass, wenn man eine Release-Version der App im Play Store veröffentlicht, eine signierte APK-Version erstellen und hierzu den generierten SHA1-Fingerabdruck verwenden muss. Dies kann man allerdings auch online über die Google Play Developer-Konsole erledigen. Weiter muss man bei der Aktivierung der Google Anmeldemethode noch eine Webseite mit der Datenschutzerklärung angeben, diese muss man selbst erstellen und den Link dort angeben. Man benötigt also zusätzlich einen Webspace und eine Webseite für die App (siehe [20]).

---

**i** Ein SHA-Hash (Secure Hash Algorithm) ist das Ergebnis einer kryptografischen Funktion: Ein Klartext beliebiger Länge ergibt einen String von fester Länge. Es kann mehrere Klartexte zu einem Hashwert geben. Deshalb ist es auch nicht möglich, aus dem Hashwert den Klartext zu ermitteln. (SHA1: 160 Bits, SHA256: 256 Bits, SHA512: 512 Bits) (Siehe: [67])

---

### 5.1.4 Google Play Games Services

Wie bereits erwähnt, bietet Firebase noch viele weitere Möglichkeiten. Zusätzlich kann man Firebase auch noch mit anderen Google-Services verknüpfen, beispielsweise mit den „Google Play Games Services" (GPGS). Diese ermöglichen die Bereitstellung von Achievements für Spiele oder eines Leaderboards, also einer Highscore-Liste (siehe [40]). Durch die Verknüpfung ist man in der Lage, Verhalten der Spieler*innen mittels Google Analytics für Firebase, eines weiteren Services von Google, zu analysieren. Die „Google Play Games Services" ermöglichen die Integration des Spieles in „Google Play Games", einer weiteren Cloud-Plattform von Google, mit der man Multiplayer-Fähigkeiten für Spiele realisieren kann. Dies wird hier ebenfalls nicht weiter behandelt. Im folgenden Beispiel-Game in Abschnitt 7 wird ein eigener Server mit Dart implementiert. Alternativ hätte man die Play-Services nutzen können. Ein weiteres Flutter-Plugin, „play_games", würde hierzu zur Verfügung stehen, siehe: [56], die genaue Integration und den Login-Prozess in die GPGS kann man dort im Detail nachlesen. Dort steht auch, dass die Anmeldung an den Service stressig ist, was der Autor bestätigen kann. Zudem gibt es keine Garantie für die reibungslose Funktion der Flutter-Plugins, so funktionierte zum Zeitpunkt der Abfassung des Buches dieses Plugin nicht korrekt. Es lohnt sich, wie bereits erwähnt, die „Issues" auf GitHub zu lesen.

**Listing 5.1:** main.dart

```dart
1  import 'package:flutter/material.dart';
2  import 'package:cloud_firestore/cloud_firestore.dart';
3  import 'package:firebase_core/firebase_core.dart';
4
5  void main() {
6    runApp(NoteApp());
7  }
8
9  class NoteApp extends StatelessWidget {
10   @override
11   Widget build(BuildContext context) {
12     return FutureBuilder(
13       future: Firebase.initializeApp(),
14       builder: (context, snapshot) {
15         return MaterialApp(
16           home: Scaffold(
17             appBar: AppBar(
18               title: Text("Messenger App"),
19             ),
20             body: Note(),
21           ),
```

```
22          debugShowCheckedModeBanner: false,
23        );
24      });
25    }
26  }
27
28  class Note extends StatefulWidget {
29    @override
30    State<StatefulWidget> createState() {
31      return NoteState();
32    }
33  }
34
35  class NoteState extends State<Note> {
36    final txtController = new TextEditingController();
37    final scrollController = new ScrollController();
38    final nickController = new TextEditingController();
39
40    var messages;
41    var users;
42    var dates;
43
44    @override
45    void initState() {
46      super.initState();
47      _clearAll();
48      _loadAll();
49    }
50
51    _clearAll() {
52      setState(() {
53        messages = <String>[];
54        dates = <Timestamp>[];
55        users = <String>[];
56      });
57    }
58
59    _loadAll() {
60      var stream = FirebaseFirestore.instance
61          .collection('messages')
62          .orderBy('date')
63          .snapshots();
```

```
64      stream.forEach((QuerySnapshot snap) {
65        snap.docs.forEach((el) {
66          var doc = el.data();
67          if (doc != null) {
68            _addMessage(doc['user'], doc['message'], doc['date']);
69          }
70        });
71      });
72    }
73
74    void _addMessage(String user, String value, Timestamp date) {
75      setState(() {
76        messages.insert(0, value);
77        users.insert(0, user);
78        dates.insert(0, date);
79        if (messages.length > 200) {
80          messages.removeLast();
81          users.removeLast();
82          dates.removeLast();
83        }
84      });
85    }
86
87    String _date(Timestamp ts) {
88      DateTime d = ts.toDate();
89      return "${d.day}.${d.month}. ${d.hour}:${d.minute}.${d.second}";
90    }
91
92    void _saveMsg(String msg) async {
93      CollectionReference fire =
94          FirebaseFirestore.instance.collection('messages');
95      String usern = nickController.text == "" ? "NN" : nickController.
          text;
96      await fire
97          .add({"message": msg, "user": usern, "date": DateTime.now().
              toLocal()});
98    }
99
100   void sendMsg(String msg) {
101     if (msg.length == 0) return;
102     _saveMsg(msg);
103     scrollController.animateTo(
```

```
104          0.0,
105          duration: Duration(milliseconds: 500),
106          curve: ElasticInCurve(),
107        );
108        txtController.clear();
109      }
110
111      Color _getColor(String nick) {
112        if (nick.length > 0) {
113          int code = nick.codeUnitAt(0) % 50;
114          return Color.fromARGB(255, code * 5, code * 5, 255 - code * 5);
115        } else {
116          return Colors.brown.shade800;
117        }
118      }
119
120      @override
121      Widget build(BuildContext context) {
122        return Column(
123          children: [
124            Expanded(
125              flex: 4,
126              child: ListView.builder(
127                reverse: true,
128                controller: scrollController,
129                itemCount: messages.length,
130                itemBuilder: (context, index) {
131                  var col = _getColor(users[index]);
132                  return ListTile(
133                    leading: CircleAvatar(
134                      backgroundColor: col,
135                      child: Text('${users[index].substring(0, 1)}'),
136                    ),
137                    title: Container(
138                      child: Text('${messages[index]}'),
139                      decoration: BoxDecoration(
140                        color: col.withAlpha(50),
141                        borderRadius: BorderRadius.only(
142                          topRight: Radius.circular(10.0),
143                          topLeft: Radius.circular(10.0),
144                          bottomRight: Radius.circular(10.0),
145                        ),
```

```
146                          ),
147                            padding: EdgeInsets.all(10),
148                          ),
149                          subtitle: Text(_date(dates[index])),
150                        );
151                      })),
152              Expanded(
153                flex: 1,
154                child: Row(
155                  children: [
156                    Expanded(
157                        flex: 1,
158                        child: TextField(
159                          controller: nickController,
160                          decoration: InputDecoration(hintText: "Nickname"),
161                        )),
162                    Expanded(
163                        flex: 2,
164                        child: TextField(
165                          controller: txtController,
166                          onSubmitted: (txt) => sendMsg(txtController.text),
167                          decoration: InputDecoration(hintText: "Enter
168                              Message"),
169                        )),
170                  ],
171                ),
172              ),
173              ElevatedButton(
174                onPressed: () => sendMsg(txtController.text),
175                child: Text("Send!"),
176                style: ButtonStyle(
177                    elevation: MaterialStateProperty.all(4.0),
178                    backgroundColor: MaterialStateProperty.all(Colors.
179                        blueGrey)),
180              ),
181            ],
182          );
183        }
184      }
```

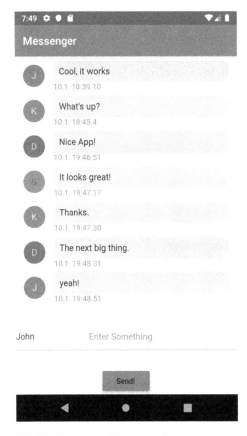

**Abb. 5.2:** Screenshot Messenger-App

# 6 Desktop App

Im Folgenden wird eine Zeichen-Anwendung vorgestellt. Diese ist ein anschauliches Beispiel für das State-Management in Flutter. Zudem ist die Anwendung plattformunabhängig, sie funktioniert auf Mobilgeräten mit iOS und Android und auch auf dem Desktop unter macOS, Linux und Windows. Getestet wurde die App unter iOS, macOS und Linux. Ein Programm, mit dem man zeichnen kann, muss Bilder laden und speichern können. So eignet sich eine solche Anwendung gut, um die Plattformunabhängigkeit von Flutter zu testen, da der Dateizugriff auf allen Plattformen unterschiedlich funktioniert. In Abbildung 6.1 kann man ein Bild der Zeichen-App für den Mac sehen. Um native Anwendungen für Desktop-Betriebssysteme mit Flutter zu erzeugen, muss man zuerst den Desktop-Support aktivieren [23]. In späteren Versionen soll dieses Feature dann ganz normal verfügbar sein. In der aktuellen Version von Flutter 2 muss man dazu auf den Stable-Channel wechseln. Man muss den entsprechenden Desktop, also macOS, Linux oder Windows, auswählen und kann dann das Programm auf der Zielplattform starten, im Beispiel 6.1 auf macOS. Die Zielplattform ist normalerweise identisch mit der Entwicklerplattform, da man die entsprechenden Entwicklungswerkzeuge hier zur Verfügung haben muss. Denkbar wäre es, mit virtuellen Betriebssystemen zu arbeiten. Man beachte, dass zum Zeitpunkt der Abfassung des Buches nicht alle verwendeten Module null-sicher waren. So muss beim Start die Null-Sicherheit deaktiviert werden.

**Listing 6.1:** Aktivierung des Desktop-Supports

```
1  flutter channel stable
2  flutter upgrade
3  flutter config --enable-macos-desktop
4  flutter run --no-sound-null-safety
```

Der Code des Beispiels ist online auf GitHub [50] erhältlich. Man kann ihn mithilfe von Git mit git clone https://github.com/meillermedia/draw_app.git auf den Rechner klonen. Im Buch werden die Importe der Dateien untereinander weggelassen, den exakten Code kann man über das Repository beziehen.

## 6.1 Zugriff auf das Dateisystem

Es werden die Plugins File-Picker Cross [66] und Colorpicker [46] verwendet. File-Picker Cross ist ein besonderes Plugin, da es als eines der ersten auch über einen Desktop-Support verfügt. Zudem ist es nötig, um Zugriff auf das Dateisystem zu erlangen. Auf dem Desktop stellt es einen Dateiauswahl-Dialog zur Verfügung, der dann den Pfad zum gewählten Dokument liefert. Auch bei Mobilgeräten funktioniert das Plugin, hier können beispielsweise Bilder der Foto-App ausgewählt werden. Es ermöglicht auch

https://doi.org/10.1515/9783110753080-006

**Abb. 6.1:** Screenshot Draw-App

den Schreibzugriff. Mit der App selbst kann man Bilder mit einem Pinsel-Werkzeug zeichnen. Man kann die Dicke und die Farbe des Pinsels wählen. Die Zeichenfläche kann man mithilfe von zusätzlichen Werkzeugen vergrößern oder verschieben.

Zuerst wird der Code zum Erzeugen der zu schreibenden Bilder und für den Zugriff auf das Dateisystem erklärt, da dieser wesentlich für die Anwendung ist. In Listing 6.2 ist der Code zum Lesen und Schreiben von Bildern zu sehen. Die asynchrone Funktion getImage() lädt ein Bild aus dem persistenten Speicher des Gerätes. Zeile 2 wartet auf einen Verweis zu einem File. Wie dies genau funktioniert, wird gleich erklärt, wenn Listing 6.3 behandelt wird. Über die Funktion instantiateImageCodec(Uint8List list) aus der Dart-Standardbibliothek *ui* werden die PNG-Informationen des Files decodiert und das gelesene Bild zurückgegeben. Die Funktion writeImage(data, width, height) erzeugt ein PNG-Bild und speichert dies ab. In Zeile 9 wird ein *PictureRecorder* erzeugt, dieser besitzt eine virtuelle Zeichenfläche. Auf diese Fläche wird genau das Bild gezeichnet, welches man in der Anwendung auf der tatsächlichen Zeichenfläche sieht (Zeile 10-18). Zuerst wird ein weißer Hintergrund erzeugt, dann ein eventuell vorhandenes Hintergrundbild und danach die einzelnen gezeichneten Linien. Dieser Vorgang gleicht dem beim Zeichnen

der Bildschirmansicht. Zeile 20 beendet das Aufzeichnen des Bildes. Dann werden die
Bytes des Bildes extrahiert und als Integer-Liste gespeichert.

In Listing 6.3 wird in der Funktion save(Uint8List data) diese Liste mithilfe des *FilePickerCross*-Objektes (Zeile 12) als PNG-File abgespeichert. Dieses über-
nimmt die ganze Arbeit. Es bekommt als Argument die zu speichernden Daten, einen
Standard-Dateipfad mit Namen und die Dateinamenerweiterung mit. Der Methodenaufruf exportToStorage() startet einen komplexen Vorgang, der im Code nicht ersichtlich ist: Es wird ein Dialog eingeblendet. Dort kann man als User einen Pfad und
einen Dateinamen wählen, unter dem man das Bild speichern möchte. Wenn man
den Dialog mit „Save" beendet, wird der Speichervorgang ausgeführt, den das Plugin
bereitstellt. Beachtlich ist hierbei, dass dieser komplexe Vorgang auf allen Geräten
funktioniert, obwohl dieser bei Mobilgeräten und Desktop-Betriebssystemen sich sehr
stark unterscheidet und auch technisch anders funktioniert, da der Zugriff auf Dateien
und Dateisysteme unterschiedlich ist. Am Ende wird eine optionale Ausnahme gefangen, da dieser Vorgang fehlschlagen kann. Die erwähnte Funktion getFilePath()
bedient sich der *FilePickerCross*-Methode importFromStorage(...). Hier wird in Zeile
6 gewartet, bis man als User einen Pfad zu einer Bilddatei über den eingeblendeten
Datei-Auswahldialog ausgewählt hat. Dieser wird als *File*-Typ zurückgegeben. Aus dem
File kann dann das Bild gelesen werden.

**Listing 6.2:** io/image.dart

```
1   Future<ui.Image> getImage() async {
2     File f = await getFilePath();
3     var bytes = await ui.instantiateImageCodec(f.readAsBytesSync());
4     var frm = await bytes.getNextFrame();
5     return frm.image;
6   }
7
8   void writeImage(data, width, height) async {
9     ui.PictureRecorder recorder = new ui.PictureRecorder();
10    Canvas canvas = new Canvas(recorder);
11    canvas.drawRect(Rect.fromLTWH(0.0, 0.0, width + 0.0, height + 0.0),
12        Paint()..color = Colors.white);
13    if (data.image != null) {
14      canvas.drawImage(data.image, Offset(0, 0), Paint());
15    }
16    for (var shape in data.shapes) {
17      shape.draw(canvas);
18    }
19
20    var pic = recorder.endRecording();
21    var im = await pic.toImage(width, height);
```

```dart
22    im.toByteData(format: ui.ImageByteFormat.png).then((bytes) {
23      if (bytes != null) {
24        var uints = bytes.buffer
25            .asUint8List(bytes.offsetInBytes, bytes.buffer.lengthInBytes
                );
26        save(uints);
27      }
28    });
29  }
```

**Listing 6.3:** io/io.dart

```dart
1   import 'dart:typed_data';
2   import 'dart:io';
3   import 'package:file_picker_cross/file_picker_cross.dart';
4
5   Future<File> getFilePath() async {
6     var fp = await FilePickerCross.importFromStorage(type:
            FileTypeCross.image);
7     return File(fp.path);
8   }
9
10  void save(Uint8List data) {
11    try {
12      var fp = FilePickerCross(data,
13          path: "./image", type: FileTypeCross.image, fileExtension: "
              png");
14      fp.exportToStorage().then((value) => print("Write File: $value"))
            ;
15    } on FileSystemException {
16      print("Error while Saving.");
17    }
18  }
```

## 6.2 Die Daten

Die eigentlichen Daten, die eine Zeichnung definieren, werden in der *DesignerShape*-Klasse beschrieben (siehe Listing 6.4). Im Wesentlichen sind es Linien, die aus einer Liste von verbundenen Punkten bestehen (Zeile 13). Das Aussehen der Linien wird über ein *Paint*-Objekt beschrieben. Die Hilfsfunktion createPaint(...) (Zeile 3) kann dazu verwendet werden, ein solches zu erstellen, indem man eine Farbe und eine Dicke für

die Linien angibt. Über den Aufruf der draw(...)-Methode werden diese Linienzüge
auf das übergebene *Canvas*-Objekt gezeichnet.

**Listing 6.4:** geom/DesignerShape.dart

```dart
1   import 'dart:ui';

2
3   Paint createPaint(Color color, double thickness) {
4     return Paint()
5       ..strokeWidth = thickness
6       ..color = color
7       ..style = PaintingStyle.stroke
8       ..strokeJoin = StrokeJoin.round
9       ..strokeCap = StrokeCap.round;
10  }

11
12  class DesignerShape {
13    late List<Offset> _points;
14    late Paint _paint;

15
16    DesignerShape(Paint paint) {
17      _points = <Offset>[];
18      _paint = paint;
19    }

20
21    void add(Offset p) {
22      _points.add(p);
23    }

24
25    void draw(Canvas canvas) {
26      if (_points.length > 0) {
27        Path p = Path();
28        p.moveTo(_points[0].dx, _points[0].dy);
29        for (int i = 1; i < _points.length; i++) {
30          p.lineTo(_points[i].dx, _points[i].dy);
31        }
32        canvas.drawPath(p, _paint);
33      }
34    }
35  }
```

Die Daten in der Anwendung werden in der Datenstruktur *DesignerData* zusammengefasst (siehe Listing 6.5). Neben einem optionalen Hintergrundbild gibt es hier noch
eine Liste mit den Linien vom Typ *DesignerShape*. Zudem gibt es eine zweite Liste
(*redoShapes*), die dazu dient, eine Undo-Funktion zu implementieren. Der Konstruktor
leert beide Listen.

**Listing 6.5:** geom/DesignerData.dart

```
1  import 'dart:ui' as ui;
2
3  class DesignerData {
4    ui.Image? image;
5    final shapes = <DesignerShape>[];
6    final redoShapes = <DesignerShape>[];
7
8    DesignerData() {
9      init();
10   }
11   void init() {
12     shapes.clear();
13     redoShapes.clear();
14   }
15 }
```

Listing 6.6 beinhaltet eine Klasse, welche die erwähnte Datenstruktur zeichnet.
Diese ist eine Subklasse des Widgets *CustomPainter*, einem leeren Container, der eine
Methode paint(Canvas canvas, Size size) anbietet (Zeile 19), mit deren Hilfe man
auf die Fläche des Widgets (Canvas) zeichnen kann. Hier wird zuerst das Hintergrundbild, sofern vorhanden, gezeichnet. Dieses kann als Vorlage für die anzufertigende
Zeichnung dienen, in diesem Beispiel dient es jedenfalls zu Demonstrationszwecken
für die Programmierung des Ladevorgangs von Dateien. Über das Bild werden dann
alle Linienzüge dargestellt.

**Listing 6.6:** geom/DesignerPainter.dart

```
1  import 'package:flutter/material.dart';
2
3  enum Mode { pan, zoom, draw }
4
5  class DesignerPainter extends CustomPainter {
6    final DesignerData data;
7    late Size currentSize;
8
9    int get width => currentSize.width.floor();
10   int get height => currentSize.height.floor();
```

```
11
12    DesignerPainter(
13      this.data,
14    ) {
15      currentSize = Size.zero;
16    }
17
18    @override
19    void paint(Canvas canvas, Size size) {
20      this.currentSize = size;
21      if (data.image != null) {
22        canvas.drawImage(data.image!, Offset(0, 0), Paint());
23      }
24      for (var shape in data.shapes) {
25        shape.draw(canvas);
26      }
27    }
28
29    @override
30    bool shouldRepaint(covariant CustomPainter oldDelegate) => true;
31  }
```

## 6.3 Das Layout

In Listing 6.7 ist der Code für die gesamte grafische Oberfläche zu sehen. Zeile 6-12 enthält das Widget mit der Wurzel, der *MaterialApp*. Dann folgt das darin enthaltene *StatefulWidget* und dessen State, in dem das gesamte Layout, die State-Variablen und die Interaktion programmiert wurden. In den Zeilen 23-30 sind alle State-Variablen zu sehen. Die Bedeutung der einzelnen Variablen wird bei der Erklärung von deren Verwendung klar. In der *initState*-Methode (ab Zeile 33) werden diese mit Startwerten versehen. Deren Änderung durch Interaktionen der Benutzer hat direkte Auswirkung auf die Darstellung des Render-Baums. Bei einer Wertänderung wird dieser neu aufgebaut, indem die *build*-Methode (ab Zeile 68) erneut aufgerufen und ein neues Layout erzeugt wird. Ab Zeile 71 wird ein Widget-Gerüst aufgebaut, mit einer *BottomNavigationBar*, die alle Zeichen- und Interaktionswerkzeuge als Icons zur Verfügung stellt. Wenn man auf ein Icon tippt oder klickt (am Desktop mit der Maus), so wird die im onTap:- Argument angegebene Lambda-Funktion (Zeile 78) mit der Index-Nummer des Icons aufgerufen. Dies ist ein wenig unschön gelöst, da man, wenn man weitere Icons einfügt, die Nummerierung anpassen muss. Vermutlich wurde davon ausgegangen, dass eine *BottomNavigationBar* nur eine geringe Zahl an Icons hat, und der Aufwand deswegen gering ist. Die Interaktion wird gleich erläutert, nun wird zuerst das Layout behandelt. Die Icons selbst findet man ab Zeile 155. Es sind einzelne *BottomNavigationBarItem*-Widgets mit einem Icon und einem Text-Label. Die Icons sind aus der umfangreichen Icons-Sammlung von Flutter (Klasse *Icons*). Hier findet man die Material-Icons des Material-Designs, aber nicht alle.

Im body: des Gerüsts (Zeile 185) findet man die eigentliche Zeichenfläche, allerdings umhüllt von einem *InteractiveViewer*, der es erlaubt, die Zeichnung zu vergrößern und zu verschieben. Als Kind hat dieser die eigentliche Zeichenfläche mit ihrem *CustomPainter*. Diese hat als Kind einen Detektor, der die Benutzer-Interaktion mit der Zeichenfläche behandelt und für das Zeichnen der Linien zuständig ist. Hier gibt es schlussendlich als Kind einen *Container*, der die Größe der Fläche auf der App bestimmt.

## 6.4 Die Interaktion

Nachdem das Layout beschrieben wurde, folgt die Beschreibung der Interaktion, angefangen mit den Werkzeugen in der Leiste. Bei Klick auf das erste Symbol, das Haus-Icon, wird der Fall „0" ausgeführt (Zeile 80). Als sinnvoll hat sich hier und an anderen Stellen die Kombination switch und enum erwiesen. Wenn man die Fallunterscheidung mit Enums programmiert, bekommt man eine Warnung von der Entwicklungsumgebung angezeigt, wenn man nicht alle Fälle berücksichtigt. Hier, bei Betätigung des Haus-Icons, werden die State-Variablen, die mit der Verschiebung und Vergrößerung der Zeichenfläche zu tun haben, auf die Anfangswerte zurückgesetzt. Die Eigenschaft value des *TransformationController*-Objekts innerhalb des *InteractiveViewer*-Widgets beeinflusst die Transformation, also die Translation und die Skalierung. Bei einer Änderung der State-Variablen muss man nicht explizit ein Neuzeichnen des Layouts veranlassen, dies erledigt Flutter von selbst, da es eine Abhängigkeit des Layouts vom State gibt. Bei Betätigung der Icons mit den Indizes 1-3 (Zeilen 86-94) wird der Zeichenmodus geändert. Dieser *Mode* ist in Listing 6.6 definiert. Dieser hat eine Auswirkung darauf, welcher Button als ausgewählt dargestellt wird. Die Hilfsfunktion getSelectedIndex(Mode mode) (Zeile 271) gibt eine andere Nummer zurück, je nach Modus. Im Parameter currentIndex: der *BottomNavigationBar* (Zeile 77) wird die zurückgelieferte Index-Nummer angegeben, indem die Funktion aufgerufen wird. So wird immer nur ein ausgewählter Button für einen der drei Modi hervorgehoben. Die Auswahl der Farbe wird im Fall „4" ab Zeile 106 behandelt, hier wird ein Dialogfeld vom Typ *SliderDialog* geöffnet, mit dem man die Farbe wählen kann. Der Code ist nicht im Buch abgedruckt, da er nicht wesentlich für das Beispiel ist, man kann diesen online einsehen. Das Dialogfeld bedient sich des Colorpicker-Plugins, welches die Funktionalität der Farbauswahl bereitstellt. Fall „5" öffnet ein weiteres Dialogfeld mit einem Slider zur Auswahl der Strichstärke. Die State-Variablen werden nach Beendigung der Dialogfelder auf die gewählten Werte gesetzt. Die Fälle „6" und „7" (Zeilen 120-139) regeln die Undo-Redo Funktionalität. Im Undo-Fall „6" wird der letzte Strich aus der Liste mit den sichtbaren Strichen entfernt und zu der *redoShapes*-Liste hinzugefügt. Im Redo-Fall „6" wird dieser wieder zurückgelegt. Die Anzeige der Buttons wird dabei aktualisiert, die je nach Füllstand der Listen anzeigen sollen, ob Undo oder Redo möglich ist. Die Fälle „8" und „9" (Zeilen 140-151) stoßen den Lade- und Speichervorgang des Bildes an, der bereits beschrieben wurde.

### 6.4.1 Der Vorgang des Zeichnens

Der *GestureDetector* überwacht die Interaktion der Benutzer*innen mit der Zeichenfläche. Die Anwendung soll plattformübergreifend funktionieren, also mit dem Finger auf Mobilgeräten genauso wie auf dem Desktop mit einer Maus. Sinnvoll wäre es, wenn man zum Zeichnen auf dem Desktop oder auch auf dem Tablet einen Stift verwenden würde. Dies wird erwähnt, da das Flutter-Plugin *InteractiveViewer* sich automatisch um das Vergrößern und Verschieben der Zeichenfläche kümmert, allerdings bei den Gesten eine Multitouch-Bedienung für diese Interaktionen voraussetzt. Bei einem Stift oder der Maus geht man allerdings von einem einzigen Berührpunkt auf der sensitiven Fläche aus. So muss eine zusätzliche Bedienung für Zoom und Pan programmiert werden, die mit nur einem Berührpunkt funktioniert. Deshalb gibt es auch die beiden Buttons für Zoom (Lupe) und Pan (Hand). So kann man mit dem Stift oder der Maus zwischen dem Zeichnen, dem Zoom oder Pan hin- und herschalten. Die Bedienung mit mehreren Fingern funktioniert zusätzlich auch noch, dank der eingebauten Funktionalität des *InteractiveViewer*-Widgets. Für den Desktop erlaubt es zudem eine Steuerung des Zooms mit dem Mausrad. Der *GestureDetector* (Zeile 193) bietet drei Ereignisse an, die man behandeln kann: onPanDown: beim erstmaligen Berühren der Fläche, onPanUpdate: beim Verschieben des Zeigers auf der Fläche, onPanEnd: bei der Beendigung des Bedienvorgangs. Je nach eingestelltem Werkzeug muss anders reagiert werden. Bei onPanDown: wird im Zeichenmodus eine neue Linie zu den Linien hinzugefügt und bei dieser ein erster Startpunkt an der Zeigerposition hinzugefügt. Beim Zoom-Modus wird der Startpunkt des Vorgangs gespeichert, der das Zentrum für die Vergrößerung oder Verkleinerung sein wird. Bei onPanUpdate: wird im Zeichenmodus einfach ein neuer Punkt an die letzte aktuelle Linie in der Liste angefügt. Beim Verschiebemodus wird die Matrix des Transformations-Controllers verschoben. Beim Zoom-Modus wird zuerst geprüft, ob die neue Zoom-Stufe sich innerhalb der erlaubten Grenzen befindet (Zeile 240 und 241). Falls ja, wird nicht nur gezoomt (Zeile 245), sondern vorher die Fläche abhängig vom Zentrum des Starts des Vorgangs verschoben, so dass um diesen Punkt herum vergrößert oder verkleinert wird (Zeilen 242-244). Bei onPanEnd: wird beim Zeichenmodus der Undo-Modus zurückgesetzt.

**Listing 6.7:** main.dart

```dart
import 'package:flutter/material.dart';
import 'package:designer/io/image.dart';

void main() => runApp(Painter());

class Painter extends StatelessWidget {
  @override
  Widget build(BuildContext context) {
    return MaterialApp(
        debugShowCheckedModeBanner: false, title: "Designer", home:
            Designer());
  }
}

class Designer extends StatefulWidget {
  @override
  _DesignerState createState() => _DesignerState();
}

double _minScale = 1;
double _maxScale = 4;

class _DesignerState extends State<Designer> {
  late DesignerData data;
  late DesignerPainter _designerPainter;
  late Color currentColor;
  late Color undoButtonColor, redoButtonColor;
  late double currentWidth;
  late Offset _center;
  late Mode mode;
  final TransformationController _transContr =
      TransformationController();

  @override
  void initState() {
    data = DesignerData();
    currentColor = Colors.blue;
    _setRedoButton(false);
    _setUndoButton(false);
    currentWidth = 2;
```

```
39      _center = Offset.zero;
40      mode = Mode.draw;
41      _transContr.value = Matrix4.identity();
42      super.initState();
43    }
44
45    double _getDialogWidth(BuildContext context) {
46      double wh = MediaQuery.of(context).size.width;
47      if (wh > 600) wh = 600;
48      return wh;
49    }
50
51    _setRedoButton(onoff) {
52      if (onoff) {
53        setState(() => redoButtonColor = Colors.blue);
54      } else {
55        setState(() => redoButtonColor = Colors.black38);
56      }
57    }
58
59    _setUndoButton(onoff) {
60      if (onoff) {
61        setState(() => undoButtonColor = Colors.blue);
62      } else {
63        setState(() => undoButtonColor = Colors.black38);
64      }
65    }
66
67    @override
68    Widget build(BuildContext context) {
69      var size = MediaQuery.of(context).size;
70      _designerPainter = DesignerPainter(data);
71      return Scaffold(
72        bottomNavigationBar: BottomNavigationBar(
73          selectedItemColor: Colors.black87,
74          unselectedItemColor: Colors.black87,
75          selectedFontSize: 15,
76          unselectedFontSize: 5,
77          currentIndex: getSelectedIndex(mode),
78          onTap: (value) {
79            switch (value) {
80              case 0:
```

```
81          setState(() {
82            _center = Offset.zero;
83            _transContr.value = Matrix4.identity();
84          });
85          break;
86        case 1:
87          setState(() => mode = Mode.pan);
88          break;
89        case 2:
90          setState(() => mode = Mode.zoom);
91          break;
92        case 3:
93          setState(() => mode = Mode.draw);
94          break;
95        case 4:
96          showDialog(
97            context: context,
98            builder: (BuildContext context) {
99              return ColorPickerDialog(
100                 _getDialogWidth(context),
101                 currentColor,
102                 (color) => setState(() => currentColor = color));
103            },
104          );
105          break;
106        case 5:
107          showDialog(
108            context: context,
109            builder: (BuildContext context) {
110              return SliderDialog(
111                 _getDialogWidth(context),
112                 1,
113                 300,
114                 currentWidth,
115                 (width) => setState(() => currentWidth = width));
116            },
117          );
118          break;
119        // Undo- Redo!
120        case 6:
121          if (data.shapes.isNotEmpty) {
122            data.redoShapes.add(data.shapes.removeLast());
```

```
123          }
124          if (data.shapes.isNotEmpty) {
125            _setRedoButton(true);
126          } else {
127            _setUndoButton(false);
128          }
129          break;
130        case 7:
131          if (data.redoShapes.isNotEmpty) {
132            data.shapes.add(data.redoShapes.removeLast());
133          }
134          if (data.redoShapes.isNotEmpty) {
135            _setUndoButton(true);
136          } else {
137            _setRedoButton(false);
138          }
139          break;
140        case 8:
141          getImage().then((value) {
142            if (value != null) {
143              setState(() {
144                data.image = value;
145              });
146            }
147          });
148          break;
149        case 9:
150          writeImage(data, _designerPainter.width,
                 _designerPainter.height);
151          break;
152        default:
153      }
154    },
155    items: [
156      BottomNavigationBarItem(icon: Icon(Icons.home), label: "Home
             "),
157      BottomNavigationBarItem(
158          icon: Icon(Icons.pan_tool_outlined), label: "Pan Image")
                 ,
159      BottomNavigationBarItem(
160          icon: Icon(Icons.zoom_in_outlined), label: "Zoom Image")
                 ,
```

```
161    BottomNavigationBarItem(
162       icon: Icon(Icons.brush_outlined), label: "Draw"),
163    BottomNavigationBarItem(icon: Icon(Icons.color_lens), label:
          "Color"),
164    BottomNavigationBarItem(
165       icon: Icon(Icons.circle), label: "Brush Size"),
166    BottomNavigationBarItem(
167      icon: Icon(
168        Icons.undo,
169        color: undoButtonColor,
170      ),
171      label: "Undo",
172    ),
173    BottomNavigationBarItem(
174       icon: Icon(
175         Icons.redo,
176         color: redoButtonColor,
177       ),
178       label: "Redo"),
179    BottomNavigationBarItem(
180       icon: Icon(Icons.file_upload), label: "Load Image"),
181    BottomNavigationBarItem(
182       icon: Icon(Icons.file_download), label: "Save Image"),
183    ],
184  ),
185  body: InteractiveViewer(
186    minScale: _minScale,
187    maxScale: _maxScale,
188    scaleEnabled: mode == Mode.zoom,
189    panEnabled: mode == Mode.pan,
190    transformationController: _transContr,
191    child: CustomPaint(
192      painter: _designerPainter,
193      child: GestureDetector(
194        child: Container(
195          width: size.width,
196          height: size.height,
197        ),
198        behavior: HitTestBehavior.translucent,
199        // Single Touch
200        onPanDown: (details) {
201          switch (mode) {
```

```
202        case Mode.draw:
203          setState(() {
204            data.shapes.add(
205                DesignerShape(createPaint(currentColor,
                        currentWidth)));
206            data.shapes.last.add(details.localPosition);
207          });
208          break;
209        case Mode.pan:
210          break;
211        case Mode.zoom:
212          setState(() {
213            _center = details.localPosition;
214          });
215          break;
216      }
217    },
218    onPanUpdate: (details) {
219      switch (mode) {
220        case Mode.draw:
221          setState(() {
222            data.shapes.last.add(details.localPosition);
223          });
224          break;
225        case Mode.pan:
226          setState(() {
227            var sc = details.delta;
228            if (sc.distance > 0.2) {
229              _transContr.value.translate(sc.dx, sc.dy);
230            }
231          });
232          break;
233        case Mode.zoom:
234          var val = (details.delta.dx + details.delta.dy) /
235              (_designerPainter.width + _designerPainter.height
                  ) *
236              2;
237          setState(() {
238            var scale = _transContr.value.getMaxScaleOnAxis();
239            var newScale = scale + val;
240            if (newScale > scale && newScale < _maxScale ||
241                newScale < scale && newScale > _minScale) {
```

```
242              var dx = -_center.dx * val;
243              var dy = -_center.dy * val;
244              _transContr.value.translate(dx, dy);
245              _transContr.value.scale(1.0 + val, 1.0 + val);
246            }
247          });
248          break;
249        }
250      },
251      onPanEnd: (details) {
252        switch (mode) {
253          case Mode.draw:
254            setState(() => data.redoShapes.clear());
255            _setRedoButton(false);
256            _setUndoButton(true);
257            break;
258          case Mode.pan:
259            break;
260          case Mode.zoom:
261            break;
262        }
263      },
264    ),
265   ),
266  ),
267 );
268 }
269 }
270
271 int getSelectedIndex(Mode mode) {
272   int i;
273   switch (mode) {
274     case Mode.pan:
275       i = 1; break;
276     case Mode.zoom:
277       i = 2; break;
278     case Mode.draw:
279       i = 3; break;
280   }
281   return i;
282 }
```

Der Desktop-Support erlaubt es, bei geeigneter Programmierung native Anwendungen zu entwickeln, die ohne Änderung auf allen gängigen Geräten und Betriebssystemen lauffähig sind. Man beachte, dass alle verwendeten Plugins den Desktop-Support unterstützen müssen.

# 7 Chicken Maze

Jetzt, da die grundlegende Funktionsweise von Flutter klar ist und erklärt wurde, wie Layouts, ganze Screens und Animationen funktionieren, wird es Zeit für ein komplexeres Beispiel.

Das Beispiel, das nun folgt, ist ein Spiel. Damit es in einem Buch erklärt werden kann und damit es den Charakter eines Lehrbeispiels nicht verliert, soll es nicht zu komplex sein. Trotzdem soll es auch nicht zu trivial sein, da es ein Beispiel für ein professionelles Projekt sein soll, mit professionellen Features.

Der Code für das Spiel ist online auf GitHub [49] erhältlich. Man kann ihn mithilfe von Git mit

```
git clone -b edition_2 https://github.com/meillermedia/chicken_maze.git
```

auf den Rechner klonen. Der in diesem Buch beschriebene Code ist der der zweiten Ausgabe (edition_2). Die kommenden Versionen der verwendeten Bibliotheken (z.B. flame_tiled) werden dauernd weiterentwickelt und dann vermutlich von denen im Buch abweichen. Der Beispielcode kann also nur eine Momentaufnahme des Standes sein. Im angegebenen Repository soll es zukünftig weitere Branches geben, deshalb bitte ich die Leser*innen, dort nachzusehen.

## 7.1 Überblick

Das Spiel trägt den Namen „Chicken Maze". Darin kann man ein Huhn durch Labyrinthe über den Bildschirm lenken. Im Labyrinth muss man Feinden ausweichen. Dazu soll man möglichst viele Körner fressen, das vergrößert den eigenen Score. Zusätzlich gibt es Kraft-Pillen, die man verzehren kann. Mit solcher Kraft ausgestattet, kann das Huhn brüchige Mauern einreißen und auch Gegner zur Strecke bringen. Es soll mehrere Level geben, die Schwierigkeit und die Größe der Labyrinthe wächst nach jedem Level. Wird man von einem Gegner zur Strecke gebracht, wird ein Leben abgezogen. Man kann allerdings weitere Leben hinzubekommen, wenn man eines der Medizin-Pakete aufsammelt. Sind die Leben aufgebraucht, ist das Spiel zu Ende. Wenn man den Highscore gebrochen hat, kommt man in die Highscore-Liste. Diese Liste ist auch auf einem Server in einer Datenbank vorhanden. Dort werden die besten 100 Spieler aufgelistet. Es gibt einen Startscreen und ein Ausklapp-Menü. Über dieses kann man das Spiel starten, sich die Highscore-Liste ansehen oder Spieleinstellungen verändern. Im Einstellungs-Screen kann man auch den Spieler-Namen ändern.

https://doi.org/10.1515/9783110753080-007

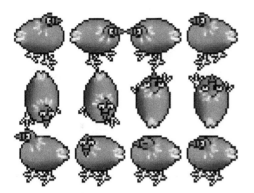

**Abb. 7.1:** Chicken Sprite-Sheet

## 7.1.1 Technische Besonderheiten

Es folgt ein kurzer Überblick über die technischen Besonderheiten des Spiels. Im weiteren Verlauf werden die Details dann anhand des konkreten Codes erklärt.

### 7.1.1.1 Flame Game Engine

Basis des Spiels ist eine für Flutter entwickelte 2D Game-Engine: „Flame", entwickelt von Luan Nico und anderen[55]. Diese ist minimalistisch, wie schon auf der GitHub-Seite zu lesen ist. Flame stellt eine leere Seite zur Verfügung, auf die man zeichnen kann. Die Render-Methode wird je nach Leistung ca. alle 20 Millisekunden aufgerufen, man kann also pro Frame eine neue Zeichnung anfertigen und deshalb die Spielegrafik verändern. Die Logik ist ähnlich zu anderen Frameworks wie in Android oder im Processing-Projekt [29]. Allerdings unterscheidet sich diese Logik von der Philosophie für animierte Layouts in Flutter, wo Animationen genau beschrieben und dann ausgeführt werden. Für Spiele ist dieses Konzept allerdings nicht gut geeignet.

Ein wichtiges Feature der Engine ist die Darstellung von Sprites, also animierten zweidimensionalen Bildern. Alle Grafiken für Flame werden als sogenannte Sprite-Sheets im assets-Ordner abgelegt. Man kachelt alle Animationssequenzen zu einem einzelnen Bild und muss dann noch angeben, wie der zeitliche Verlauf der Animation erfolgt. In Abbildung 7.1 ist die Grafik für die Spielfigur, das Huhn, zu sehen. Die beiden ersten Bilder links in der ersten Zeile sind die Bilder für die Fußstellungen, wenn das Huhn nach rechts geht. Dann folgen die Fußstellungen links/rechts für die anderen Laufrichtungen. In der untersten Zeile gibt es dann vier Bilder für die Pausen-Animation. So schaut hier das Huhn in verschiedene Richtungen und macht das Auge zu und auf.

Besonders nützlich ist die Fähigkeit von Flame, gekachelte große Grafiken darzustellen. Mit diesen Tilemaps kann man große Welten erschaffen. Diese Tilemaps können auch unterschiedliche Ebenen haben. Die Vorlagen für die Grafiken hierzu werden hier wieder als gekachelte Bilder zur Verfügung gestellt und in der Tilemap wird dann lediglich die Nummer des Bildes an der der gewünschten Position angegeben.

Flame hat die Fähigkeit, „.tmx"-Dateien zu lesen. Dieses XML-basierte File-Format kann solche Maps, die mehrere Ebenen haben können, beschreiben. Der Tiled-Editor, der diese Files erzeugen kann, wurde bereits im Kapitel 3.2 vorgestellt. Es wäre schwierig bis unmöglich, die Dateien nur mithilfe eines Text-Editors zu erzeugen. Ein Beispiel für das erzeugte XML sieht man in Listing 7.1. In Zeile 2 werden die Abmessungen der Map festgelegt, dann die Breite und Höhe der Kacheln in Pixeln. Man kann die Kachel-Abmessungen im Editor einstellen. Im Spiel hat eine Kachel eine Abmessung 32 Pixel zum Quadrat. Dann werden die Bilder der Tilesets festgelegt (Zeilen 3-11). Im Anschluss folgen die einzelnen Ebenen mit den komprimierten Kachel-Nummern.

> **i** Das TMX-Format ist ein Format zur Beschreibung von Tilemaps, gekachelten großen Grafiken. Eine Tilemap ist im Wesentlichen eine Liste an Bildnummern. Die entsprechenden Bilder sind in den Tilesets vorhanden. Ein Tileset ist eine einzelne Grafik, die sich aus mehreren Bildern gleicher Größe zusammensetzt, welche durchnummeriert sind. Es kann mehrere Tilesets in einem File geben, ebenso mehrere Ebenen mit übereinanderliegenden Kacheln. Die Tilemap hat die Anzahl der Kacheln in horizontaler und vertikaler Breite als Dimension. Alles hat eine feste Dimension an Pixeln.

Inspiration für die Erstellung der Spielegrafiken kann man sich auf der Webseite des OpenGameArt-Projektes [58] holen. Dort gibt es auch viele frei verwendbare Grafiken für Spiele-Kacheln und für Sprites.

**Listing 7.1:** map1.tmx

```
1   <?xml version="1.0" encoding="UTF-8"?>
2   <map version="1.2" tiledversion="1.2.2" orientation="orthogonal"
        renderorder="right-down" width="10" height="10" tilewidth="32"
        tileheight="32" infinite="0" nextlayerid="5" nextobjectid="1">
3     <tileset firstgid="1" name="maze" tilewidth="32" tileheight="32"
          tilecount="24" columns="4">
4       <image source="tiles.png" width="128" height="192"/>
5     </tileset>
6     <tileset firstgid="25" name="grain" tilewidth="32" tileheight="32"
          tilecount="10" columns="10">
7       <image source="grain.png" width="320" height="32"/>
8     </tileset>
9     <tileset firstgid="35" name="enemy" tilewidth="32" tileheight="32"
          tilecount="12" columns="4">
10      <image source="enemy.png" width="128" height="96"/>
11    </tileset>
12    <layer id="2" name="maze" width="10" height="10">
13      <data encoding="base64" compression="zlib">
```

```
14    eJyFkFEKwCAMQ53CdLDCQDfvf9Nl0EIoHX48IoWkqSOltIEJ
15    KthVmQYEFJBVRX2M0NzyHtVO8/PHH+Udrldz+dXlXeTlvtyv
16    uB1Z32NxR1fvHexd3WGeCPubr/sLbsoDFQ==
17    </data>
18    </layer>
19    <layer id="3" name="grain" width="10" height="10">
20    <data encoding="base64" compression="zlib">
21    eJxjYGBgkGYgHkiiqZeBiimgqSHFPBCQIkEfLvdKo9GyUDbI
22    jYpI6mTQaJj96GaTEi4gIMmA8Ic0khixekEAAESeAvE=
23    </data>
24    </layer>
25    <layer id="4" name="enemy" width="10" height="10">
26    <data encoding="base64" compression="zlib">
27    eJxjYBh+QG2gHUABAAAdeAAn
28    </data>
29    </layer>
30    </map>
```

Wichtig ist auch die Fähigkeit, Soundfiles abzuspielen: für den Ambient-Sound im Hintergrund sowie Geräusche für Ereignisse, die während des Spiels auftreten können. Da Flutter selbst von sich aus keine Fähigkeiten zum Abspielen von lokal gespeicherten Soundfiles mitbringt, ist es gut, dass in der Engine eine solche Möglichkeit vorhanden ist. Weiter ist in Flame die Physics-Engine „box2d" mit enthalten. Unser Beispiel verwendet allerdings eine eigene Spielmechanik. Auch die Google Play Games Services können in Flame verwendet werden. In unserem Beispiel werden wir allerdings einen eigenen Server verwenden, da zum Zeitpunkt der Programmierung des Beispiels noch einige Bugs vorhanden waren. Auch soll das Projekt so angelegt sein, dass es auch unter iOS laufen kann; die Play Services laufen allerdings nur unter Android.

### 7.1.1.2 Mehrsprachigkeit und Responsive Design
Das Spiel soll sich lokalen Gegebenheiten anpassen können. Daher ist das Layout so angelegt, dass es sich an die Größe von Geräten anpasst, also auf kleineren und größeren Handys sowie auf Tablets gut aussieht. Das Spiel ist mehrsprachig angelegt und unterstützt eine Reihe von weiteren Sprachen zusätzlich zu Englisch. Dies wird von Flutter gut unterstützt (siehe Abschnitt 7.3.2).

### 7.1.1.3 Monetarisierung
Zwar soll das Spiel plattformunabhängig sein, aber ein Cloud-Service für die Monetarisierung wird dennoch eingesetzt, da dies auch für iOS funktioniert: „Firebase Admob" von Google. Später wird genau erklärt, wie man das Projekt auf dem Google-Service anlegt und die Verknüpfung mit der Flutter-App herstellt. (Siehe Abschnitt 7.6.8.3).

### 7.1.1.4 Web-Kommunikation

Es wird gezeigt, wie man mit Flutter und Dart auch mit einem eigenen Web-Server kommunizieren kann. Anstatt die Play Games Services von Google zu nutzen, wird zur Übermittlung der Scores mit einem eigenen Web-Server kommuniziert. Es werden auch kryptologische Mechanismen zur Authentifizierung genutzt, um Betrug zu erschweren. Das Beispiel ist allerdings eher didaktischer Natur und sollte nicht verwendet werden, um wichtige geheime Daten zu übermitteln (siehe die Abschnitte 7.5.1 für die Client-Implementierung und 7.5.2 für den Server).

## 7.2 Konzeption

In Abbildung 7.2 sieht man die einzelnen Screens sowie deren Zustandsübergänge. Zu jedem Screen gibt es eine gleichnamige Dart-Klasse. Von der StartPage aus kann man über das Ausklappmenü (Drawer) das Spiel starten oder auf alle möglichen Seiten, beispielsweise die AboutPage, gelangen. Oder man startet das Spiel direkt durch Drücken des entsprechenden Buttons. Voraussetzung ist, dass man sich einen Benutzernamen (userName) gewählt hat, der in den Einstellungen gespeichert wird. Dies kann man auf der SettingsPage erledigen. Danach kann man das Spiel starten. Im laufenden Spiel kann man pausieren und kommt auf eine Warteseite (PausePage). Wenn man ein Leben verliert oder den Level wechselt, kommt erst für eine Sekunde eine kurze Anzeige, dann wird Werbung eingeblendet (Ad). Schließt man diese, kann man das Spiel fortsetzen, solange man noch Leben übrig hat. Sobald alle Leben aufgebraucht sind, kommt man auf die GameOverPage. Wenn man einen neuen Highscore hat, wird dieser über das Internet in die Datenbank (Scores) geschrieben. Die Highscore-Tabelle (HighScorePage) kann man sich auch über das Menü auswählen und anzeigen lassen, diese holt dann die globale Highscore-Liste der erfolgreichsten Spieler aus dem Netz.

## 7.3 Der Code im Detail

Die einzelnen Klassen und Dateien des Projektes werden nun im Folgenden detailliert erklärt. Die umfangreichen Import-Statements werden in den Listings weggelassen. In Listing 7.3 sind die Imports der externen Bibliotheken zusammengefasst. Diese korrespondieren mit den Packages im pubspec.yaml-File in Listing 7.2 und sind in der gleichen Reihenfolge aufgeführt. Die Imports der einzelnen Files aus dem „chicken_maze"-Paket werden hier der Übersichtlichkeit halber weggelassen und nicht in den Listings angegeben.

Folgende Packages werden benötigt (vgl Listing 7.3): aus der Dart-Welt „ui", welches allerdings zu Flutter gehört und Typen für Flutter bereitstellt; „convert" wird für den Web-Betrieb benötigt, da dort die UTF-8 Konvertierung eingebunden wird; außerdem die Flutter-Bibliotheken, gefolgt von den Flame-Bibliotheken. „flame_tiled"

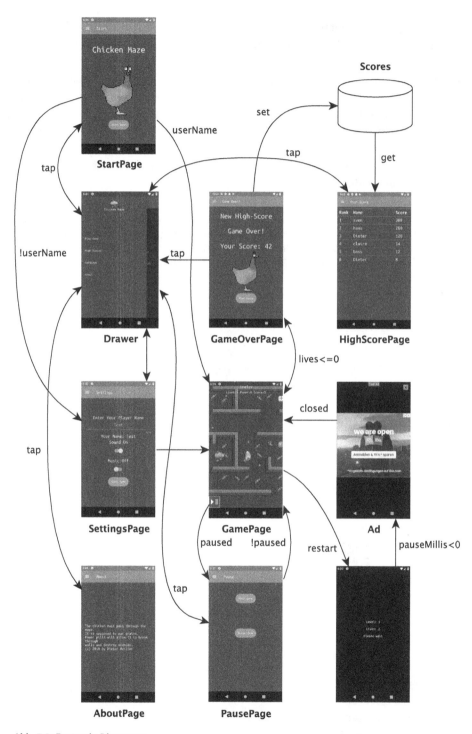

**Abb. 7.2:** Zustands-Diagramm

und „flame_audio" gehören ebenso zu Flame, sind dort allerdings Wrapper für externe Module des Tiled-Projekts und des Audioplayer-Projektes. „flame_tiled" ist über eine Git-Url eingebunden, da das Projekt zum Zeitpunkt der Abfassung des Buches noch nicht auf Flutter 2 migriert wurde. „http" ist natürlich für die Web-Kommunikation (Abschnitt 7.5.1) nötig. „crypto" wird hier ebenfalls für die Authentifizierung mithilfe der Bildung eines Hashwertes eingesetzt. „shared_preferences" erlaubt den Zugriff auf den App-Speicher zur Sicherung persistenter Daten, etwa Spielername und des Highscores. „admob_flutter" ermöglicht die Anzeige von Google-AdMob Werbung.

Den gesamten Code kann man im Github-Projekt [49] nachsehen und inklusive der Assets runterladen.

> ⚡ Für die in der Datei 7.2 angegebenen Pakete gibt es vermutlich ab dem Zeitpunkt der Abfassung dieses Buches neuere Versionen. Man kann gerne die neuen Versionen im Flutter-Repository nachschlagen [25]. Allerdings kommt es oft auch auf die Kombination der einzelnen Pakete in bestimmten Versionen an. Die hier verwendete Konfiguration lässt sich ohne Probleme kompilieren, dies ist allerdings nicht selbstverständlich.

**Listing 7.2:** pubspec.yaml

```
1  name: chicken_maze
2  description: A game with flutter and flame.
3  version: 1.1.0
4  publish_to: none
5
6  environment:
7    sdk: ">=2.12.0 <3.0.0"
8  dependencies:
9    flutter:
10     sdk: flutter
11   flutter_localizations:
12     sdk: flutter
13   flame: 1.0.0-rc8
14   flame_tiled: #^0.1.0
15     git:
16       url: https://github.com/Schnurber/flame_tiled.git
17       ref: for_tiled
18
19   http: ^0.13.1
20   crypto: ^3.0.1
21   shared_preferences: ^2.0.5
22   admob_flutter: 2.0.0-nullsafety.0
23   flame_audio: 0.1.0-rc5
```

```
24    cupertino_icons: ^0.1.2
25
26  dev_dependencies:
27    mysql1: ^0.19.0
28
29    flutter_test:
30      sdk: flutter
31    flutter_launcher_icons: ^0.9.0
32
33  flutter_icons:
34    android: "launcher_icon"
35    ios: true
36    image_path: "assets/icon/icon.png"
37
38  flutter:
39    assets:
40      - assets/images/logoChicken.png
41      - assets/images/chickenIcon.png
42      - assets/images/chicken.png
43      - assets/images/enemy.png
44      - assets/images/tiles.png
45      - assets/images/grain.png
46      - assets/images/pause.png
47      - assets/tiles/map1.tmx
48      - assets/tiles/map2.tmx
49      - assets/tiles/map3.tmx
50      - assets/tiles/map4.tmx
51      - assets/tiles/map5.tmx
52      - assets/tiles/map6.tmx
53      - assets/tiles/map7.tmx
54      - assets/tiles/map8.tmx
55      - assets/tiles/map9.tmx
56      - assets/tiles/map10.tmx
57      - assets/audio/chicken.mp3
58      - assets/audio/pick.mp3
59      - assets/audio/cry.mp3
60      - assets/audio/music.mp3
61
62    uses-material-design: true
63    fonts:
64      - family: UbuntuMono
65        fonts:
```

```
66         - asset: assets/fonts/UbuntuMono-Bold.ttf
67         - asset: assets/fonts/UbuntuMono-Regular.ttf
68  # flutter downgrade v1.22.4
69  # flutter run --no-sound-null-safety
```

**Listing 7.3:** stuff/import.dart

```
1   import 'dart:ui';
2   import 'dart:core';
3   import 'dart:convert';
4   import 'dart:math';
5
6   import 'package:flutter/material.dart';
7   import 'package:flutter/gestures.dart';
8   import 'package:flutter/foundation.dart' show SynchronousFuture;
9   import 'package:flutter/services.dart';
10  import 'dart:core';
11  import 'package:flutter/material.dart';
12  import 'dart:async';
13  import 'package:flutter/foundation.dart' show SynchronousFuture;
14  import 'package:flutter/services.dart';
15
16  import 'package:flame/flame.dart';
17  import 'package:flame/game.dart';
18  import 'package:flame/extensions.dart';
19  import 'package:flame/sprite.dart';
20  import 'package:flame/components.dart';
21  import 'package:flame/game.dart';
22  import 'package:flame/flame.dart';
23  import 'package:flame/widgets.dart';
24
25  import 'package:flame_tiled/flame_tiled.dart';
26  import 'package:flame_audio/flame_audio.dart';
27
28  import 'package:tiled/tiled.dart';
29
30  import 'package:http/http.dart' as http;
31  import 'package:crypto/crypto.dart';
32  import 'dart:convert';
33  import 'package:shared_preferences/shared_preferences.dart';
34  import 'package:admob_flutter/admob_flutter.dart';
35
```

```
36  import 'dart:io';
37  import 'package':mysql1/mysql1.dart';
```

### 7.3.1 Start und Initialisierungen

Die Main-Datei 7.7 mit der Main-Funktion ist der Startpunkt des Spiels. In Zeile 5 wird über die von Flame bereitgestellten Werkzeuge die Orientierung auf Hochformat gestellt. Danach wird die Größe des Screens ausgelesen.

#### 7.3.1.1 Lokale Einstellungen

Ab Zeile 7 wird im lokalen Speicher der App eine Variable zur Speicherung des aktuellen Highscores angelegt: Falls diese nicht existiert, wird sie mit 0 initialisiert. Die Konstante prefHiScore kommt aus Listing 7.4. Dort sind noch weitere Konstanten definiert. Dasselbe wird für den Benutzernamen getan, der soll später nur einmal festgelegt werden müssen und nicht jedes mal nach Start des Spiels. Auch sollen weitere Einstellungen, also ob die Sound-Effekte an- oder ausgeschaltet sind, oder die Hintergrundmusik ein oder aus ist, in den Einstellungen gespeichert werden. Die Musik und die Effekte sind standardmäßig angeschaltet. Danach wird das Spiel gestartet, indem eine Instanz des Widgets ChickenApp gestartet wird.

---

Man kann einen lokalen App-Speicher nutzen. In diesen kann man unter einem Key (String) beliebige Werte speichern, auch komplexe Objekte. Die Datenbank selbst kann als Typ Map<String, dynamic> aufgefasst werden. Beispiel: Die Zeile
SharedPreferences.getInstance().then(
(prefs) => prefs.setInt('hiScore', 23)) speichert unter dem Eintrag „hiScore" den Wert 23.

---

Ab Zeile 36 wird das Haupt-Widget erzeugt. Zuerst müssen natürlich Instanzen des Spiels sowie der einzelnen Screens des Spiels erstellt werden, die Variablen sind dabei final, da diese nur einmal instanziiert werden müssen. Es wird also eine Instanz des Spiels selbst (Listing 7.7 Zeile 27) erzeugt, sowie eine Instanz des Hilfs-Screens: also des übergeordneten Screens, der das Spiel enthält, des Startscreens welcher zu Beginn gezeigt wird, des Infoscreens, der Informationen über das Spiel anzeigen soll, des Screens, in dem man die Einstellungen des Spiels ändern kann, des Screens, auf dem der Highscore angezeigt wird, des Game-Over-Screens sowie eines Screens, der bei Pausen eingeblendet wird. Bei Erzeugung des *ChickenGame*-Objektes in Zeile 27 werden dort im Konstruktor (Listing 7.23, Zeile 49) mithilfe der Hilfsklasse *AssetLoader* die lokal in der App verfügbaren Medien-Dateien geladen, also die Sprites und die Audio-Files.

Listing 7.5 ist ein Ausschnitt aus der Klasse *AssetLoader*. In der Methode init(SharedPreferences p), Zeilen 24-28, werden die davor deklarierten statischen

Variablen einmalig mit Werten versehen. Zuerst werden die *SharedPreferences* zur späteren Verwendung gespeichert.

Die Variable isPlayingEffects wird als erstes initialisiert. Diese wird immer auf true gesetzt, wenn gerade schon ein Effekt-Sound, wie das Gackern eines Huhns, gespielt wird. Sie dient als Schalter, der bewirkt, dass immer nur ein Sound gleichzeitig gespielt wird und nicht mehrere parallel, was zu Speicher- und Performance-Problemen führen könnte und auch akustische Verwirrung auslösen kann.

Man beachte hier die Verwendung des konditionalen Zuweisungsoperators ??= zur Initialisierung. Danach werden zwei Singleton-AudioCache-Objekte angelegt, welche lokale Soundfiles laden und abspielen können, jeweils ein Objekt für die Effekte und eines für die Hintergrund-Musik.

Die Methode loadAudio() (ab Zeile 36) lädt dann die Sound-Effekte. Mit assert(...) wird gewährleistet, dass es die erwähnten *AudioCache*-Objekte gibt. Für diese wird erst der Cache geleert, dann werden die Sounds geladen. Die Log-Ausgabe wird zudem deaktiviert. Es werden allerdings trotzdem Log-Ausgaben erzeugt, allerdings in geringerer Anzahl, als wenn man dies unterlassen würde, dies kann verwirrend wirken. In der Hilfe kann man ein TODO lesen, welches darauf hinweist, dass bei der nativen Android-Implementierung noch Ausgaben erzeugt werden. In Android Studio kann man sich übrigens die Dokumentation anzeigen lassen, indem man die entsprechende Methode oder den Ausdruck mit dem Cursor auswählt und die F1-Taste drückt. Bei VS-Studio Code genügt es, wenn man mit dem Cursor darüberfährt. Dann wird in einem schwebenden Fenster die Dokumentation eingeblendet.

---

⚡ Es kann verschiedene Probleme beim Abspielen von Soundfiles geben, zudem kann das Verhalten sich bei iOS und Android unterscheiden. Bei Android ist es so, dass geloopte Sounds, die eine gewisse Länge überschreiten, eine kleine Pause am Ende machen. Hier wurde das Problem umgangen, indem der Musik-Loop kurz gehalten wurde.

---

**Listing 7.4:** stuff/constants.dart

```
1  const gameFont = 'UbuntuMono';
2  const prefHiScore = 'hiScore';
3  const prefUserName = 'userName';
4  const defaultName = 'Unnamed';
5  const prefSoundEffects = 'soundEffects';
6  const prefMusic = 'music';
```

**Listing 7.5:** stuff/AssetLoader.dart

```
1  import 'package:shared_preferences/shared_preferences.dart';
2  import 'package:flame_audio/flame_audio.dart';
3  import 'package:chicken_maze/stuff/constants.dart';
4  class AssetLoader {
```

```
5    static const chickenpath = "chicken.png";
6    static const enemypath = "enemy.png";
7    static const logopath = 'logoChicken.png';
8    static const chickenSound = "chicken.mp3";
9    static const pausepath = 'pause.png';
10   static const pickSound = "pick.mp3";
11   static const crySound = "cry.mp3";
12   static const music = "music.mp3";
13
14   static var chickenImage;
15   static var enemyImage;
16   static var logoImage;
17   static var pauseImage;
18
19   static var player;
20   static var musicPlayer;
21   static SharedPreferences? prefs;
22   static bool? isPlayingEffects;
23
24   static init(SharedPreferences p) {
25     prefs = p;
26     isPlayingEffects ??= false;
27     player ??= FlameAudio.audioCache;
28   }
29
30   static Future loadAll() async {
31     chickenImage = await Flame.images.load(chickenpath);
32     enemyImage = await Flame.images.load(enemypath);
33     pauseImage = await Flame.images.load(pausepath);
34   }
35
36   static void loadAudio() {
37     assert(player != null);
38     player?.clearCache();
39     player?.loadAll([chickenSound, pickSound, crySound, music]);
40     player?.disableLog();
41   }
42
43   static SpriteAnimation get logoAnimation {
44     return SpriteAnimation.fromFrameData(
45       logoImage,
46       SpriteAnimationData.variable(
```

```
47          amount: 4,
48          texturePosition: Vector2(0, 0),
49          textureSize: Vector2(600, 600),
50          stepTimes: [2.5, 0.5, 2.5, 1],
51          loop: true,
52        ));
53    }
54
55    static Future<SpriteAnimation> get logoAnimationLoaded async {
56      await Flame.images.load(logopath).then((value) => logoImage =
            value);
57      return logoAnimation;
58    }
59
60    static Widget getChickenWidget(double chickenWidth, double
          chickenHeight) {
61      return FutureBuilder<SpriteAnimation>(
62          future: AssetLoader.logoAnimationLoaded,
63          builder:
64              (BuildContext context, AsyncSnapshot<SpriteAnimation>
                  snapshot) {
65            if (!snapshot.hasData) {
66              return Container(
67                width: chickenWidth,
68                height: chickenHeight,
69              );
70            } else {
71              return Container(
72                width: chickenWidth,
73                height: chickenHeight,
74                child: SpriteAnimationWidget(
75                  anchor: Anchor.topLeft,
76                  animation: logoAnimation,
77                ),
78              );
79            }
80          });
81    }
82  }
```

## 7.3.2 Lokalisierung

Danach wird die MaterialApp erstellt (Listing 7.7 Zeile 39), der Parameter
`localizationsDelegates:` bekommt eine Reihe an Übersetzungen mit: ein eigener
Verweis auf eine Klasse mit den Übersetzungen der im Spiel vorkommenden Wörter:
LangDelegate sowie zwei im Framework vorhandene Übersetzungs-Klassen. Danach
werden die unterstützten Sprachen nochmals einzeln aufgeführt (vgl. 7.7 Zeile 46-49).

Zur Übersetzung wurde eine extra Datei angelegt, siehe Listing 7.6. Die Klasse Lang
(Zeile 21) enthält die eigentliche eigene Übersetzung. Ab Zeile 30 gibt es eine private
Variable _localizedValues vom Typ Map, die als Keys zuerst einmal die Sprachcodes
z.B. en für Englisch und als Values weitere Maps mit den Identifizierern als Keys und als
Values die in der jeweiligen Sprache verwendeten Übersetzungen enthält, beispielsweise 'StartGame': 'Starte Spiel' in Deutsch. Die Methode `String t (String what)`,
Zeile 60, kann verwendet werden, um einen String in der im Gerät eingestellten Sprache zu erhalten. Als Parameter wird dieser Methode ein Identifizierer mitgegeben.
In der im Konstruktor initialisierten Variable `locale` kann man in der Eigenschaft
`.languageCode` den Sprachcode auslesen, z.B. „en". Zeile 61 sieht dann zum Beispiel
im „en"-Teil der Map unter dem Eintrag, der in what steht, nach und gibt die englische
Übersetzung zurück. Diese Methode kann innerhalb eines Widgets aufgerufen werden,
der Aufruf der statischen Methode `Lang.of(context).t("StartGame")` gibt in Deutsch
dann „Starte Spiel" zurück. Die Klasse LangDelegate ist dafür zuständig, dass eine
Instanz der Klasse Lang mit der entsprechen Sprach-Lokalisierung zur Verfügung steht,
siehe Zeile 12 und 13. Die Methode `.load(Locale locale)` wird vom System mit der
korrekten Lokalisierung aufgerufen und gibt ein Future-Objekt zurück, welches das
Lang-Objekt enthält.

---

Bei Android oder der iOS-Entwicklung gibt es die Möglichkeit, Übersetzungen einfach in Text- oder
XML-Dateien einzutragen. FLutter bietet diese Möglichkeit nicht. Hier muss man im Wesentlichen
auf eigene Map-Datenstrukturen der Form Map<String, Map<String, String» zugreifen. Eine genaue
Anleitung für die Mehrsprachigkeit findet man unter [28].

---

**Listing 7.6:** i18n.dart

```
1  import 'package:flutter/material.dart';
2  import 'dart:async';
3  import 'package:flutter/foundation.dart' show SynchronousFuture;
4
5  class LangDelegate extends LocalizationsDelegate<Lang> {
6    const LangDelegate();
7
8    @override
```

```dart
 9    bool isSupported(Locale locale) => ['en', 'de', 'es', 'fr'].
          contains(locale.languageCode);

10

11    @override
12    Future<Lang> load(Locale locale) {
13      return SynchronousFuture<Lang>(Lang(locale));
14    }

15

16    @override
17    bool shouldReload(LangDelegate old) => false;
18  }

19

20

21  class Lang {
22    Lang(this.locale);

23

24    final Locale locale;

25

26    static Lang? of(BuildContext context) {
27      return Localizations.of<Lang>(context, Lang);
28    }

29

30    static Map<String, Map<String, String>> _localizedValues = {
31      'en': {
32        'info': """The chicken must pass through the maze.
33  It is supposed to eat grains.
34  Power pills will allow it to break through
35  walls and destroy enemies.
36  (c) 2021 by Dieter Meiller""",
37        'WaitForLoading' : 'Waiting for network connection',
38        'ChickenMaze' : 'Chicken Maze',
39        'BitteWarten': 'Please wait',
40        'Start': 'Start',
41        'Pause': 'Pause',
42        'StartGame': 'Start Game',
43      },
44      'de': {
45        'info' : """Das Huhn muss durch das Labyrinth.
46  Dabei soll es Körner Fressen.
47  Kraft-Pillen ermöglichen es ihm,
48  Mauern zu durchbgrechen und Feinde
49  zu zerstörten.
```

```
50  (c) 2021 by Dieter Meiller""",
51       'WaitForLoading' : 'Warte auf Netzwerkverbindung',
52       'ChickenMaze' : 'Chicken Maze',
53       'BitteWarten': 'Bitte Warten',
54       'Start': 'Start',
55       'Pause': 'Pause',
56       'StartGame': 'Starte Spiel',
57     },
58   };
59
60   String t(String what) {
61     return _localizedValues[locale.languageCode]![what]!;
62   }
63 }
```

### 7.3.3 Die Main-Funktion und Routes

Beim Start in Zeile 4 von Listing 7.7 wird zuerst
WidgetsFlutterBinding.ensureInitialized() aufgerufen, dies ist unter Umständen
notwendig, wenn man Flutter-Funktionalitäten verwendet bevor runApp(Widget app)
aufgerufen wird.

Die einzelnen Screens werden beim Start als Routes der MaterialApp übergeben:
Der Parameter routes: ist eine Map aus den Keys, die die Seiten identifizieren sowie
einer Lambda-Funktion, die die entsprechenden vorab instanziierten Seiten zurückgibt
(ab Zeile 57). Die Keys selbst sind in den jeweiligen Klassen hinterlegt, wie man später
sehen kann, wenn diese einzeln erläutert werden. So hat beispielsweise die Klasse
SettingsPage eine Eigenschaft route mit dem String '/settings' als Wert.

Als Parameter home: (Zeile 56) wird gleich der Startscreen angegeben, so dass dies
der erste Screen ist, der beim Start erscheint.

---

In Flutter kann man „einfaches" Routing mit Navigator.push(...) realisieren oder aber auch **i**
„benanntes" Routing, bei denen die Routes einen Namen bekommen über .pushNamed(...) oder
.pushReplaceNamed(...). Dort muss man als 2. Argument (zusätzlich zum Kontext) einen eindeutigen
Identifizierer als String angeben.

---

**Listing 7.7:** main.dart

```dart
1   late SharedPreferences prefs;
2
3   void main() {
4     WidgetsFlutterBinding.ensureInitialized();
5     Flame.device.setOrientation(DeviceOrientation.portraitUp);
6     Flame.device.fullScreen();
7     SharedPreferences.getInstance().then((p) {
8       prefs = p;
9       if (!prefs.containsKey(prefHiScore)) {
10        prefs.setInt(prefHiScore, 0);
11      }
12      if (!prefs.containsKey(prefUserName)) {
13        prefs.setString(prefUserName, defaultName);
14      }
15      if (!prefs.containsKey(prefSoundEffects)) {
16        prefs.setBool(prefSoundEffects, true);
17      }
18      if (!prefs.containsKey(prefMusic)) {
19        prefs.setBool(prefMusic, true);
20      }
21      AssetLoader.init(prefs);
22      AssetLoader.loadAudio();
23      runApp(ChickenApp());
24    });
25  }
26
27  final _chickenGame = ChickenGame(prefs);
28  final gamePage = GamePage(_chickenGame);
29  final startPage = StartPage(gamePage.chickenGame);
30  final aboutPage = AboutPage(gamePage.chickenGame);
31  final settingsPage = SettingsPage(gamePage.chickenGame);
32  final leaderBoardPage = LeaderBoardPage(gamePage.chickenGame);
33  final gameOverPage = GameOverPage(gamePage.chickenGame);
34  final pausePage = PausePage(gamePage.chickenGame);
35
36  class ChickenApp extends StatelessWidget {
37    Widget build(BuildContext context) {
38
39      return MaterialApp(
40        localizationsDelegates: [
```

```
41      const LangDelegate(),
42      GlobalMaterialLocalizations.delegate,
43      GlobalWidgetsLocalizations.delegate,
44    ],
45    supportedLocales: [
46      const Locale('en'), // English
47      const Locale('de'), // German
48      const Locale('es'), // Spanish
49      const Locale('fr'), // French
50    ],
51    debugShowCheckedModeBanner: false,
52    checkerboardOffscreenLayers: false,
53    checkerboardRasterCacheImages: false,
54    debugShowMaterialGrid: false,
55    title: 'Chicken Maze',
56    home: startPage,
57    routes: <String, WidgetBuilder> {
58      SettingsPage.route: (context) => settingsPage,
59      AboutPage.route: (context) => aboutPage,
60      GamePage.route: (context) => gamePage,
61      LeaderBoardPage.route: (context) => leaderBoardPage,
62      GameOverPage.route: (context) => gameOverPage,
63      PausePage.route: (context) => pausePage,
64    },
65  );
66  }
67 }
```

## 7.4 Die Screens

Nach dem Setup werden die nun die einzelnen Screens des Spiels erläutert. Prinzipiell haben diese alle einen ähnlichen Aufbau. Die Screens werden nicht in der Abfolge ihres Erscheinens erklärt, sondern anhand ihrer Komplexität aufgelistet, die einfachen, statischen Screens zuerst.

### 7.4.1 Die About-Page

Die About-Seite (siehe Abb. 7.3 ist eine simple Seite, die nur einfachen Text enthält. Da sich nichts groß ändert auf der Seite, ist diese als StateLessWidget realisiert (Listing

7.8). Im Konstruktor wird eine Referenz zum Spiel gespeichert. In Zeile 5 steht der Identifizierer, der zur Auswahl der Seite dient. Wenn das Widget gebaut wird, pausiert zuerst das Spiel, da es sonst im Hintergrund weiterläuft (Zeile 8). Es wird wieder ein Scaffold erzeugt. Dieser wird allerdings mit einem neuen Theme, also einem anderen Aussehen als dem Standard-Aussehen, versehen. Das Scaffold bekommt eine AppBar mit dem Titel der Seite, die die Übersetzung des Info-Textes in der Landessprache enthält (Zeile 12).

Der Parameter drawer: bekommt ein Einklappmenü zugewiesen, welches gleich erläutert wird, dies wird so in alle Screens, außer dem Spiel selbst, integriert. In den Body wird der Inhalt der Seite integriert, welcher aus der Funktion _about(BuildContext context) kommt. Dabei handelt es sich um einen zentrierten RichText mit Abstand zum Rand. Dieser Text hat, im Gegensatz zum normalen Text, mehr Möglichkeiten der Formatierung. So kann er automatisch umbrochen werden (Zeile 27). Der Text selbst wird in der Übersetzung nachgeschlagen, unter dem Eintrag „info". Die Größe des Textes ist abhängig vom Gerät und den Einstellungen, die Funktion getTextScale(context) liefert den Skalierungsfaktor, dieser wird mit dem Standardwert von 16 Pixel multipliziert.

---

**i** Man kann den konstanten String für die benannte Route in die Klassen der Seiten als Eigenschaft „route" mit aufnehmen, dann gibt es keine Probleme mit Schreibfehlern, wenn man immer darauf verweist.

---

**Listing 7.8:** AboutPage.dart

```dart
1   class AboutPage extends StatelessWidget {
2     final ChickenGame game;
3     AboutPage(this.game);
4
5     static const String route = '/about';
6
7     Widget build(BuildContext context) {
8       game.paused = true;
9       return themed(
10          context,
11          Scaffold(
12            appBar: AppBar(title: Text(Lang.of(context)!.t("About"))),
13            drawer: buildDrawer(context, route, game.prefs, game),
14            body: _about(context)));
15    }
16
17    Widget _about(BuildContext context) {
18      return Center(
```

```
19      child: Padding(
20        padding: EdgeInsets.all(16 * getTextScale(context)),
21        child: RichText(
22          text: TextSpan(
23            style: TextStyle(
24              fontFamily: gameFont, fontSize: 16 * getTextScale(
                   context)),
25            text: Lang.of(context)!.t('info'),
26          ),
27          softWrap: true,
28        ),
29      ),
30    );
31  }
32 }
```

### 7.4.2 Der eigene Look

Die Datei in Listing 7.9 enthält den Code, der für einen eigenen Look der App zuständig ist. Das Scaffold aus Listing 7.8 wird der Funktion themed(BuildContext context, Widget child), Zeile 16, übergeben. Dort wird es als Kind in ein Theme-Widget integriert, welches ein anderes Aussehen ermöglicht. Dieses wird als ThemeData im Parameter data: festgelegt. Die private Funktion _themeData in Zeile 1 beschreibt dieses Aussehen. Es werden dort Helligkeiten und Farben, der Font, sowie Standardgrößen des Textes für Headlines, Titel und den Body festgelegt.

Auch die vorher erwähnte Funktion zur Festlegung des Skalierungsfaktors für die Texte ist in dieser Datei zu finden, in Zeile 25 wird dieser errechnet: Es ist der Quotient aus der Breite des Screens und der Standardbreite eines Handys im Hochformat in Dichte-unabhängigen Pixeln: 320 „Dips". Dieses Maß ist unabhängig von der tatsächlichen Pixelzahl, da ein Retina-Display natürlich viel mehr Pixel enthält als ein älteres Display. Es werden, je nach Höhe der tatsächlichen Auflösung, mehrere Pixel zu einem virtuellen Pixel zusammengefasst, so dass auf gleich großen Displays mit unterschiedlicher Auflösung die Pixelzahl gleich ist. Der errechnete Quotient wird mit der gewünschten Größe multipliziert. Das Resultat: Auf großen Displays wird die Schrift größer dargestellt. Dies ist sicher nicht bei jeder Anwendung wünschenswert, da man beispielsweise bei einer Text-Anwendung wie einem Editor gerne mehr Platz für Text hat. Allerdings sollte bei einem Spiel der Screen bei unterschiedlicher Größe immer gleich aussehen.

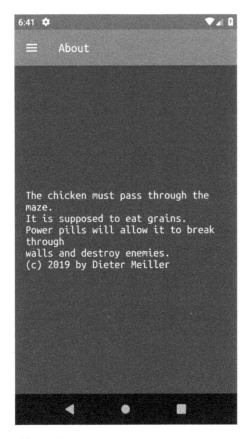

**Abb. 7.3:** About Page

In Zeile 28 wird noch die Text-Konfiguration für das eigentliche Spiel festgelegt. Hier wird noch ein weiterer Faktor hineingerechnet, da die Spielfläche selbst nochmals skaliert wird, abhängig vom Display.

> **i** Es gibt ein Widget *Theme*. Dieses hat zwei benannte Parameter `child:`, wo man das zu stylende Widget angeben muss und `data:`, wo man den Style als *ThemeData*-Objekt angeben muss. Solche Objekte können eine Menge an Layoutparametern haben, so wie `fontFamily:` oder `primaryColor:`.

**Listing 7.9:** themeData.dart

```dart
1   ThemeData _themeData(BuildContext context) {
2     double txtScale = getTextScale(context);
3     return ThemeData(
4       brightness: Brightness.dark,
5       primaryColor: Colors.deepOrange[800],
6       accentColor: Colors.amber[600],
7       fontFamily: gameFont,
8       textTheme: TextTheme(
9       headline5: TextStyle(fontSize: 72.0 * txtScale,
10      fontWeight: FontWeight.bold),
11      headline6: TextStyle(fontSize: 36.0 * txtScale, ),
12      bodyText2: TextStyle(fontSize: 20.0 * txtScale, ),
13      ),
14    );
15  }
16
17  Theme themed(BuildContext context, Widget child) {
18    return Theme(
19      data: _themeData(context),
20      child: child,
21    );
22  }
23
24  double getTextScale(BuildContext context) {
25    return MediaQuery.of(context).size.width / 320.0;
26  }
27
28  TextConfig gameTextConf(BuildContext context, double faktor) {
29    // double fakt = MediaQuery.of(context).textScaleFactor;
30    double fakt = getTextScale(context) / faktor;
31    return TextConfig(textAlign: TextAlign.left, fontSize: 15 * fakt,
32        fontFamily: gameFont, color: Colors.white);
33  }
```

### 7.4.3 Das Ausklappmenü

Der erwähnte *Drawer* (Abb. 7.4) wird in alle Seiten integriert (außer ins Spiel, wie erwähnt). Im Listing 7.10 steht die Funktion, die den *Drawer* erzeugt. Diese gibt ein Drawer-Objekt in Zeile 5 zurück, mit einem ListView als Kind. Dieser Drawer hat mehrere

Kinder, zuerst einen DrawerHeader, welcher als Kind eine zentrierte Spalte mit einem Bild vom Huhn und dem Titel des Spiels enthält.

Dann folgen ab Zeile 16 mehrere *ListTiles*, die die einzelnen Menü-Einträge enthalten. Man beachte, dass im Buch nicht alle Einträge abgedruckt sind. Wenn der Identifizierer des entsprechenden Screens dem der Funktion übergebenen Parameter currentRoute entspricht, wird das *ListTile* selektiert und in einer anderen Farbe ausgewählt (z.B. in Zeile 18).

---

ℹ️ Ein Drawer ist ein Ausklappmenü, welches ausgeklappt wird, wenn man auf den Navigationsbutton (z.B. Hamburger-Button) klickt. In der Material-Design-Beschreibung kann man den Drawer ebenfalls finden und sich über seine Beschaffenheit informieren: [43]. Die Scaffold-Gerüste haben einen benannten Parameter, drawer:. Dort kann man das Drawer-Objekt angeben. Ein Drawer kann ein Kind (child:) haben.

---

**Listing 7.10:** Drawer.dart

```dart
Drawer buildDrawer(BuildContext context, String currentRoute,
    SharedPreferences prefs, ChickenGame game) {
  double ts = getTextScale(context);
  double tss = ts * 0.9;
  return Drawer(
    child: ListView(
      children: <Widget>[
        DrawerHeader(
          child: Center(
            child: Column(children: <Widget>[
              Image(image: AssetImage('assets/images/chickenIcon.png')
                  , width: 32 * ts, height: 32 * ts, fit: BoxFit.fill
                  ,),
              Text(Lang.of(context)!.t("ChickenMaze") ,
                  textScaleFactor: ts,),
            ],),
          ),
        ),
        ListTile(
          title: Text(Lang.of(context)!.t('PlayGame'), textScaleFactor
              : tss,),
          selected: currentRoute == GamePage.route,
          onTap: () {
            if (prefs.getString(prefUserName) == defaultName) {
              Navigator.pushReplacementNamed(context, SettingsPage.
                  route);
            } else {
              game.startGame();
              game.initLevel();
              game.paused = false;
              Navigator.pushReplacementNamed(context, GamePage.route);
            }
          },
        ),
        ListTile(
          title: Text(Lang.of(context)!.t('HighScores'),
              textScaleFactor: tss,),
          selected: currentRoute == LeaderBoardPage.route,
          onTap: () {
```

```
34            Navigator.pushReplacementNamed(context, LeaderBoardPage.
                route);
35          },
36        ),
37      ],
38    ),
39  );
40 }
```

**Abb. 7.4:** Drawer

### 7.4.4 Die Start-Page

Die Start-Seite (Abb. 7.5) ist ähnlich aufgebaut wie die About-Page. Im Listing 7.11 ist in Zeile 5 wieder der Identifizierer für die Seite, die Widget build(BuildContext context) ist identisch. Der Inhalt wird in der Widget _start(BuildContext context)-Funktion zusammengebaut.

Zuerst wird das Chicken-Logo als Animation eingefügt. Für solche Zwecke wird eine Hilfs-Funktion AssetLoader.getChickenWidget(...) verwendet, welche an einer bestimmten Position eine Flame-Animation darstellt (Zeile 18 und Listing 7.5, Zeilen 43-64). Normalerweise sind Animationen nämlich keine Widgets, sondern werden auf der Zeichenfläche des Spiels direkt gerendert. In einer Spalte werden untereinander zuerst der Titel „Chicken Maze" und dann die Logoanimation (Zeile 29) dargestellt. Diese wird maximal vergrößert.

---

Das *SpriteAnimationWidget* von Flame generiert im Prinzip ein Widget mit einem kleinen Flame-Spiel darin. Dort befindet sich allerdings nur die angegebene Flame-Animation. **i**

---

Darunter kommt ein Button (Zeile 33). Der Button ist ein selbst erstelltes Widget, welches im Spiel öfters zum Einsatz kommt. Wird dieser gedrückt, wird zuerst überprüft, ob schon ein Name für den Spieler vergeben wurde. Falls nicht, wird die Settings-Page eingeblendet, wo man zuerst einen Namen vergeben muss (Zeile 36). Falls der Name schon vergeben wurde, wird das Spiel gestartet (Zeile 38-39). Der Text für den Button kommt wieder aus der Übersetzungsdatei, wie beschrieben (siehe **??**).

**Listing 7.11:** StartPage.dart

```
1
2    static const String route = '/';
3
4    Widget build(BuildContext context) {
5      return themed(
6        context,
7        Scaffold(
8          appBar: AppBar(title: Text(Lang.of(context)!.t("Start"))),
9          drawer: buildDrawer(context, route, game.prefs, game),
10         body: _start(context)));
11   }
12
13   Widget _start(BuildContext context) {
14     var w = MediaQuery.of(context).size.width / 3 * 2;
15     Widget chicken = AssetLoader.getChickenWidget(w, w);
16
17     return Center(
```

```
18      child: Column(children: <Widget>[
19        Container(
20          padding: EdgeInsets.only(top: 50, bottom: 50),
21          child: Text(
22            "Chicken Maze",
23            style: TextStyle(fontSize: 38 * getTextScale(context)),
24          )),
25        Expanded(
26          child: chicken,
27        ),
28        Container(
29          padding: EdgeInsets.only(top: 50, bottom: 50),
30          child: FineButton(
31            onPressed: () {
32              if (game.prefs.getString(prefUserName) ==
                    defaultName) {
33                Navigator.pushReplacementNamed(context,
                      SettingsPage.route);
34              } else {
35                game.paused = false;
36                Navigator.pushReplacementNamed(context, GamePage.
                      route);
37              }
38            },
39            text: Lang.of(context)!.t("StartGame"))),
40      ]),
41    );
42  }
43 }
```

### 7.4.5 Die Settings-Page

Die Settings-Seite (Abb. 7.6) ist ein StateFulWidget, da diese nicht immer denselben Zustand hat. Im Listing 7.12 wird ab Zeile 15 die State-Klasse definiert. Die State-Variablen sind in den Zeilen 17-20 deklariert. In der Methode initState() werden diese mit den Werten aus den lokal gespeicherten Einstellungen initialisiert. Die Widget build(BuildContext Context)-Methode in den Zeilen 31-36 baut wieder das Gerüst nach der bereits beschriebenen Logik, der Inhalt des Bodys mit den Elementen zur Konfiguration wird in der Widget _settings()-Methode an Zeile 39 erstellt. Zuerst kommt ein Text mit der Aufforderung, den Namen einzugeben, gefolgt von einem

**Abb. 7.5:** Start-Page

editierbaren TextField. Wenn es aktiviert wird (Zeile 50), werden zuerst die anderen GUI-Elemente, die Schalter für die Sounds, ausgeblendet, indem die State-Variable areSwitchesVisible auf false gesetzt wird. In der Zeile 73 ist ein *Visibility*-Widget mit dem Schalter und dessen Beschriftung als Kind, die Sichtbarkeit des Widgets ist dort an die genannte State-Variable geknüpft.

Der Grund für die Ausblendung bei Aktivierung des Textfeldes ist der, dass die dann erscheinende Software-Tastatur zusätzlichen Platz benötigt und die Seite dann unübersichtlich wird. Wird die Eingabe beendet, wird (ab Zeile 51) der Schalter wieder eingeblendet und die Tastatur ausgeblendet, indem der Fokus vom TextField genommen wird (Zeile 55). In Zeile 64-70 wird dann bei jeder Änderung dessen Inhalt als Text als der neue User-Name übernommen. Er wird vorher getrimmt, also Whitespace vor und nach dem Text entfernt, dann wird die State-Variable userName und der lokale Speicher mit der Variable prefUserName aktualisiert. Der Schalter zum Aktivieren und Deaktivieren des Sound-Effekts innerhalb des Visibility-Widgets wird in Zeile 77 mit einem Text versehen, der, je nach Zustand der State-Variable soundEffects, der übersetzte Text von „Sound on" bzw „Sound off" ist. In den Zeilen 81-85 wird dann wieder die State- und die Voreinstellungs-Variable entsprechend geändert. Im Quellcode gibt es noch weiteren Code für einen Schalter zum Ein- und Ausschalten der Musik, der die State-Variable music ändert. Dieser ist im Buch nicht mit abgedruckt, da er im Wesentlichen die gleiche Funktion hat. Am unteren Ende folgt noch ein Button, mit dem man das Spiel starten kann, sofern man den Namen bereits geändert hat, ansonsten ist dieser deaktiviert (vgl. Zeile 96).

---

Wenn Widgets aufgrund von Platzmangel nicht mehr auf den Screen passen, wird als Warnung ein schwarz-gelber Streifen eingeblendet, an dem Ort, an dem das Layout nicht stimmt. Dies kann passieren, wenn innere Widgets in Summe größer sind als die Screen-Abmessungen. Besonders bei der Software-Tastatur ist hier Vorsicht geboten. Es ist ratsam, die Funktionalität auf verschiedenen Geräten zu testen, auch im Hoch- bzw. Querformat, wenn man die Drehung nicht deaktiviert hat. In unserem Beispiel werden, um dem Platzmangel zu beheben, Elemente ausgeblendet. Ein weiterer Ansatz ist es, die Inhalte scrollbar zu machen. Man könnte beispielsweise das Wurzel-Widget in einen SingleChildScrollView als dessen Kind verlagern.

---

**Listing 7.12:** SettingsPage.dart

```dart
1   class SettingsPage extends StatefulWidget {

2
3     static const String route = '/settings';
4     final ChickenGame game;

5
6     SettingsPage(this.game);

7
8     @override
9     State<StatefulWidget> createState() {
10      game.paused = true;
11      return SettingsPageState();
12    }
13  }

14
15  class SettingsPageState extends State<SettingsPage> {

16
17    late String userName;
18    late bool soundEffects;
19    late bool music;
20    late bool areSwitchesVisible;

21
22    @override
23    void initState() {
```

```
24    super.initState();
25    userName = this.widget.game.prefs.getString(prefUserName)!;
26    soundEffects = this.widget.game.prefs.getBool(prefSoundEffects)!;
27    music = this.widget.game.prefs.getBool(prefMusic)!;
28    areSwitchesVisible = true;
29    }
30
31    Widget build(BuildContext context) {
32      return themed(context, Scaffold(
33        appBar: AppBar(title: Text(Lang.of(context)!.t("Settings"))),
34        drawer: buildDrawer(context, SettingsPage.route, this.widget.
              game.prefs, this.widget.game),
35        body: _settings()));
36    }
37
38
39    Widget _settings() {
40      double ts = getTextScale(context);
41      return Center(
42        child: Padding(
43          padding: EdgeInsets.only(left: 20.0 * ts, right: 20.0 * ts),
44            child: Column(
45                mainAxisAlignment: MainAxisAlignment.center,
46                crossAxisAlignment: CrossAxisAlignment.center,
47                children: <Widget>[
48              Text(Lang.of(context)!.t("EnterYourPlayerName")),
49              TextField(
50                onTap: () => setState(() => areSwitchesVisible = false )
                  ,
51                onEditingComplete: () {
52                  setState(() {
53                    areSwitchesVisible = true;
54                    //Hide Keyboard
55                    FocusScope.of(context).requestFocus(new FocusNode());
56                  });
57                },
58                maxLength: 30,
59                textAlign: TextAlign.center,
60                style: TextStyle(fontSize: 20 * ts),
61                decoration: InputDecoration(
62                  hintText: userName,
```

```
63              ),
64              onChanged: (name) {
65                String nam = name.trim() == "" ? defaultName : name.
                    trim();
66                setState(() {
67                  userName = nam;
68                });
69                this.widget.game.prefs.setString(prefUserName, nam);
70              },
71            ),
72            Text(userName == defaultName ? Lang.of(context)!.t("
                YouHaveToEnterANameToPlay") : Lang.of(context)!.t("
                YourName") + ": " + userName),
73            Visibility(visible: areSwitchesVisible, child:
74              Padding (
75                padding: EdgeInsets.only(top: 5.0 * ts, ),
76                child: Column(children: <Widget>[
77                  Text(Lang.of(context)!.t("Sound") + " " + (
                      soundEffects ? Lang.of(context)!.t("On") :
                      Lang.of(context)!.t("Off")),),
78                  Padding(padding: EdgeInsets.only(top: 5.0 * ts,
                      bottom: 5.0) * ts, child:
79                  Transform.scale( scale: ts , child:
80                  Switch(value: soundEffects,
81                  onChanged: (onoff) {
82                    this.widget.game.prefs.setBool(prefSoundEffects
                        , onoff);
83                    setState(() {
84                      soundEffects = onoff;
85                    });
86                  },))),
87                ]),
88              ),
89            ),
90            Container(padding: EdgeInsets.only(top: 5.0), child:
                FineButton(
91              onPressed: () {
92                this.widget.game.paused = false;
93                Navigator.pushReplacementNamed(context, GamePage.
                    route);
94              },
95              text: Lang.of(context)!.t("StartGame"),
```

```
96              enabled: userName != defaultName,
97            ),
98          ),
99        ]
100      ),
101    ),
102  );
103 }
104 }
```

**Abb. 7.6:** Settings-Page

### 7.4.6 Die Pause-Page

Vor der Erklärung des eigentlichen Spiels werden im Folgenden noch die Screens erläutert, die innerhalb des Spiels und nach Beendigung des Spiels angezeigt werden. Die Pause-Seite (Abb. 7.7) ist ein StateLessWidget, die lediglich aus zwei Buttons besteht. Diese wird eingeblendet, nachdem die im Spiel vorhandene Pause-Taste gedrückt wurde. Im Listing 7.13 werden sie in der Funktion _start(BuildContext context) (ab Zeile 15), die den Body der Seite repräsentiert, generiert. Der erste Button bricht bei Bedienung das laufende Spiel ab und initialisiert es neu. Der zweite Button setzt das pausierte Spiel fort: nachdem die Variable paused des Spiels auf false gesetzt wurde, wird dann durch den Navigator der Screen wieder durch den Spiel-Screen ersetzt.

Listing 7.13: PausePage.dart

```
 1  class PausePage extends StatelessWidget {
 2
 3    static const String route = '/pause';
 4    final ChickenGame game;
 5
 6    PausePage(this.game);
 7
 8    Widget build(BuildContext context) {
 9      return themed(context, Scaffold(
10        appBar: AppBar(title: Text(Lang.of(context)!.t("Pause"))),
11        drawer: buildDrawer(context, route, game.prefs, game),
12        body: _start(context)));
13    }
14
15    Widget _start(BuildContext context) {
16      return Center(
17        child: Column(children: <Widget>[
18          Container(padding: EdgeInsets.only(top: 50, bottom: 50),
                child: FineButton(
19            onPressed: () {
20              game.startGame();
21              game.initLevel();
22              game.paused = true;
23              Navigator.pushReplacementNamed(context, StartPage.route)
                  ;
24            },
25            text: Lang.of(context)!.t("AbortGame"))),
26          Container(padding: EdgeInsets.only(top: 50, bottom: 50),
                child: FineButton(
```

```
27        onPressed: () {
28          game.paused = false;
29          Navigator.pushReplacementNamed(context, GamePage.route);
30        },
31        text: Lang.of(context)!.t("ResumeGame"))),
32      ]),
33    );
34  }
35 }
```

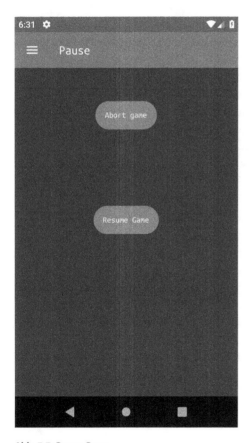

**Abb. 7.7:** Pause-Page

### 7.4.7 Die Game Over-Page

Die Game Over-Seite (Abb. 7.8) ist ein StateLessWidget, welches nach dem Ende des Spiels, wenn alle Leben aufgebraucht sind, angezeigt wird. Im Listing 7.14 ab Zeile 16 wird der Body in der Funktion _gameOver() erzeugt. diese gibt ein *FutureBuilder<bool>*-Objekt zurück. Dabei handelt es sich um ein *StateFulWidget*, dessen Aufbau abhängig vom Ergebnis einer asynchronen Operation ist. Hier soll, nachdem aktuelle Score in die Highscore-Tabelle eingetragen wurde, der Text „Neuer Highscore" erscheinen, abhängig davon, ob es sich tatsächlich um einen neuen Highscore handelt. Dies wird in der Funktion setHiScore(in score) aus Listing 7.15, Zeile 3, entschieden, die ein *Future<bool>*-Objekt zurückgibt.

Hier wird auf den aktuellen Highscore aus den *SharedPreferences* gewartet, der gegebenenfalls ab Zeile 7 aktualisiert wird. Danach gibt die Funktion als Future, je nachdem, ob es sich um einen neuen Rekord handelt, true oder false zurück. Die erwähnten *SharedPreferences* werden asynchron über ein Future-Objekt geliefert, auf das gewartet werden muss (Zeile 4), was die gesamte Aktion ebenfalls asynchron werden lässt und schlussendlich zu dem Ergebnis führt, dass das Layout der Game Over-Seite mit dem erwähnten Text über einen *FutureBuilder* generiert werden muss.

---

**i**   Ein *FutureBuilder*-Widget wartet auf das Ende einer asynchronen Operation future:. Dessen Ergebnis wird dem builder: mitgeteilt, der dann das Widget abhängig davon unterschiedlich aufbauen kann.

---

Das ist etwas umständlich. Aber dieses Vorgehen verdeutlicht gut die Single-Threaded Philosophie in Dart, wo es keine blockierenden Operationen gibt. Was hier kompliziert wirkt, ist tatsächlich eine Vereinfachung, da man keine nebenläufigen, parallel ablaufenden Programmteile (Threads) programmieren muss, die dann synchronisiert werden müssen, wie das in anderen Sprachen wie Java der Fall ist. So treten keine Inkonsistenzen auf. Auch Deadlocks, also sich gegenseitig blockierende Programmteile, werden so vermieden. Insgesamt läuft die Software flüssiger, da es keine Zustände gibt, in denen die App einfriert, weil auf das Ergebnis einer Operation gewartet wird.

In Zeile 6 in Listing 7.15 wird mit dem Kommando await LeaderBoard.setScore(score) noch der Highscore auf dem Server aktualisiert, mehr dazu später.

**Listing 7.14:** GameOverPage.dart

```
1   class GameOverPage extends StatelessWidget {
2     static final String route = '/game_over';
3
4     final ChickenGame game;
5     GameOverPage(this.game);
6
7     Widget build(BuildContext context) {
8       return themed(
9         context,
10        Scaffold(
11          appBar: AppBar(title: Text(Lang.of(context)!.t("GameOver")
                )),
12          drawer: buildDrawer(context, GameOverPage.route, game.
                prefs, game),
13          body: _gameOver()));
14    }
15
16    FutureBuilder<bool> _gameOver() {
17      var score = this.game.score;
18      return FutureBuilder<bool>(
19        future: HiScore.setHiScore(score),
20        builder: (BuildContext context, AsyncSnapshot<bool> hi) {
21          var sc = getTextScale(context);
22          var w = 170 * sc;
23          Widget chicken = AssetLoader.getChickenWidget(w, w);
24
25          TextStyle ts = TextStyle(fontSize: 32 * sc);
26          var pd = EdgeInsets.only(top: 30, bottom: 10);
27          var list = <Widget>[];
28
29          /// If it is hiscore add new text
30          if (hi.hasData && hi.data == true) {
31            list.add(Container(
32              padding: pd,
33              child: Text(
34                Lang.of(context)!.t("NewHighScore"),
35                style: ts,
36              )));
37          }
38
```

```
39        list.add(
40          Container(
41            padding: pd,
42            child: Text(
43              Lang.of(context)!.t("GameOver"),
44              style: ts,
45            )),
46        );
47        list.add(Container(
48          padding: pd,
49          child: Text(
50            Lang.of(context)!.t("YourScore") + " $score",
51            style: ts,
52          )));
53        list.add(Expanded(child: chicken));
54        list.add(Container(
55          padding: EdgeInsets.only(top: 10 * sc, bottom: 50 * sc),
56          child: FineButton(
57            onPressed: () {
58              game.startGame();
59              game.initLevel();
60              game.paused = false;
61              Navigator.pushReplacementNamed(context, GamePage.
                  route);
62            },
63            text: Lang.of(context)!.t("PlayAgain"))));
64
65        return Center(
66          child: Column(children: list),
67        );
68      });
69   }
70 }
```

**Listing 7.15:** HiScore.dart

```dart
class HiScore {

  static Future<bool> setHiScore(int score) async {
    final SharedPreferences prefs = await SharedPreferences.
        getInstance();
    int myHiScore = prefs.getInt(prefHiScore) ?? 0;
    await LeaderBoard.setScore(score);
    if (score > myHiScore) {
      await prefs.setInt(prefHiScore, score);
      return true;
    } else {
      return false;
    }
  }
}
```

**Abb. 7.8:** Game Over-Page

### 7.4.8 Die Highscore-Page

Das StatefulWidget LeaderBoardPage(Listing )7.16) zeigt die besten Spieler*innen an. Die Daten davon werden von einem Server geholt. Ab Zeile 17 wird wieder das Layout-Widget gebaut, der Inhalt des Bodys entsteht ab Zeile 25 als FutureBuilder-Widget. Die Future, also die Daten, werden als zweidimensionales String-Array von der Hilfsklasse LeaderBoard (vgl. Listing 7.18, Zeile 3) geholt. Falls keine Daten vorhanden sind oder geladen werden konnten (Zeile 31), wird ein Text angezeigt, „Wait for Loading" oder die entsprechende Übersetzung.

In den Zeilen 36-38 werden Listen für die Spalten erzeugt, die die Rangliste, die Liste für die Scores und die Namen der Spieler aufnehmen sollen. In den Zeilen 40-42 werden die Spaltenkopf-Einträge hineingeschrieben. Anschließend werden in einer Schleife alle Einträge der vom Server stammenden Liste durchnummeriert und eingetragen. Danach wird ab Zeile 53 über einen *ListView.builder*-Aufruf eine Liste generiert. Als Länge der Liste itemCount: wird die Länge der Einträge vom Server angegeben. Der itemBuilder: ist eine Lambda-Funktion, der immer der jeweilige Index, angefangen von 0, mitgegeben wird. Für den aktuellen Index wird eine Row mit den entsprechenden Listen-Einträgen generiert. Die Einträge werden mittels des flex:-Parameters des Expanded-Widgets aufgeteilt: 1 zu 3 der Gesamtbreite (Zeilen 61-63). (vgl. Abb. 7.9).

---

**i** Man kann die Verteilung von Spalten-Layouts mithilfe des flex:-Faktors des Expanded Widgets regeln. Für jedes Expanded in einer Zeile kann man angeben, wieviel Platz es bekommen kann. Gibt man keine Parameter an, werden die Spalten gleichmäßig verteilt.

---

**Listing 7.16:** LeaderBoardPage.dart

```dart
 1  class LeaderBoardPage extends StatefulWidget {
 2
 3    static const String route = '/high_score';
 4    final ChickenGame game;
 5
 6    LeaderBoardPage(this.game);
 7    @override
 8    State<StatefulWidget> createState() {
 9      return LeaderBoardPageState();
10    }
11  }
12
13  class LeaderBoardPageState extends State<LeaderBoardPage> {
14
15    late List<List<String>> scores;
16
```

```
17   Widget build(BuildContext context) {
18     this.widget.game.paused = true;
19     return themed(context, Scaffold(
20         appBar: AppBar(title: Text(Lang.of(context)!.t("HighScore"))),

21         drawer: buildDrawer(context, LeaderBoardPage.route, this.
               widget.game.prefs, this.widget.game),
22         body: _leaderBoard()));
23   }
24
25   FutureBuilder<List<List<String>>> _leaderBoard() {
26
27     return FutureBuilder<List<List<String>>>(
28       future: LeaderBoard.getHiScore(),
29       builder: (BuildContext context, AsyncSnapshot<List<List<String
             >>> snapshot) {
30         scores = snapshot.data!;
31         if (scores.length == 0) {
32           return Container(
33             child: Center( child: Text(Lang.of(context)!.t("
                 WaitForLoading"), ), ),
34           );
35         }
36         List<String> rankList = <String>[];
37         List<String> scoreList = <String>[];
38         List<String> nameList = <String>[];
39         int i = 1;
40         rankList.add(Lang.of(context)!.t("Rank"));
41         scoreList.add(Lang.of(context)!.t("Score"));
42         nameList.add(Lang.of(context)!.t("Name"));
43         scores.forEach((r) {
44           rankList.add("$i");
45           i++;
46           scoreList.add(r[0]);
47           nameList.add(r[1]);
48         });
49         var headerStyle = TextStyle(
50           fontWeight: FontWeight.bold,
51         );
52         return Center(
53           child: ListView.builder(itemCount: nameList.length,
54             itemBuilder: (BuildContext context, int index) {
```

```
55            return Column(children: <Widget>[
56              Divider(color: Colors.white),
57            Padding(
58            padding: const EdgeInsets.only(left: 10.0, right:
                  10.0),
59            child: Row(
60              children: <Widget>[
61                Expanded(child:Text(rankList[index], style:
                      index == 0 ? headerStyle : null), flex: 1,
                      ),
62                Expanded(child: Text(nameList[index], style:
                      index == 0 ? headerStyle : null), flex: 3,)
                      ,
63                Expanded(child: Text(scoreList[index], style:
                      index == 0 ? headerStyle : null), flex: 1,)
                      ,
64              ],
65            ),
66            ),
67            ],);
68          }),
69        );
70      },
71    );
72  }
73 }
```

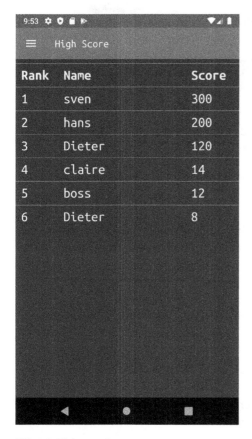

**Abb. 7.9:** Highscore-Page

## 7.5 Server-Abfrage

Auf dem Server werden die Top 100 der Besten aller Spieler verwaltet. Wie der Server
die Daten verwaltet oder implementiert wird, ist zuerst einmal nicht relevant.

### 7.5.1 Client-Seite

Die Methode getHiScore() in Listing 7.18 fragt beim Server nach dem Highscore, indem
ein Script aufgerufen wird. Dieser reagiert auf die HTTP-Get-Anfrage (Zeilen 6-8) und
liefert ein Ergebnis mit durch HTML-Zeilenumbrüche <br> voneinander getrennten
Einträgen mit dem Namen und dem Highscore, jeweils mit einem Komma voneinander

getrennt. Falls die Server-Abfrage nicht möglich ist, wird eine Exception geworfen (Zeile 19), die dann die leere Liste zurückliefert.

Beim Senden der Highscore-Daten an den Server wurde zusätzlich ein Authentifizierungs-Mechanismus mit implementiert. Die Methode setScore(int score) holt sich zuerst einmal den Nutzernamen, der zusammen mit dem High-Score übermittelt wird (Zeilen 26-27). In Zeile 30-33 wird dann aus dem Namen, dem Score und einem geheimen Schlüssel (Zeile 31), der sowohl dem Client als auch dem Server bekannt ist, ein Hashwert gebildet. Falls das Verfahren unklar ist: Wie bereits erwähnt, ein mittels des Sha-256 Algorithmus aus einem String beliebiger Länge gebildeter Hashwert hat immer die gleiche Länge, so dass man aus identischen Strings immer denselben Hashwert bekommt, aber aus dem Hashwert nicht den String zurückrechnen kann, da mehrere Strings den selben Hashwert ergeben können. In den Zeilen 35-37 werden der Name, der Score und der Hashwert als Get-Variablen an den Server übermittelt. Dort wird dann der Hashwert erneut gebildet und verglichen, ob die Werte übereinstimmen. Falls ja, kommt die Anfrage zur Eintragung des neuen Scores vermutlich von dem Client, der den geheimen Hashwert kennt. Dann werden der Score und der Name in die Datenbank geschrieben. Diese Vorgehensweise bietet keinen sicheren Schutz gegen Manipulation, da Angreifer immer das Spiel direkt manipulieren und sogenannte Cheats einbauen könnten, die beispielsweise die Anzahl der Leben beeinflussen. Immerhin bietet diese Vorgehensweise einen gewissen Schutz gegen Manipulation der Daten bei der Übertragung, zumindest wenn man davon ausgeht, dass Angreifer nicht den geheimen Schlüssel aus der App extrahiert haben. Für Android muss man noch in der Datei *AndroidManifest.xml* im Ordner *android/app/src/main* den Internetzugriff erlauben (Zeilen 1 und 3 aus Listing 7.17 ergänzen).

**Listing 7.17:** AndroidManifest.xml

```
1    <uses-permission android:name="android.permission.INTERNET" />
2    <application
3        android:usesCleartextTraffic="true"
4        ...
5        >
```

> **i** HMAC (Hash-based Message Authentication Code) ist eine Art der Authentifizierung mittels eines Hashwertes: Mittels eines Hashing-Verfahrens (hier: SHA256), einer zu übermittelnden Nachricht und einem geheimen Schlüssel, der auf beiden Seiten der Übertragung vorhanden ist, wird ein Hashwert gebildet. Dieser wird zusammen mit der Nachricht übermittelt. Dort wird der Hashwert aus der Nachricht und dem geheimen Schlüssel erneut gebildet. Falls die Hashwerte übereinstimmen, wurde die Nachricht von einer Stelle übermittelt, die auch im Besitz des geheimen Schlüssels ist.

**Listing 7.18:** LeaderBoard.dart

```dart
1  class LeaderBoard {
2
3    static Future<List<List<String>>> getHiScore() async {
4      List<List<String>> scores = [];
5      try {
6        var httpClient = http.Client();
7        var uri = Uri(host: hiScoreServer, scheme: "http", port:
             hiScoreServerPort, query: "q=get");
8        var result = await httpClient.get(uri);
9        print(result.body);
10       List<String> lines = result.body.split("<br>");
11       lines.forEach((s) {
12         print(s);
13         List<String> entry = s.split(",");
14         if (entry.length == 2) {
15           scores.add([entry[1], entry[0]]);
16         }
17       });
18       return scores;
19     } catch (ex) {
20       print("Excepion: $ex");
21       return scores;
22     }
23   }
24
25   static Future<bool> setScore(int score) async {
26     final SharedPreferences prefs = await SharedPreferences.
            getInstance();
27     String userName = prefs.getString('userName') ?? "unnamed";
28     try {
29       var httpClient = http.Client();
30       var key = utf8.encode(leaderBoardSecret);
31       var bytes = utf8.encode('$userName$score');
32       var hmacSha256 = new Hmac(sha256, key);
33       var hash = hmacSha256.convert(bytes).toString();
34
35       Map<String, String> params = {"q":"set", "name":userName, "
            score":"$score", "hash": hash};
36       var uri = Uri(host: hiScoreServer, scheme: "http", port:
            hiScoreServerPort, queryParameters: params);
```

```
37        await httpClient.get(uri);
38        return true;
39      } catch (ex) {
40        print("Excepion: $ex");
41        return false;
42      }
43
44    }
45  }
```

## 7.5.2 Server-Seite

Da die Kommunikation mit dem Server über das HTTP-Protokoll geschieht, ist die Implementierung der Server-Skripte von der verwendeten Technologie unabhängig. Man könnte einen LAMP-Stack verwenden, also ein Linux-Betriebssystem, einen Apache-Webserver (bzw. NGINX), mit MySQL (bzw. MariaDB) als Datenbank und PHP als Skriptsprache verwenden. Man könnte allerdings auch Dart als Skriptsprache einsetzen, was hier beschrieben wird. Listing 7.21 ist die Implementierung unseres Dart-Servers. Er besteht aus zwei Funktionen, einer Funktion, die die Highscore-Liste liefert, und einer Funktion, die einen neuen Highscore-Eintrag erzeugt. Das Skript baut hierzu eine Verbindung zu einer SQL-Datenbank auf. Man benötigt also einen laufenden Datenbank-Server. In Listing 7.19 sieht man das SQL-Script, welches die Datenbank-Tabelle erzeugt. Die Tabelle hat nur drei Spalten: eine Spalte ID, die mit jedem Eintrag fortlaufend erhöht wird, eine Spalte mit Zeichenketten für die Namen der Spieler und einen Eintrag für deren Spielergebnis. Die Verbindungsdaten werden aus der Datei 7.20 gelesen. Die Funktion getConnectionSettings() liefert ein ConnectionSettings-Objekt. Hier trägt man alle Informationen für die SQL-Datenbank-Verbindung ein, also deren Domain oder IP-Adresse, den Port, unter dem der Service verfügbar ist, Benutzername / Passwort und die Datenbank, die man verwenden will. In der Konfigurationsdatei soll man auch den Dart-Server konfigurieren: Zuerst muss man festlegen, über welche Art von Internetadresse der Dart-Server erreichbar sein soll. Das Paket dart:io kann mit IPV4 oder V6-Adressen umgehen. Der Port, über den dann der HTTP-Server erreichbar ist, wird angegeben. Es folgt der Name der Tabelle mit den Highscores, sowie ein geheimer Schlüssel. Dieser muss mit dem geheimen Schlüssel aus der App, also dem Spiel, übereinstimmen.

Den Server kann man über das Kommando dart server.dart starten. Zuvor muss man sichergehen, dass man das Mysql1-Paket und das Crypto-Paket von Dart installiert hat. Auf dem Entwicklungsrechner kann man dies einfach über die globale *pubspec.yaml*-Datei erledigen, indem man unter den dependencies: beziehungsweise den dev_dependencies: das Paket mysql1: ^0.19.0 und crypto: ^3.0.1 mit angibt und dann mit `flutter pub get` installiert. Auf dem Highscore-Server muss man Flutter nicht installieren. Dort wäre es sinnvoll, eine eigene *pubspec.yaml*-Datei anzulegen mit dem erwähnten Eintrag. Dann kann man mit `pub get` über den Standard-Paketmanager von Dart die Bibliothek auch dort installieren.

Die Main-Funktion in Listing 7.21 erzeugt als erstes einen Web-Server. Die Adresse, über die dieser erreichbar ist, ist dann die dem Rechner zugewiesene Adresse und der spezifizierte Port. Mit einem Konsolen-Kommando wie `ipconfig getifaddr en0` unter macOS bzw. Linux kann man die IP-Adresse, die der Rechner und damit auch der Server im LAN-hat, leicht herausfinden. Ab Zeile 3 werden alle Anfragen an den Server behandelt. Je nach Wert des GET-Parameters „q" wird unterschieden, ob Werte gelesen oder geschrieben werden sollen, dann werden die entsprechenden Funktionen aufgerufen. Die Funktion `_foo(HttpRequest request)` ist lediglich eine Test-Funktion, die eine Meldung als HTML-Text ausgibt. Sie dient dazu, den HTTP-Server zu testen. Ab Zeile 18 steht die Funktion `_get(HttpRequest request)`, die die High-Score Liste erzeugt im Quelltext. Diese ist sehr einfach aufgebaut: Zuerst wird der ContentType der Antwort auf HTML-Text mit Unicode-Zeichen gestellt. Danach wird mit den beschriebenen Verbindungsdaten eine Verbindung zum SQL-Server aufgebaut. In Zeile 21 wird dann auf die Antwort einer SQL-Query gewartet. Diese ist eine Liste an Namen und Scores, absteigend geordnet (DESC) nach den Scores. Die Einträge werden kommagetrennt zeilenweise in die Antwort geschrieben und mit einem HTML-Zeilenumbruch `<br>` versehen. Die Verbindung zur Datenbank wird geschlossen und die Anfrage abgesendet.

Die Funktion `_set(HttpRequest request)` hat die Aufgabe, die Scores in die Datenbank zu schreiben. Als Antwort wird nur ein „ok" zurückgegeben. Die HTML-Ausgaben der Funktionen haben hier den Sinn, dass man die HTML-Schnittstelle über den Browser aufrufen kann und eine Rückmeldung bekommt. Dem Aufruf der Funktion werden weitere GET-Parameter mitgegeben: „name", „score" und „hash". Die gesamte Anfrage sieht dann in etwa so aus:
`http://192.168.178.42:8888?q=get&name=John&score=500&hash=...` Wie man sieht, werden die Parameter in den Zeilen 31-33 aus der Anfrage extrahiert. In Zeile 34 bis 37 wird aus dem Namen, dem Score und dem geheimen Schlüssel ein Hashwert mit dem Sha-256 Algorithmus generiert. Dieser wird dann in Zeile 38 mit dem vom Client mitgelieferten Hashwert verglichen. Falls die Werte nicht übereinstimmen, wird die Funktion beendet und der Score nicht in die Datenbank übernommen. Falls ein Angreifer von außerhalb des Clients versucht, einen Score zu übermitteln, so muss er mit Kenntnis des geheimen Schlüssels den korrekten Hashwert bilden können. In Zeile 43 werden alle Zeichen außer Buchstaben und Leerzeichen aus dem Namen entfernt. In Zeile 46 wird dann geprüft, ob der Name und der Score bereits in der Datenbank vorhanden sind. Falls ja, wird die Funktion hier beendet, damit keine doppelten Einträge vorhanden sind. Ansonsten werden dann in Zeile 50 die Daten in die Datenbank geschrieben. Ab Zeile 51 wird dann noch die Anzahl der Einträge überprüft. Falls mehr als 100 Einträge vorhanden sind, werden in Zeile 55 die überschüssigen schlechtesten Score-Einträge aus der Datenbank entfernt.

**¡** Um das Script lokal zu testen, muss man für Dart das „mysql1" und das „crypto"-Paket installieren. Da
der Server der lokale Rechner ist und diese Pakete bereits im pubspec.yaml-File des Projektes stehen,
sollten diese bereits installiert sein, wie erwähnt. Als nächstes benötigt man noch die lokale IP-Adresse
des Entwicklungsrechners. Der Emulator oder das Testgerät kann nämlich sonst keine Verbindung zum
Entwicklungsrechner aufbauen. Localhost, also „127.0.0.1", funktioniert deswegen nicht. Es sollte
eine Adresse der Art „192.168.178.42" sein. Weiter sollte auf dem Entwicklungsrechner dann ein
SQL-Server installiert werden. Bei der Entstehung des Beispiel-Projektes wurde das XAMPP-Paket [30]
verwendet, und zwar die native Version und nicht die Version mit der virtuellen Linux Umgebung (VM),
erkennbar an der Endung „vm.dmg" beim Download. Damit kann man bequem über PHPMyAdmin die
Datenbanktabelle (Listing 7.19) installieren. Man muss lediglich eine Datenbank anlegen (chicken)
und dann über die Importfunktion das SQL hochladen. Es ist zu beachten, dass bei der SQL-Version
von XAMPP das Passwort nicht gesetzt ist, was beim Verbindungsaufbau allerdings gesetzt sein muss.
Man muss also ein Passwort für den Benutzer vergeben (root-root beim Testsystem und dem Beispiel).
Natürlich kann man auch alle möglichen anderen Varianten von Server-Umgebungen zur Entwicklung
nutzen.

**Listing 7.19:** db.sql

```
1   CREATE TABLE `highscores` (
2     `id` int(11) NOT NULL,
3     `username` varchar(30) NOT NULL,
4     `score` int(11) NOT NULL
5   ) ENGINE=InnoDB DEFAULT CHARSET=utf8;
6
7   ALTER TABLE `highscores`
8     ADD PRIMARY KEY (`id`);
9
10  ALTER TABLE `highscores`
11    MODIFY `id` int(11) NOT NULL AUTO_INCREMENT, AUTO_INCREMENT=166;
```

**Listing 7.20:** connectionSettings.dart

```
1   import 'dart:io';
2   import 'package:mysql1/mysql1.dart';
3
4   ConnectionSettings getConnectionSettings() {
5     return new ConnectionSettings(
6       host: '127.0.0.1',
7       port: 8889,
8       user: 'root',
9       password: 'root',
10      db: 'chicken',
11    );
12  }
```

```
13
14  final InternetAddress internetAddress = InternetAddress.anyIPv4;
15  const port = 8888;
16  const highScoreTable = 'highscores';
17  const secret = 'secret';
```

**Listing 7.21:** scores.dart

```
1   Future main() async {
2     var server = await HttpServer.bind(internetAddress, port);
3     await for (HttpRequest request in server) {
4       switch (request.uri.queryParameters['q']) {
5         case 'get': _get(request); break;
6         case 'set': _set(request); break;
7         case 'foo': _foo(request); break;
8       }
9     }
10  }
11
12  void _foo(HttpRequest request) async {
13    request.response.headers.contentType = new ContentType("text", "
          html", charset: "utf-8");
14    request.response.write('It works!');
15    await request.response.close();
16  }
17
18  void _get(HttpRequest request) async {
19    request.response.headers.contentType = new ContentType("text", "
          html", charset: "utf-8");
20    final mySqlConn = await MySqlConnection.connect(
          getConnectionSettings());
21    var results = await mySqlConn.query('select username, score from
          $highScoreTable order by score DESC');
22    for (var row in results) {
23      request.response.write('${row[0]},${row[1]}<br>');
24    }
25    await mySqlConn.close();
26    await request.response.close();
27  }
28
29  void _set(HttpRequest request) async {
```

```
30    request.response.headers.contentType = new ContentType("text", "
         html", charset: "utf-8");
31    String name = request.uri.queryParameters['name']!;
32    String score = request.uri.queryParameters['score']!;
33    String hashv = request.uri.queryParameters['hash']!;
34    var key = utf8.encode(secret);
35    var bytes = utf8.encode('$name$score');
36    var hmacSha256 = new Hmac(sha256, key);
37    var testHash = hmacSha256.convert(bytes).toString();
38    if (testHash != hashv) {
39      request.response.write('err');
40      await request.response.close();
41      return;
42    }
43    name = name.replaceAll(new RegExp("[^A-Za-z ]+"), "");
44    var tstr = "select * from $highScoreTable where username=? and
         score=? limit 1";
45    final mySqlConn = await MySqlConnection.connect(
         getConnectionSettings());
46    var result = await mySqlConn.query(tstr, [name, score]);
47    if (result.length > 0) return;
48
49        var qstr = "insert into $highScoreTable values (NULL,? ,? )";

50        await mySqlConn.query(qstr, [name, score]);
51    result = await mySqlConn.query("select count(*) from
         $highScoreTable");
52        var toDelete = result.length - 100;
53
54        if (toDelete > 0) {
55            await mySqlConn.query("delete from $highScoreTable order
               by score asc limit ?", [toDelete]);
56        }
57
58    request.response.write('ok');
59    await mySqlConn.close();
60    await request.response.close();
61  }
```

## 7.6 Die Spiele-Logik

Bisher wurden alle Seiten der App erklärt, bis auf die eigentliche Seite mit dem Spiel. Dieses ist in einzelne Klassen für die Spieleelemente unterteilt. Die Programmierlogik wurde zwar mit Flutter und Dart umgesetzt, jedoch könnte man eine solche Spiele-Logik mit vielen anderen Sprachen und Frameworks so realisieren. Trotzdem gibt es die eine oder andere Dart- oder Flutter- Spezialität. Zudem ist das Projekt ein gutes Beispiel dafür, wie man komplexere Projekte mit diesen Technologien realisieren kann. Zwei Screenshots aus zwei verschiedenen Leveln sieht man in Abbildung 7.10.

### 7.6.1 Die Spiele-Seite

Zunächst gibt es wieder ein Widget, welches das eigentliche Spiel enthält, siehe den Code in Listing 7.22. Die Seite ist ein *StatelessWidget* und hat wieder einen String für die Route (Zeile 3). Dem Konstruktor wird eine Instanz für das Spiel aus der Main-Methode mitgegeben. Es gibt nur eine Instanz für das Spiel. Hier wird es initialisiert. Dann wird das Widget des Spiels von der Build-Methode zurückgegeben.

**Listing 7.22:** GamePage.dart

```dart
1  class GamePage extends StatelessWidget {
2    static late Size dimensions;
3    static const String route = '/game';
4    final ChickenGame chickenGame;
5
6    GamePage(this.chickenGame);
7
8    Widget build(BuildContext context) {
9      dimensions = MediaQuery.of(context).size;
10     chickenGame.initialize(dimensions, context);
11     return GameWidget(game: chickenGame);
12   }
13 }
```

### 7.6.2 Das Chicken-Game

In Listing 7.23 sieht man die umfangreiche Implementierung für das eigentliche Spiel. Diese verwendet ein *TapDetector* Mixin, damit das Spiel auf die Berührungen mit dem Finger reagieren kann. Zunächst sieht man die Instanz-Variablen, die benötigt werden. Es gibt hier eine Variable für das Huhn, also die Spielfigur selbst, die vom Benutzer gesteuert wird. Dann eine Variable für das Labyrinth, in dem sich alles abspielt. Dann

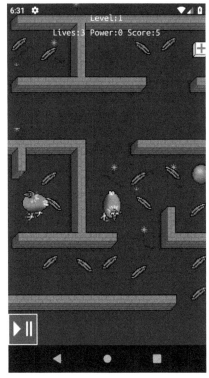 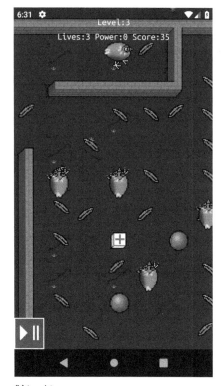

(a) Level 1          (b) Level 3

**Abb. 7.10:** Spiele-Levels

folgt eine Variable für das Bild, welches als Grafik für den Pause-Button dient. Zwei Variablen, die nötig sind, um die Funktion einer Pause wegen dem Wechsel des Levels oder wegen dem Verlust eines Lebens zu realisieren. Die Pause ist hier fest auf 800 Millisekunden festgelegt worden. Dann folgt die Logik, um das Spiel komplett zu pausieren: Ein Setter (Zeile 12) setzt nicht nur eine Bool-Variable auf den entsprechenden Wert, sondern stoppt oder startet auch die Hintergrundmusik. Der Getter gibt den Pause-Zustand zurück. Solche Pausen treten auf, wenn Werbung eingeblendet wird oder wenn die App im Hintergrund des Betriebssystems läuft. Flutter bietet ebenfalls Unterstützung für die Reaktion auf eine Änderung des Lifecycles wie es bei der Android-App Programmierung üblich ist (vgl.[7]). Das Mixin *WidgetsBindingObserver* macht dies möglich. Es ist bereits in einer Superklasse des Spiels integriert, in Zeile 40 wird die Methode lifecycleStateChange(AppLifecycleState state) überschrieben. Bei einer Änderung des globalen States der App wird diese aktiviert. Dort wird der Setter paused auf false gesetzt, wenn das Spiel nicht läuft.

    Bei den Variablen folgen noch weitere Deklarationen, so eine Variable *direction*, die die globale Bewegungsrichtung der Hauptfigur angibt. Dann eine Variable textitinputHandler, die ein InputHandler-Objekt erzeugt, die Instanz einer Hilfsklasse, welche bei Eingabe mit dem Finger eine Aktion auslöst. Dort ist die Spielelogik implementiert (siehe Abschnitt 7.6.3).

Es folgt in Zeile 30 eine Variable mit der Liste der feindlichen Hühner. Weiter folgt eine Variable *screenTileDimensions*, die die Anzahl der Kacheln, die auf den tatsächlichen Bildschirm passen, enthält. Dann folgt die Variable für den Punktestand *score*. Die Kachel-Position, an dem das Huhn bei Tod wieder auftaucht, wird in der Variable *spawnPos* gemerkt. Dann folgen noch: eine Variable für die Levelnummer *level*, der Flutter-Kontext *kontext*, der lokale App-Speicher *prefs* und der Skalierungsfaktor *scaleFactor*, abhängig vom Gerät.

Im Konstruktor ab Zeile 44 werden die Variablen initialisiert: Mitgegeben werden dem Konstruktor die Abmessungen des Screens und der Kontext. Die Google Ads werden initialisiert. Das Spiel wird erst mal pausiert, solange es noch nicht gestartet wurde, die Bilder werden geladen, der Pause-Button und die Level-Nummer werden initialisiert.

---

Der Lifecycle der App muss extra verwaltet werden:

Die Methode `lifecycleStateChange(AppLifecycleState state)` des *WidgetsBindingObserver*-Mixins ist dafür zuständig. Man muss darauf achten, dass die App nicht im Hintergrund weiterläuft, wenn der / die Nutzer*In die App wechselt. Dies könnte zu Performance-Problemen führen und auch ein Spiel einfach ohne Steuerung weiter ausführen. Auch würde Musik im Hintergrund weiterlaufen. Es gibt natürlich Anwendungen, bei denen es sinnvoll ist, im Hintergrund Dinge durchzuführen, beispielsweise Geo-Tracking.

---

Bei der Initialisierung (Zeile 57) wird der Skalierungsfaktor bestimmt, ein Erfahrungswert; es wird von einer optimalen Auflösung für Vintage-Computer von 320 horizontalen Pixeln ausgegangen und dann mit der aktuellen Breite verrechnet und dann nochmals um die Hälfte vergrößert. Auch bei Tablets ergibt sich so eine gute Skalierung. Dann wird der Wert für die *screenTileDimensions* bestimmt. In die Berechnung fließen die erwähnte Skalierung sowie die Bildschirmgröße und die Rasterweite einer Kachel mit ein. Die Methode `startGame()` (Zeile 69) startet das Spiel von vorne, der Level wird auf 1 und der Punktestand auf 0 gesetzt. Eine neue Spielfigur wird angelegt. Die Bewegungsrichtung erstmal auf keine Bewegung gesetzt. Der Pause-Schalter wird dann ausgeschaltet. Die Methode `initLevel()` (Zeile 76) setzt die erste Rücksetz-Position des Huhns auf die Position x:1 und y:0, das ist immer in jedem Level die Startposition. Ein Labyrinth wird erzeugt, und, ausgehend vom Labyrinth des aktuellen Levels, alle Feinde erzeugt, die im Level an entsprechenden Positionen vorgesehen sind. Der *InputHandler* wird erzeugt, dann wird noch die Musik gestartet. `restartLevel()` (Zeile 87) startet den Level neu, wenn ein Leben des Huhns verlorengegangen ist. Die aktuelle Bewegungsrichtung desselben wird auf „*none*" gesetzt, die Pause-Seite eingeblendet, da paused auf true gesetzt wird. Anschließend wird ein Timer gesetzt, der nach Ablauf der Pause-Zeit eine Werbung einblendet. In Zeile 99 beginnt der Game-Loop. Hierzu wird von *BaseGame* die Methode render(Canvas canvas) überschrieben. Als erstes wird hier die Zeichenfläche auf die für das Gerät richtige Skalierung angepasst. Dann wird geprüft, ob das Spiel wegen des Level-Wechsels oder des Verlusts des Lebens pausiert wurde. Falls ja, wird die Pause-Einblendung gezeigt und die Render-Schleife beendet. Danach wird geprüft, ob eine Werbung gezeigt werden soll, oder ob das Labyrinth noch nicht bereit ist, hier wird die Methode ebenfalls gleich beendet.

In Zeile 112 wird dann das Labyrinth an die Position in den Bereich geschoben, an dem sich das Huhn befindet. Die Bewegung der Spielfigur ist eine Mischung aus Bewegung über den Screen und eine Bewegung des Hintergrunds. Danach wird das Labyrinth gerendert. Ab Zeile 114 geht es um die Feinde: Für jeden einzelnen Feind wird verglichen, ob er noch lebt und ob er auf derselben Position wie das Huhn ist. Falls dieses Power-Punkte hat, wird der Feind getötet, und ein Power-Punkt wird weggenommen. Falls nicht, wird ein Leben vom Huhn abgezogen. Falls es noch verbleibende Leben hat, werden das Huhn und dessen Feinde auf ihre Anfangspositionen zurückgesetzt und der Level neu gestartet. Die Feinde werden durch Aufruf der Methode update() bewegt und danach gezeichnet. Nach der Iteration aller Feinde wird geprüft, ob das Huhn am Ausgang des Labyrinths angekommen ist. Der Ausgang wird nicht besonders für jeden Level festgelegt, sondern ist immer unten rechts, wobei rechts vom Huhn immer eine Mauer ist (siehe Zeile 138). Es wird dann die Nummer des Levels erhöht. Falls alle Level dann bereits durchgespielt wurden, beginnt das Spiel wieder von vorn, wobei der Score und die Leben nicht zurückgesetzt werden. Dann wird der Koordinatenursprung mittels canvas.restore() zurück auf den Nullpunkt gesetzt, das ist wichtig, damit man die Anzeigen des Spiels noch auf den Bildschirm zeichnen kann und damit bei einem erneuten Durchlauf der Game-Loop wieder vom Nullpunkt aus verschoben wird. Außerdem soll der Eindruck entstehen, dass sich das Huhn durch das Labyrinth bewegt, indem der Hintergrund mit dem Labyrinth und allen darin befindlichen Objekten, auch den Feinden, verschoben wird. Das Huhn selbst soll immer auf dem Screen sichtbar sein und nie den Bildschirm-Bereich verlassen. So wird erst hier das Huhn aktualisiert und gezeichnet.

---

**i** Man kann Positionen auf der Canvas-Zeichenfläche absolut bestimmen, man kann allerdings die Zeichenfläche auch mit .translate(...) verschieben und skalieren mit .scale(...). Den Ausgangszustand kann man dann mit .restore() wiederherstellen.

---

Ab Zeile 152 wird dann die Spiele-Anzeige erzeugt. Her werden zwei *TextPainter*-Objekte, mit den globalen Text-Einstellungen, der korrekten Skalierung und der richtigen Übersetzung des Textes und den aktuellen Werten für Level, Leben und Power mittig oben an den Bildschirm gezeichnet. In der Methode showPause(Canvas canvas) ab Zeile 168 ist lediglich das umfangreiche Zeichnen der textuellen Information der Spiele-Pause ausgelagert. Hier werden nur der Level und die Leben angezeigt. Im Übrigen gibt es den Pause-Zustand, der bei Level-Wechsel und bei Verlust eines Lebens eintritt, welcher hier gezeichnet wird. Die Pause-Seite als Widget ist die Extra-Seite, die eingeblendet wird, falls man den Pause-Button drückt, und wurde in Abschnitt 7.4.6 bereits behandelt.

Die Methode onTapDown(TapDownDetails evt) wird vom *TapDetector*-Mixin aufgerufen, wenn der Screen berührt wird. Falls die Berührung im Bereich des Bildes für den Pause-Button liegt, wird die Pause-Seite (das Widget) eingeblendet. Ansonsten werden die Koordinaten des Berührungspunktes an den *InputHandler* weitergegeben, der sich um die weitere Behandlung des Events im laufenden Spiel kümmert (vgl. Listing 7.24).

Am Ende der Klasse steht noch die von BaseGame überschriebene Methode update(double t). Diese wird automatisch in jedem Frame aufgerufen. Hier wird geprüft, ob das Spiel zu Ende ist. Falls ja, wird pausiert und danach die Game-Over Seite angezeigt.

**Listing 7.23:** ChickenGame.dart

```
1  class ChickenGame extends BaseGame with TapDetector {
2
3    late Size _dimensions;
4    late Chicken chicken;
5    late Maze maze;
6    late var pauseImage;
7    late Timer _pauseTimer;
8    late bool _timerPaused;
9    bool _loaded;
10   static const pauseMillis = 800;
11
12   set paused(bool p) {
13     if (p != _paused) {
14       if (p) {
15         AssetLoader.stopMusic();
16       } else {
17         AssetLoader.startMusic();
18       }
19     }
20     _paused = p;
21   }
22
23   bool get paused {
24     return _paused;
25   }
26
27   bool _paused = true;
28   late Direction direction;
29   late InputHandler inputHandler;
```

```dart
30    late List<Enemy> enemies;
31    late Vect2<int> screenTileDimensions;
32    late int score;
33    late Vect2<int> spawnPos;
34    late int level;
35    late BuildContext context;
36    late SharedPreferences prefs;
37    late double scaleFactor;
38
39    @override
40    void lifecycleStateChange(AppLifecycleState state) {
41      paused = state.index != AppLifecycleState.resumed.index;
42    }
43
44    ChickenGame(this.prefs) : _loaded = false, _timerPaused = false {
45      Ads.init(this);
46      AssetLoader.initMusic();
47      this.paused = true;
48      AssetLoader.loadAll().then((value) {
49        pauseImage = AssetLoader.pauseImage;
50        level = 1;
51        score = 0;
52        chicken = Chicken(this);
53        _loaded = true;
54      });
55    }
56
57    void initialize(Size dimensions, BuildContext context) {
58      _dimensions = dimensions;
59      this.context = context;
60      scaleFactor = this._dimensions.width / 320.0 * 1.5;
61      screenTileDimensions = Vect2<int>(
62          (this._dimensions.width / (raster * scaleFactor)).floor(),
63          (this._dimensions.height / (raster * scaleFactor)).floor());
64      initLevel();
65      direction = Direction.none;
66      paused = false;
67    }
68
69    void startGame() {
70      chicken.lives = 3;
71      chicken.canKill = 0;
```

```
72     direction = Direction.none;
73     paused = false;
74   }
75
76   void initLevel() {
77     spawnPos = Vect2<int>(1, 0);
78     chicken.initPos(spawnPos.x, spawnPos.y);
79     maze = Maze(this, screenTileDimensions);
80     enemies = <Enemy>[];
81     maze.getEnemyPositions.then((epos) {
82       epos.forEach((p) => enemies.add(Enemy(this, p.x, p.y)));
83     });
84     inputHandler = InputHandler(this, maze, chicken);
85   }
86
87   void restartLevel() {
88     paused = true;
89     direction = Direction.none;
90     _timerPaused = true;
91     _pauseTimer = Timer(Duration(milliseconds: pauseMillis), () {
92       _timerPaused = false;
93       Ads.ad();
94     });
95   }
96
97   /// Game loop
98   @override
99   void render(Canvas canvas) {
100    super.render(canvas);
101    if (!_loaded) return;
102    canvas.scale(scaleFactor);
103    if (paused) {
104      showPause(canvas);
105      return;
106    }
107    if (!maze.initialized || _timerPaused) {
108      return;
109    }
110    var col = Paint()..color = Color(0xff004800);
111    canvas.drawPaint(col);
112    canvas.translate(maze.bgrPos.x, maze.bgrPos.y);
113    maze.render(canvas);
```

```
114    for (var e in enemies) {
115      if (!e.isKilled && e.mapPos == chicken.mapPos) {
116        if (chicken.canKill > 0) {
117          //Kill enemy!
118          e.isKilled = true;
119          chicken.canKill--;
120          continue;
121        }
122        // Hit by enemy
123        AssetLoader.cry();
124        chicken.lives--;
125        // More lives left?
126        if (chicken.lives > 0) {
127          //Reset chicken and enemies to pos
128          chicken.beamToPos(spawnPos.x, spawnPos.y);
129          enemies.forEach((e) => e.initPos(e.initialPos.x, e.
                 initialPos.y));
130          restartLevel();
131        }
132        break;
133      }
134      e.update();
135      e.render(canvas);
136    }
137    //Check if next level?
138    if (maze.tileDimensions.x - 2 == chicken.mapPos.x &&
139        maze.tileDimensions.y - 1 == chicken.mapPos.y) {
140      level++;
141      // If end then repeat
142      if (level > maxLevel) level = 1;
143      initLevel();
144      restartLevel();
145    }
146    canvas.restore();
147    canvas.scale(scaleFactor);
148    chicken.update(direction);
149    chicken.render(canvas);
150
151    //Render Text and Button
152    TextPainter ltxt = gameTextConf(context, scaleFactor)
153        .toTextPainter("${Lang.of(this.context)!.t('Level')}:${this.
                 level}");
```

```
154    ltxt.paint(
155        canvas,
156        Offset((_dimensions.width / scaleFactor) / 2 - ltxt.width / 2,

157            10.0)); // position
158    TextPainter txt = gameTextConf(context, scaleFactor).
           toTextPainter(
159        "${Lang.of(this.context)!.t('Lives')}:${chicken.lives} ${Lang.
               of(this.context)!.t('Power')}:${chicken.canKill} ${Lang.
               of(this.context)!.t('Score')}:$score");
160    txt.paint(
161        canvas,
162        Offset((_dimensions.width / scaleFactor) / 2 - txt.width / 2,
163            10.0 + ltxt.height * 1.5)); // position
164    canvas.drawImage(pauseImage,
165        Offset(0.0, this._dimensions.height / scaleFactor - raster),
               Paint());
166  }
167
168  void showPause(Canvas canvas) {
169    TextPainter ltxt = gameTextConf(context, scaleFactor)
170        .toTextPainter("${Lang.of(this.context)!.t('Level')}: ${this.
               level}");
171    TextPainter ctxt = gameTextConf(context, scaleFactor).
           toTextPainter(
172        "${Lang.of(this.context)!.t('Lives')}: ${this.chicken.lives}")
           ;
173    TextPainter txt = gameTextConf(context, scaleFactor)
174        .toTextPainter("${Lang.of(this.context)!.t('BitteWarten')}");
175    ltxt.paint(
176        canvas,
177        Offset(
178            (_dimensions.width / scaleFactor) / 2 - ltxt.width / 2,
179            (_dimensions.height / scaleFactor) / 2 -
180                ltxt.height / 2 -
181                ctxt.height * 2)); // position
182    ctxt.paint(
183        canvas,
184        Offset(
185            (_dimensions.width / scaleFactor) / 2 - ctxt.width / 2,
186            (_dimensions.height / scaleFactor) / 2 -
187                ctxt.height / 2)); // position
```

```
188    txt.paint(
189        canvas,
190        Offset(
191            (_dimensions.width / scaleFactor) / 2 - txt.width / 2,
192            (_dimensions.height / scaleFactor) / 2 -
193                txt.height / 2 +
194                ctxt.height * 2)); // position
195    }
196
197    @override
198    void onTapDown(TapDownDetails evt) {
199      if (!_loaded) return;
200      var xp = evt.globalPosition.dx;
201      var yp = evt.globalPosition.dy;
202      if (paused || !maze.initialized) return;
203      if (xp < raster * scaleFactor &&
204          yp > this._dimensions.height - raster * scaleFactor) {
205        // Pause
206        this.paused = true;
207        Navigator.pushReplacementNamed(context, PausePage.route);
208      } else {
209        inputHandler.touched(xp, yp);
210        print("Chicken: ${chicken.mapPos.x}, ${chicken.mapPos.y}");
211      }
212    }
213
214    @override
215    void update(double t) {
216      super.update(t);
217      if (!_loaded) return;
218      if (!paused && chicken.lives <= 0) {
219        paused = true;
220        this._timerPaused = true;
221        this._pauseTimer = Timer(Duration(milliseconds: pauseMillis),
222            () {
223          _timerPaused = false;
224          Navigator.of(context).pushReplacementNamed(GameOverPage.route)
                ;
225        });
226      }
227    }
   }
```

### 7.6.3 Der Inputhandler

In Listing 7.24 steht der Code für den *InputHandler*, dieser verarbeitet die Touch-Events für das laufende Spiel. Die Methode `touched(double xp, double yp)` ab Zeile 103 nimmt die Position des Fingers am Screen entgegen. Zuerst werden die tatsächlichen Koordinaten des Huhns auf dem Screen errechnet und dann der Abstand zur Fingerposition bestimmt. Wenn der Absolutbetrag des horizontalen Abstands größer ist als der des vertikalen Abstands, ist der Finger also eher in einer horizontalen Position zum Huhn. Nun wird noch entschieden, ob der Abstand positiv oder negativ ist, also ob der Finger rechts oder links vom Huhn war. Die geschützte Methode `_moveDir(Direction dir)` wird dann mit dem Wert Direction.left oder Direction.right aufgerufen. Analog hierzu werden die vertikalen Richtungen bestimmt.

In der erwähnten Methode ab Zeile 9 wird zuerst geprüft, ob bereits eine Bewegung stattfindet. Falls ja, wird die Ausführung der Methode abgebrochen. Ansonsten wird für jede Bewegungsrichtung, angefangen mit „Direction.up", ermittelt, ob die nächste Position ein Hindernis ist. Falls ja, wird geprüft, ob das Huhn noch Kraft-Pillen hat (*canKill*) und ob das Hindernis eine Wand ist, die man öffnen kann. Wenn dies zutrifft, wird die Wand geöffnet, indem die Tile-Id um eins erhöht wird, das ist dann die Kachel mit dem Bild der offenen Wand. Das Huhn gackert, und die Methode ist beendet. Falls sich kein Hindernis an der nächsten Position befindet, wird die Animation des Chickens um eine Phase verändert und die Bewegungsrichtung des gesamten Spiels auf die entsprechende Richtung eingestellt. Dann wird noch entschieden, ob sich das Huhn oder der Hintergrund bewegen soll: Um das Spiel dynamischer wirken zu lassen, soll das Huhn nicht nur in der Mitte des Screens festgenagelt sein, sondern sich über den Screen bewegen.

Erst wenn es an den Rand kommt, soll sich der Hintergrund anstatt des Huhns bewegen. Wenn man das Huhn in die entgegengesetzte Richtung navigiert, soll es dann bis an den gegenüberliegenden Rand über den Screen laufen, erst dann wird wieder der Hintergrund in die andere Richtung bewegt. Zusätzlich ist hier zu berücksichtigen, dass man vor das Huhn mit dem Finger tippen muss, um es in die gewünschte Richtung zu lenken. Wenn das Huhn aber am Rand ist, kann man es nicht mehr in die Richtung des Randes navigieren. Deswegen wird bereits, wenn das Huhn drei oder zwei Kacheln vor dem Rand ist, der Hintergrund anstatt des Huhns bewegt. So passt immer noch ein Finger zwischen Huhn und Rand. Da die Mobilgeräte höher als breit sind (im Portrait-Modus), geschieht dies bei vertikalen Bewegungen schon drei Kacheln vorher, bei horizontalen Bewegungen erst zwei Kacheln vorher (vgl. Zeile 26-30).

**Listing 7.24:** InputHandler.dart

```dart
class InputHandler {
  ChickenGame game;
  Maze maze;
  Chicken chicken;

  InputHandler(this.game, this.maze, this.chicken);

  void _moveDir(Direction dir) {
    if (game.direction != Direction.none) return; // is already
        moving
    if (dir == Direction.up) {
      if (maze.isObstacle(chicken.mapPos.x, chicken.mapPos.y - 1)) {
        //Make a hole?
        Tile tile =
            maze.getTileFromLayer(0, chicken.mapPos.x, chicken.mapPos.
              y - 1);
        if (chicken.canKill > 0 && tile.tileId == passageClosed[0]) {
          chicken.canKill--;
          tile.tileId = passageOpened[0];
          tile.gid = tile.tileId + 1;
        }
        chicken.sound();
        return;
      }
      chicken.currentAnimation.update(1);
      game.direction = Direction.up;
      // is chicken not at top edge?
      if (chicken.screenPos.y > 3) {
        chicken.move(Direction.up);
      } else if (maze.bgrTilePos.y < 3) {
        maze.moveTileMap(Direction.down);
      }
    }
    if (dir == Direction.down) {
      if (maze.isObstacle(chicken.mapPos.x, chicken.mapPos.y + 1)) {
        //Make a hole?
        Tile tile =
            maze.getTileFromLayer(0, chicken.mapPos.x, chicken.mapPos.
              y + 1);
        if (chicken.canKill > 0 && tile.tileId == passageClosed[0]) {
```

```
38        chicken.canKill--;
39        tile.tileId = passageOpened[0];
40        tile.gid = tile.tileId + 1; //id!= gid
41      }
42      chicken.sound();
43      return;
44    }
45    chicken.currentAnimation.update(1);
46    // is chicken not at bottom edge?
47    game.direction = Direction.down;
48    if (chicken.screenPos.y < maze.screenTileDimensions.y - 4) {
49      chicken.move(Direction.down);
50    } else if (maze.bgrTilePos.y >
51        -maze.tileDimensions.y - 3 + maze.screenTileDimensions.y) {
52      maze.moveTileMap(Direction.up);
53    }
54  }
55  if (dir == Direction.left) {
56    if (maze.isObstacle(chicken.mapPos.x - 1, chicken.mapPos.y)) {
57      //Make a hole?
58      Tile tile =
59          maze.getTileFromLayer(0, chicken.mapPos.x - 1, chicken.
              mapPos.y);
60      if (chicken.canKill > 0 && tile.tileId == passageClosed[1]) {
61        chicken.canKill--;
62        tile.tileId = passageOpened[1];
63        tile.gid = tile.tileId + 1;
64      }
65      chicken.sound();
66      return;
67    }
68    chicken.currentAnimation.update(1);
69    game.direction = Direction.left;
70    // is chicken not at left edge?
71    if (chicken.screenPos.x > 2) {
72      chicken.move(Direction.left);
73    } else if (maze.bgrTilePos.x < 2) {
74      maze.moveTileMap(Direction.right);
75    }
76  }
77
78  if (dir == Direction.right) {
```

```
79      if (maze.isObstacle(chicken.mapPos.x + 1, chicken.mapPos.y)) {
80        //Make a hole?
81        Tile tile =
82            maze.getTileFromLayer(0, chicken.mapPos.x + 1, chicken.
                mapPos.y);
83        if (chicken.canKill > 0 && tile.tileId == passageClosed[1]) {
84          chicken.canKill--;
85          tile.tileId = passageOpened[1];
86          tile.gid = tile.tileId + 1;
87        }
88        chicken.sound();
89        return;
90      }
91      chicken.currentAnimation.update(1);
92      game.direction = Direction.right;
93      // is chicken not at right edge?
94      if (chicken.screenPos.x < maze.screenTileDimensions.x - 3) {
95        chicken.move(Direction.right);
96      } else if (maze.bgrTilePos.x >
97          -maze.tileDimensions.x - 2 + maze.screenTileDimensions.x) {
98        maze.moveTileMap(Direction.left);
99      }
100   }
101 }
102
103 void touched(double xp, double yp) {
104   var centerX = chicken.screenPos.x * raster * game.scaleFactor +
105       raster * game.scaleFactor / 2;
106   var centerY = chicken.screenPos.y * raster * game.scaleFactor +
107       raster * game.scaleFactor / 2;
108   var dX = xp - centerX;
109   var dY = yp - centerY;
110   if (dX.abs() > dY.abs()) {
111     //Horizontal
112     if (dX > 0) {
113       // R
114       _moveDir(Direction.right);
115     } else {
116       // L
117       _moveDir(Direction.left);
118     }
119   } else {
```

```
120      // Vertical
121      if (dY > 0) {
122          // D
123          _moveDir(Direction.down);
124      } else {
125          // U
126          _moveDir(Direction.up);
127      }
128    }
129    maze.tiles.generate(); // Update Map
130  }
131 }
```

### 7.6.4 Die Spielfiguren

Neben dem Labyrinth mit seinen Hindernissen und Gegenständen gibt es noch die
Wesen, die sich darin bewegen. Das sind das Huhn und seine Feinde. Beide erben
von einer abstrakten Superklasse *Animal*. Diese beschreibt die Fähigkeiten und Eigenschaften, die beide Arten von Wesen gemeinsam haben. In Listing 7.25 kann man
diese nachlesen: Beide Wesen besitzen Animationen für die Bewegungen in die vier
Himmelsrichtungen sowie eine Animation für das Stehen. Sie haben eine Methode
initPos(int x, int y), bei der man die Anfangsposition im Labyrinth festlegen kann.
Dort werden mehrere Variablen für Positionen initialisiert: *mapPos*, ein Vektor mit
ganzen Zahlen, der die Kachel-Position auf der Map festlegt, *screenPos*, ebenfalls ein
Integer-Vektor für die Kachelposition am Bildschirm, *pos*, ein Vektor für die tatsäch-
liche Position am Bildschirm in Pixeln und *targetPos*, ein Vektor für die Zielposition
in Pixeln. Diese Variablen sind nötig, da es einen weichen Übergang zwischen zwei
Kachel-Positionen geben soll. Beide haben eine Methode render(Canvas canvas),
um die Sprites des aktuellen Frames der gerade aktiven Animation zu zeichnen. Die
gemeinsame Methode move(Direction dir) legt die neuen aktuellen Positionen und
die Zielpositionen (Kacheln und Pixel auf Screen und Map) fest. Wie die Bewegung
in den Subklassen genau funktioniert, muss in der zu implementierenden (hier abstrakten) Methode void update([Direction direction]) separat geregelt werden.
Man kann hier optional eine Richtung vorgeben. Beim Huhn ist dies nötig, da es von
den Spieler*innen gesteuert wird, beim Feind nicht, da dieser selbst entscheiden soll,
wohin er sich wendet. Schließlich gibt es noch eine abstrakte Methode void sound(),
die beiden Figuren die Möglichkeit gibt, ein Geräusch zu machen.

**Listing 7.25:** Animal.dart

```
1   abstract class Animal {
2     SpriteAnimation animationRight;
3     SpriteAnimation animationLeft;
4     SpriteAnimation animationUp;
5     SpriteAnimation animationDown;
6     SpriteAnimation animationIdle;
7     late SpriteAnimation currentAnimation;
8
9     late Vect2<double> pos;
10    late Vect2<int> screenPos;
11    late Vect2<double> targetPos;
12    late Vect2<int> mapPos;
13    ChickenGame game;
14
15    Animal(this.game,
16        {required this.mapPos,
17         required this.animationLeft,
18         required this.animationRight,
19         required this.animationUp,
20         required this.animationDown,
21         required this.animationIdle}) {
22      initPos(1, 0);
23      currentAnimation = animationIdle;
24    }
25
26    void initPos(int x, int y) {
27      mapPos = Vect2<int>(x, y);
28      targetPos = Vect2<double>(raster * mapPos.x, raster * mapPos.y);
29      screenPos = Vect2<int>(mapPos.x, mapPos.y);
30      pos = Vect2<double>(targetPos.x, targetPos.y);
31    }
32
33    void render(Canvas canvas) {
34      //Render Animal
35      if (currentAnimation == animationIdle) {
36        currentAnimation.update(0.1);
37      }
38      currentAnimation
39          .getSprite()
40          .render(canvas, position: Vector2(pos.x, pos.y));
```

```
41     }
42
43     void move(Direction dir) {
44       int xp = 0;
45       int yp = 0;
46       switch (dir) {
47         case Direction.left:
48           xp = -1;
49           break;
50         case Direction.right:
51           xp = 1;
52           break;
53         case Direction.up:
54           yp = -1;
55           break;
56         case Direction.down:
57           yp = 1;
58           break;
59         case Direction.none:
60           xp = 0;
61           yp = 0;
62           break;
63       }
64       targetPos.x += xp * raster;
65       targetPos.y += yp * raster;
66       screenPos.add(xp, yp);
67       mapPos.add(xp, yp);
68     }
69
70     // Abstract
71
72     void update([Direction direction]);
73
74     void sound();
75   }
```

### 7.6.5 Das Chicken

Das Chicken ist eine Subklasse von Animal, siehe Listing 7.26. Im Konstruktor werden zuerst alle Animationen initialisiert, die Leben zu Beginn des Spiels fest auf drei gesetzt und die Superkraft auf den Wert 0 (*canKill*). Die Methode beamToPos(int x, int y) setzt das Huhn auf eine beliebige Position. Dies ist wichtig, wenn das Huhn über einen sogenannten „respawn"-Punkt gelaufen ist. Dann kann das Huhn an diesem Punkt wiedererscheinen, wenn es getötet wurde und noch Leben hat. Zuerst wird der Mittelpunkt der Screen-Kacheln ermittelt, gerundet auf eine ganze Zahl. Diese Position dient dann als Mittelpunkt auf dem Screen. Dann wird die Bewegung auf *none* gesetzt. Die Position im Labyrinth wird dann um die negierte gewünschte Position der Parameter-Variablen verschoben (Zeile 26).

Die umfangreiche Methode update([Direction direction = Direction.none]) (an Zeile 33) ist die Steuerungs-Logik des Huhns. Hier passiert folgendes, um die jeweilige gewünschte Richtung einzuschlagen: die entsprechende Richtungs-Animation (mit Fuß links / rechts) wird als aktuelle Animation genommen. Wenn das Huhn noch nicht an der Zielposition angekommen ist, folgt die Bewegung in diese Richtung, mit einer konstanten Geschwindigkeit. Auch der Hintergrund, hier das Labyrinth, wird entgegengesetzt bewegt, falls dieser noch bewegt werden muss. Wenn das Huhn und der Hintergrund allerdings an den Positionen angekommen sind, wird die Bewegungsrichtung des Spiels auf none gesetzt, die Tu-Nichts Animation (idle(), Zeile 81) in zwei Sekunden ab Ende der Bewegung gestartet und getestet, ob an der Position ein Korn liegt. Falls ja, frisst das Huhn es. Dies ist für alle vier Richtungen zu prüfen. Man beachte, dass die globale Bewegungsrichtung vom *InputHandler* (7.6.3) festgelegt und nur dann geändert wird, wenn eine Bewegung zu Ende geführt wurde und die globale Spiele-Richtung (game.direction) *none* ist. Die Methode selbst wird im Game-Loop (vgl. Abschnitt 7.6.2) mit der globalen Spiele-Richtung aufgerufen. So wird immer eine weiche Animation zwischen den Kachelpositionen bis zum Ziel durchgeführt.

**Listing 7.26:** Chicken.dart

```
1   class Chicken extends Animal {
2     Chicken(ChickenGame game)
3         : super(game,
4             mapPos: Vect2<int>(1, 0),
5             animationLeft: AssetLoader.chickenAnimationLeft,
6             animationRight: AssetLoader.chickenAnimationRight,
7             animationUp: AssetLoader.chickenAnimationUp,
8             animationDown: AssetLoader.chickenAnimationDown,
9             animationIdle: AssetLoader.chickenAnimationIdle) {
10      lives = 3;
11      canKill = 0;
12    }
13
14    Timer? timer;
15    late int lives;
16    late int canKill;
17
18    void beamToPos(int x, int y) {
19      mapPos = Vect2<int>(x, y);
20      int px = (game.maze.screenTileDimensions.x / 2).floor();
21      int py = (game.maze.screenTileDimensions.y / 2).floor();
22      screenPos = Vect2<int>(px, py);
23      targetPos = Vect2<double>(raster * px, raster * py);
24      pos = Vect2<double>(targetPos.x, targetPos.y);
25      game.direction = Direction.none;
26      game.maze.bgrTilePos = Vect2<int>(-x + px, -y + py);
27      game.maze.bgrPos = Vector2(
28          raster * game.maze.bgrTilePos.x, raster * game.maze.
                  bgrTilePos.y);
29      game.maze.bgrTargetPos = Vector2(game.maze.bgrPos.x, game.maze.
              bgrPos.y);
30    }
31
32    @override
33    void update([Direction direction = Direction.none]) {
34      if (direction == Direction.right) {
35        currentAnimation = animationRight;
36        if (pos.x < targetPos.x) pos.x += chickenSpeed;
37        if (game.maze.bgrPos.x > game.maze.bgrTargetPos.x)
38          game.maze.bgrPos.x -= chickenSpeed;
```

```
39      if (pos.x >= targetPos.x &&
40          game.maze.bgrPos.x <= game.maze.bgrTargetPos.x) {
41        game.direction = Direction.none;
42        idle();
43        game.maze.checkGrain(mapPos.x, mapPos.y);
44      }
45    } else if (direction == Direction.left) {
46      currentAnimation = animationLeft;
47      if (pos.x > targetPos.x) pos.x -= chickenSpeed;
48      if (game.maze.bgrPos.x < game.maze.bgrTargetPos.x)
49        game.maze.bgrPos.x += chickenSpeed;
50      if (pos.x <= targetPos.x &&
51          game.maze.bgrPos.x >= game.maze.bgrTargetPos.x) {
52        game.direction = Direction.none;
53        idle();
54        game.maze.checkGrain(mapPos.x, mapPos.y);
55      }
56    } else if (direction == Direction.down) {
57      currentAnimation = animationDown;
58      if (pos.y < targetPos.y) pos.y += chickenSpeed;
59      if (game.maze.bgrPos.y > game.maze.bgrTargetPos.y)
60        game.maze.bgrPos.y -= chickenSpeed;
61      if (pos.y >= targetPos.y &&
62          game.maze.bgrPos.y <= game.maze.bgrTargetPos.y) {
63        game.direction = Direction.none;
64        idle();
65        game.maze.checkGrain(mapPos.x, mapPos.y);
66      }
67    } else if (direction == Direction.up) {
68      currentAnimation = animationUp;
69      if (pos.y > targetPos.y) pos.y -= chickenSpeed;
70      if (game.maze.bgrPos.y < game.maze.bgrTargetPos.y)
71        game.maze.bgrPos.y += chickenSpeed;
72      if (pos.y <= targetPos.y &&
73          game.maze.bgrPos.y >= game.maze.bgrTargetPos.y) {
74        game.direction = Direction.none;
75        idle();
76        game.maze.checkGrain(mapPos.x, mapPos.y);
77      }
78    }
79  }
80
```

```
81    void idle() {
82      timer?.stop();
83      timer = Timer(2000, callback: () {
84        if (game.direction == Direction.none) {
85          currentAnimation = animationIdle;
86        }
87      });
88    }
89
90    @override
91    void sound() {
92      AssetLoader.cluck();
93    }
94  }
```

### 7.6.6 Die Feinde

Die Realisierung der Feinde findet man in Listing 7.27. Die Feinde haben, im Gegensatz zum Huhn, eine individuelle Bewegungsrichtung, eine feste Geschwindigkeit, eine Zufallskomponente, die die Bewegung spontan ändern kann, und sie sind entweder tot oder lebendig. Im Konstruktor werden wieder die Animationen zugeordnet und die Variablen initialisiert. Die Logik der Feinde, die KI, wie man sagen könnte, kann man vor allem in der Methode nextPossibleDirection() finden. Hier wird erst einmal nachgesehen, in welcher Himmelsrichtung, vom Feind aus gesehen, sich das Huhn befindet. Hierzu wird die Methode Direction chickenSpotted() aufgerufen. Sie prüft, ob das Huhn auf derselben horizontalen oder vertikalen Position zu finden ist und ob sich zwischen dem Feind und dem Huhn ein Hindernis befindet. Falls nicht, kann der Feind das Huhn in einer Richtung erspähen. Der Feind läuft dann sofort in diese Richtung. In Zeile 41 wird noch mit einer Wahrscheinlichkeit von 0.2 ein spontaner Richtungswechsel vorgenommen.

Als nächstes wird geprüft, ob sich in der nächsten Position, die angesteuert werden soll, ein Hindernis oder ein anderer Feind befindet. Falls ja, wird die Richtung ebenfalls geändert. Die Methode Direction getPossibleDirection() gibt Vorschläge für mögliche Positionen. Es wird zufällig eine Richtung ausgewählt, oder *none*, falls keine Bewegung möglich ist, sollte ein Feind zwischen anderen Feinden und Hindernissen eingesperrt sein. In der Implementierung der update()-Methode wird zuerst geprüft, ob der Feind noch lebt. Falls ja, geht es darum, in welche Richtung der Feind läuft. Für alle Richtungen wird dann die entsprechende Animation aktiv geschaltet. Anschließend wird der Feind Richtung der Zielposition geschoben. Wenn er dort angekommen ist, wird gegebenenfalls eine neue Richtung durch Aufruf der genannten Methode `nextPossibleDirection()` eingeschlagen. Die Methode `move()` startet die neue Bewegung.

**Listing 7.27:** Enemy.dart

```dart
class Enemy extends Animal {

  late Direction direction;
  double speed = 1.0;
  late Random rnd;
  late Vect2<int> initialPos;
  late bool isKilled;

  Enemy(ChickenGame game, int x, int y) : super(
      game, mapPos: Vect2<int>(1, 0),
      animationLeft: AssetLoader.enemyAnimationLeft,
      animationRight: AssetLoader.enemyAnimationRight,
      animationUp: AssetLoader.enemyAnimationUp,
      animationDown: AssetLoader.enemyAnimationDown,
      animationIdle: AssetLoader.enemyAnimationIdle) {
    initialPos = Vect2<int>(x, y);
    isKilled = false;
    initPos(x, y);
    rnd = Random();
    direction = getPossibleDirection();
    move(direction);
  }

  Direction getOppositeDirection(Direction dir) {
    switch(dir) {
      case Direction.left: return Direction.right;
      case Direction.right: return Direction.left;
      case Direction.up: return Direction.down;
      case Direction.down: return Direction.up;
      default: return Direction.none;
    }
  }

  void nextPossibleDirection() {
    Direction chickenSpot = chickenSpotted();
    if (chickenSpot != Direction.none) {
      direction = chickenSpot;
      return;
```

```
39      }
40      // Switch sometimes direction or if not moving
41      if (direction == Direction.none || rnd.nextInt(10)<= 2) {
42        direction = getPossibleDirection();
43      }
44
45      if(isOther(getNextPosition(this.direction, mapPos)) ||
46          game.maze.obstacle(getNextPosition(this.direction, this.
              mapPos))) {
47        direction = getPossibleDirection();
48      }
49    }
50
51    /// Is there the chicken?
52    Direction chickenSpotted() {
53      Direction dir = Direction.none;
54      if (game.chicken.mapPos.x == mapPos.x && game.chicken.mapPos.y ==
            mapPos.y) return dir;
55       bool obstacle = false;
56      if (game.chicken.mapPos.x == mapPos.x) { // same horizontal layer
57        if (game.chicken.mapPos.y < mapPos.y) {
58          dir = Direction.up;
59          for (int y=game.chicken.mapPos.y+1; y < mapPos.y; y++) {
60            if (game.maze.isObstacle(mapPos.x, y) || isOther(Vect2<int>(
                  mapPos.x, y))) {
61              obstacle = true;
62            }
63          }
64        } else {
65          dir = Direction.down;
66          for (int y=game.chicken.mapPos.y-1; y > mapPos.y; y--) {
67            if (game.maze.isObstacle(mapPos.x, y) || isOther(Vect2<int>(
                  mapPos.x, y))) {
68              obstacle = true;
69            }
70          }
71        }
72      }
73      if (game.chicken.mapPos.y == mapPos.y) { // same vertical layer
74        if (game.chicken.mapPos.x < mapPos.x) {
75          dir = Direction.left;
76          for (int x=game.chicken.mapPos.x; x < mapPos.x ; x++) {
```

```
77          if (game.maze.isObstacle(x, mapPos.y) || isOther(Vect2<int>(
                x, mapPos.y))) {
78            obstacle = true;
79          }
80        }
81      } else {
82        dir = Direction.right;
83        for (int x=game.chicken.mapPos.x - 1 ; x > mapPos.x; x--) {
84          if (game.maze.isObstacle(x, mapPos.y) || isOther(Vect2<int>(
                x, mapPos.y))) {
85            obstacle = true;
86          }
87        }
88      }
89    }
90    return obstacle == true ? Direction.none : dir;
91  }
92
93  /// looks for all possible directions and take one random or idle
94  Direction getPossibleDirection() {
95    List<Direction> directions = Direction.values;
96    List<Direction> possibleDirections = [];
97    directions.forEach((d) {
98      if (!game.maze.obstacle(getNextPosition(d, mapPos)) &&
99          !isOther(getNextPosition(d, mapPos))) {
100       possibleDirections.add(d);
101     }
102   });
103   var newDir = possibleDirections.length == 1 ? possibleDirections
              [0] :
104           possibleDirections[rnd.nextInt(possibleDirections.length -
                  1) + 1];
105   return newDir;
106 }
107
108 bool isOther(Vect2<int> pos) {
109   for (Enemy e in game.enemies) {
110     if (e != this && e.mapPos == pos) {
111       return true;
112     }
113   }
114   return false;
```

```
115    }
116
117    @override
118    void sound() { // No Sound
119    }
120
121    @override
122    void update([Direction _ = Direction.none]) {
123      if (isKilled) return;
124      if (direction == Direction.right) {
125        currentAnimation = animationRight;
126        if (pos.x < targetPos.x) pos.x += speed;
127        if (pos.x >= targetPos.x) {
128          nextPossibleDirection();
129          move(direction);
130        }
131      } else if (direction == Direction.left) {
132        currentAnimation = animationLeft;
133        if (pos.x > targetPos.x) pos.x -= speed;
134        if (pos.x <= targetPos.x) {
135          nextPossibleDirection();
136          move(direction);
137        }
138      } else if (direction == Direction.down) {
139        currentAnimation = animationDown;
140        if (pos.y < targetPos.y) pos.y += speed;
141        if (pos.y >= targetPos.y) {
142          nextPossibleDirection();
143          move(direction);
144        }
145      } else if (direction == Direction.up) {
146        currentAnimation = animationUp;
147        if (pos.y > targetPos.y) pos.y -= speed;
148        if (pos.y <= targetPos.y) {
149          nextPossibleDirection();
150          move(direction);
151        }
152      } else if (direction == Direction.none) {
153        //currentAnimation = animationIdle;
154          nextPossibleDirection();
155      }
156    }
```

```
157    void move(Direction dir) {
158      currentAnimation.update(1);
159      super.move(dir);
160    }
161
162    @override
163    void render(Canvas canvas) {
164      if (isKilled) return;
165      super.render(canvas);
166    }
167
168    Vect2<int> getNextPosition(Direction d, Vect2<int> p) {
169      switch(d) {
170        case Direction.left: return p + Vect2<int>(-1 , 0);
171        case Direction.right: return p + Vect2<int>(1 , 0);
172        case Direction.up: return p + Vect2<int>(0 , -1);
173        case Direction.down: return p + Vect2<int>(0 , 1);
174        default: return p;
175      }
176    }
177  }
```

### 7.6.7 Das Labyrinth

Ein wichtiges Spiele-Objekt fehlt noch in der Aufzählung: Das Labyrinth und damit der Hintergrund, beziehungsweise der Level. In Listing 7.28 ist der Code dafür zu sehen. Die Grafik wird in der Variable *tiles* gespeichert. Weiter gibt es hier auch die Abmessungen des Screens in Kacheln, die Größe der gesamten Map, die Kachel-Größe der Map, die Position auf dem Screen und eine Zielposition auf dem Screen für die Animationsbewegung dorthin sowie eine Kachel-Position der Map auf dem Screen. Weiter gibt es noch einen Getter, der angibt, ob die Map schon einsatzbereit, also geladen ist. Im Konstruktor wird die Map für den Level aus der Assets-Datei geladen. Hierbei handelt es sich um eine „.tmx"-Datei. Erst wenn diese geladen wurde, werden die davon abhängigen Variablen initialisiert und im Anschluss das ganze Labyrinth als bereit markiert. Es folgen wichtige Methoden: moveTileMap(Direction dir) bewegt das Labyrinth über den Screen. Die Zielposition in Pixeln und die Kachel-Position werden geändert. Zudem wird die Position des Huhns aktualisiert, da sich ja die Map unter ihm verschoben hat. Die Methode bool isObstacle(int x, int y) testet, ob an den angegebenen Kachel-Koordinaten ein Hindernis ist. Die Grenzen des Labyrinths sind hierbei ebenfalls Hindernisse, so dass man nicht aus dem Level herauslaufen kann. Die ersten drei Kacheln sind fest für den Boden reserviert, alles andere ist eine Wand oder eine Tür, die man öffnen kann. Eine nützliche Hilfsfunktion Tile getTileFromLayer(int num, int x, int y) gibt die Kachel-Id der an den angegebenen Koordinaten und der angegebenen Ebene befindlichen Kachel zurück. Die *TiledComponent*-Objekte können verschiedene Ebenen besitzen. Die Objekte des Spiels befinden sich auf der Ebene 1. Die Methode bool checkGrain(int x, int y) prüft, ob sich an einer Position ein Futter-Korn oder andere Dinge aus dem Level befinden. Diese werden dann als Seiteneffekt dieser Methode gelöscht. Falls etwas gefunden wurde, wird getestet ob es ein Spawn-Punkt ist, an dem das Huhn wieder auftauchen kann. Dieser wird dann gespeichert. Oder ist es ein Medi-Pack? – Dann wird ein Zusatz-Leben gewährt. Oder eine Kraft-Pille, dann erhöht sich die Kraft des Huhns. Ansonsten, bei Futter, wird der Score erhöht. Die Methode render(Canvas canvas) zeichnet nur die Tiles. Der asynchrone Getter get getEnemyPositions liefert alle Positionen für die Feinde auf der Ebene 2. Allerdings erst, wenn die Map initialisiert wurde.

**Listing 7.28:** Maze.dart

```
1  class Maze {
2    late Tiled tiles;
3    late Vect2<int> screenTileDimensions;
4    late Size mapDimensions;
5    late Vect2<int> tileDimensions;
6    late Vector2 bgrPos;
7    late Vector2 bgrTargetPos;
8    late Vect2<int> bgrTilePos;
9    late ChickenGame game;
10   late bool _initialized;
11   bool get initialized => _initialized;
12
13   Maze(this.game, this.screenTileDimensions) {
14     tiles = new Tiled("map${game.level}.tmx", Size(raster, raster));
15     _initialized = false;
16     tiles.future!.then((t) {
17       _initialized = true;
18       tileDimensions =
19           Vect2<int>(tiles.map.layers[0].width, tiles.map.layers[0].
                  height);
20       print("Maze: ${tileDimensions.x}, ${tileDimensions.y}");
21       mapDimensions =
22           Size((tileDimensions.x) * raster, (tileDimensions.y) *
                  raster);
23       tiles.map.layers[2].visible = false;
24       tiles.generate();
```

```
25      });
26      bgrPos = Vector2(0, 0);
27      bgrTargetPos = Vector2(0, 0);
28      bgrTilePos = Vect2<int>(0, 0);
29    }
30
31    void moveTileMap(Direction dir) {
32      int xp = 0;
33      int yp = 0;
34      switch (dir) {
35        case Direction.left:
36          xp = -1;
37          break;
38        case Direction.right:
39          xp = 1;
40          break;
41        case Direction.up:
42          yp = -1;
43          break;
44        case Direction.down:
45          yp = 1;
46          break;
47        case Direction.none:
48          xp = 0;
49          yp = 0;
50          break;
51      }
52      bgrTargetPos.x += xp * raster;
53      bgrTargetPos.y += yp * raster;
54      bgrTilePos.add(xp, yp);
55      game.chicken.mapPos.add(-xp, -yp);
56    }
57
58    bool isObstacle(int x, int y) {
59      // Edges
60      if (x < 0 || x >= tileDimensions.x) return true;
61      if (y < 0 || y >= tileDimensions.y) return true;
62      // ID of Tile ... Collision
63      int id = getTileFromLayer(0, x, y).tileId;
64      return id > 3 &&
65          !passageOpened.contains(id); //A Hole form chicken-killing-
                 power
```

```
66    }
67
68    Tile getTileFromLayer(int num, int x, int y) {
69      return tiles.map.layers[num].tiles[y][x];
70    }
71
72    bool obstacle(Vect2<int> o) {
73      return isObstacle(o.x, o.y);
74    }
75
76    bool checkGrain(int x, int y) {
77      //Corners
78      if (x < 0 || x >= tileDimensions.x) return true;
79      if (y < 0 || y >= tileDimensions.y) return true;
80      // ID of Tile ... Collision
81      var tl = getTileFromLayer(1, x, y);
82      var id = tl.tileId;
83      var gid = tl.gid;
84      tl.gid = 0;
85      bool found = gid > 0;
86      if (found) {
87        //What?
88        if (spawn.contains(id)) {
89          game.spawnPos = Vect2<int>(x, y);
90        } else if (mediPack.contains(id)) {
91          game.chicken.lives++;
92        } else if (opener.contains(id)) {
93          game.chicken.canKill++;
94        } else {
95          game.score += 1;
96        }
97        AssetLoader.pick();
98      }
99      return found;
100   }
101
102   void render(Canvas canvas) {
103     tiles.render(canvas);
104   }
105
106   Future<List<Vect2<int>>> get getEnemyPositions async {
107     await tiles.future;
```

```
108      List<Vect2<int>> list = <Vect2<int>>[];
109
110      var matrix = tiles.map.layers[2].tiles;
111      for (int i = 0; i < matrix.length; i++) {
112        for (int j = 0; j < matrix[i].length; j++) {
113          if (matrix[i][j].tileId > 0) {
114            list.add(Vect2<int>(i, j));
115          }
116        }
117      }
118      return list;
119    }
120  }
```

## 7.6.8 Hilfsklassen

Hier geht es um Hilfsklassen, die im Projekt genutzt werden. Diese werden nicht nur der Vollständigkeit halber mit aufgeführt, sondern wegen den Besonderheiten von Dart und Flutter, die dort vorkommen.

### 7.6.8.1 Vektoren

Zwar gibt es in Dart eine *Vector2*-Klasse, auch in Flame gibt es die *Position* und die *Direction*-Klasse, die ebenfalls einen 2D-Vektor repräsentieren. Allerdings wird für das Spiel noch eine Klasse zur Repräsentation von Ganzzahl-Paaren benötigt, damit man die Kachel-Positionen damit verarbeiten kann. Dies wäre zwar nicht zwingend nötig gewesen, man könnte auch mit Listen oder einzelnen Variablen arbeiten, aber eine solche Klasse drückt den Zweck besser aus und erleichtert die Programmierung. Zudem ist die folgende Implementierung eine Demonstration dafür, was man noch mit Dart machen kann. Listing 7.29 zeigt die Implementierung der *Vect2*-Klasse. Wie man sieht, gibt es auch in Dart Generics, ähnlich wie in Java. Man kann Typ-Parameter verwenden. Hier wird noch gefordert, dass der Typ T eine Subklasse von *num* sein soll, der abstrakten Klasse, die die Superklasse von *int* und *double* ist. Man kann also durch *Vect2*-Objekte Ganzzahl und Kommazahl-Vektoren implementieren, wobei im Programm nur *Vect2<int>*-Objekte benötigt werden. Die Methode add(T x, T y) addiert Zahlen zu den Vektorkomponenten *x* und *y*. In Zeile 11 kann man sehen, dass man in Dart zudem Operatoren überladen oder eben auch definieren kann. Dabei wird der Operator „+" definiert. Hier wird ein anderes *Vect2<T>* zum aktuellen Objekt addiert, der Vergleichsoperator wird überschrieben. Die Objekte sind dann gleich, wenn die Komponenten gleich sind.

Wenn man den ==-Operator überschreibt, muss man noch den *hashCode*-Getter überschreiben, sonst wird eine Warnung (in der IDE) ausgegeben. Der Grund dafür ist nicht ganz klar, da man eigentlich den ==-Operator gar nicht überschreiben müsste, weil der Hashcode beim Vergleich von Objekten verglichen wird. Wenn man andererseits aber den ==-Operator nicht überschreibt, wird ebenfalls eine Warnung ausgegeben. Objekte werden nur als gleich angesehen, wenn der ==-Operator true liefert und auch der Hashcode gleich ist. Der korrekte Weg in Dart, den ==-Operator zu überschreiben, ist es, beides zu tun.

---

Man kann in Dart-Klassen Operatoren überschreiben: Alle arithmetischen Operatoren (+, -, *, /, ...), boolsche Operatoren (==, !=, <, >, <=, >=, ...) aber auch den Listenzugriffs-Operator ([]) und den Funktionsaufrufs-Operator(()). Beispielsweise überschreibt man den ==-Operator wie folgt: bool operator ==(var anderesObjekt) {...} Wobei man dann im Rumpf mit *this* das eigene Objekt und mit *anderesObjekt* Zugriff auf das zu vergleichende Objekt hat und dann einen boolescher Wert zurückgeben muss.

---

**Listing 7.29:** Vect2.dart

```
1   class Vect2<T extends num> {
2     num _x;
3     num _y;
4     Vect2(this._x, this._y);
5
6     void add(T x, T y) {
7       this._x += x;
8       this._y += y;
9     }
10
11    Vect2<T> operator +(Vect2<T> v) => Vect2<T>(this.x + v.x, this.y +
        v.y);
12
13    @override
14    bool operator ==(v) => v is Vect2<T> && v.x == this.x && v.y ==
        this.y;
15    @override
16    int get hashCode => this._x.hashCode ^ this._y.hashCode;
17
18    T get x => this._x as T;
19    T get y => this._y as T;
20    set x(T val) => _x = val;
21    set y(T val) => _y = val;
22  }
```

## 7.6.8.2 Die Steuerung

Um das Berühren des Displays mit dem Finger zu testen, würde man normalerweise in Flutter ein *TapGestureRecognizer*-Objekt erzeugen. Das Problem dabei ist allerdings, dass bei diesem immer eine kurze Zeit gewartet wird, erst dann wird das Event ausgelöst. Der Sinn davon ist wohl, eine echte von einer unechten Bedienungs-Berührung mit dem Finger zu unterscheiden. Nur wenn man den Finger für diese kurze Zeit auf dem Display lässt, zählt dies als Bedienungs-Geste. Für unser Spiel ist dies allerdings nicht günstig, da man das Huhn durch schnelle Folgen von Berührungen über den Screen hüpfen lassen möchte. Flame bietet jedoch eine besser in die Spiele-Engine integrierte Methode der Gestensteuerung an. Das Mixin *TapDetector*, bietet verschiedene Methoden an, um auf Berührungen zu reagieren. Diese muss man lediglich überschreiben, wenn man das Mixin eingebunden hat (siehe Listing 7.30).

> Der *TapGestureRecognizer* von Flutter wird normalerweise verwendet, um auf Fingergesten zu reagieren. Für Spiele ist es besser, das *TapDetector*-Mixin von Flame zu verwenden.

**Listing 7.30:** gestures.dart

```
1  // Basic touch detectors
2  mixin TapDetector on Game {
3    void onTap() {}
4    void onTapCancel() {}
5    void onTapDown(TapDownDetails details) {}
6    void onTapUp(TapUpDetails details) {}
7  }
8
9  mixin SecondaryTapDetector on Game {
10   void onSecondaryTapDown(TapDownDetails details) {}
11   void onSecondaryTapUp(TapUpDetails details) {}
12   void onSecondaryTapCancel() {}
13  }
14
15  mixin DoubleTapDetector on Game {
16   void onDoubleTap() {}
17  }
```

## 7.6.8.3 Die Monetarisierung

Das Spiel soll Werbung einblenden und so finanziert werden. Deshalb werden mit der Technologie Google AdMob [36] Anzeigen-Kampagnen generiert und mit dem Spiel verknüpft. Um dies zu tun, muss man folgende Punkte abarbeiten: Man muss eine App zu AdMob hinzufügen. Nachdem man sich dort registriert hat, kann man auf der

Startseite bei Apps auf App hinzufügen klicken, oder man klickt den entsprechenden Button (vgl. Abbildung 7.11), wenn man die Übersicht über alle Apps geöffnet hat. So bekommt man eine App-Id, die man sich mittels Klick auf den Button neben der ID in die Zwischenablage kopieren kann. In der Datei *secret.dart* wird diese dann als Konstante *myAppId* eingetragen. Weiter muss man noch für Android in der Datei *AndroidManifest.xml* im Ordner *android/app/src/main* die App-Id eintragen:

```
1  <meta-data
2  android:name="com.google.android.gms.ads.APPLICATION_ID"
3  android:value="ca-app-pub-myAppiD"/>
```

Dann muss man noch einen Anzeigenblock generieren. Dazu geht man unter „Apps" auf den Menüpunkt „Anzeigenblöcke" und und klickt auf „Anzeigenblock hinzufügen". Hier kann man verschiedene Varianten auswählen, „Banner", „Interstitial", „Mit Prämie", und „Erweiterte native Anzeigen". Hier wurde der einfache Typ „Interstitial" gewählt- Dabei handelt es sich um ganzseitige Anzeigen, die beispielsweise beim Levelwechsel angezeigt werden können. Man bekommt erneut eine Id, diesmal für die Anzeige. Diese muss ebenfalls als Konstante in *secret.dart* unter dem Namen *myInterstitialId* gespeichert werden.

Jetzt kann man anfangen, Werbeseiten zu erzeugen und einzublenden. Wenn die App noch nicht im Store ist, werden Dummy-Anzeigen generiert und angezeigt. In Listing 7.31 steht der Code zur Verwaltung der Anzeigen. Zuerst werden in der Methode `init()` die *testDeviceIds* an das *AdMob* API übergeben, welche im Konstruktor von *ChickenGame* aufgerufen wird. Die Methode `AdmobInterstitial ad()` liefert dann eine Anzeige. Um noch besser auf Hardware-Geräten testen zu können, sollte man noch eine Test-Device Id hinzufügen. Bei den Emulatoren muss man dies nicht tun. Dies funktioniert folgendermaßen: Die Liste *testDeviceIds* bleibt erst einmal leer, da die Konstante *testDevice* in „secret.dart" noch nicht gesetzt wurde. Beim erstmaligen Start der App auf der Hardware wird dann auf der Konsole eine Meldung der Art:

```
I/Ads: Use AdRequest.Builder. addTestDevice("<Test- Device Id>")
to get test ads on this device."
```

ausgegeben. Die Id kann man in die Konstante *testDevice* schreiben. In Zeile 11 wird das *AdmobInterstitial*-Objekt erzeugt. Hier werden die Id der Kampagne und ein Listener dem Konstruktor übergeben. Der Listener pausiert das Spiel, wenn die Anzeige gestartet und angezeigt wurde, oder wenn das Spiel über die Anzeige verlassen oder die Anzeige geöffnet wurde. Im *ChickenGame* wird dann in der Methode `restartLevel()` die Methode `ad()` aufgerufen (Listing7.23, Zeile 93). In `ad()` wird dann beim gelieferten *AdmobInterstitial*-Objekt `load()` aufgerufen. Das Resultat ist ist eine ganzseitige Anzeige, die sich wie mit Zauberei über das Spiel legt. Man muss also kein Widget erstellen und die Anzeige als Widget dort platzieren. Dies geschieht automatisch. Auch einen Schließen-Button hat jede Anzeige, der diese wieder beendet. Dann wird der Listener erneut aufgerufen, und das Event-Objekt ist *AdmobEvent.closed*. Das Spiel wird dann fortgesetzt (`else`-Zweig).

> Beim Listener der *AdmobInterstitial*-Klasse ist zu beachten: Wenn die Werbung erscheint, muss man das Spiel, welches unter der ganzseitigen Werbung liegt, pausieren und fortsetzen, wenn diese geschlossen wird. Es gibt auch den Fall, dass, wenn man auf die Werbung klickt, das Gerät eine Webseite öffnet und dafür auf die Browser-App wechselt, damit ist die Spiele-App im Hintergrund und man muss das Spiel pausieren.

**Listing 7.31:** ads.dart

```dart
class Ads {
  static ChickenGame? game;

  static init(ChickenGame g) {
    Admob.initialize(testDeviceIds: [testDevice]);
    game = g;
  }

  static void ad() {
    AdmobInterstitial? myInterstitial;
    myInterstitial = AdmobInterstitial(
        adUnitId: myInterstitialId,
        listener: (AdmobAdEvent event, Map<String, dynamic>? args) {
          if (event == AdmobAdEvent.started ||
              event == AdmobAdEvent.leftApplication ||
              event == AdmobAdEvent.opened) {
            game?.paused = true;
          } else if (event == AdmobAdEvent.loaded) {
            game?.paused = true;
            myInterstitial?.show();
          } else {
            game?.paused = false;
          }
        });
    myInterstitial.load();
  }
}
```

### 7.6.8.4 Ein angepasster Button

Um dem Spiel einen individuellen Look zu geben, wird ein neuer Button als Widget entworfen. Dieser soll auf den einzelnen Screens zum Einsatz kommen und einen einheitlichen Look haben. Er soll mit unterschiedlichen Beschriftungen versehen werden können. Auch animiert soll er sein: Beim Drücken soll eine animierte Skalierung erfolgen, er soll erst größer und dann wieder kleiner werden, von der Dynamik her soll dies den Eindruck vermitteln, als ob sich eine Sprungfeder im Button befindet. Eine Callback-Funktion soll ihm zugeordnet werden können, so dass man auf den Tastendruck mit einer Aktion reagieren kann.

In Listing 7.32 steht der Code des Buttons. Zuerst wird ein Funktions-Typ für den Callback definiert, und zwar eine Funktion ohne Parameter und Rückgabewert. Im Konstruktor werden die drei Objekt-Variablen initialisiert, die genannte Callback-Funktion, die Beschriftung und als optionales Argument, ob der Button aktiviert ist. Standardmäßig ist das der Fall. Man beachte: Alle Variablen von Widgets sind final, da Widgets allesamt unveränderbar sind. Dennoch kann man den Button aktivieren und deaktivieren, da man den Wert, den man im Konstruktor übergibt, von einer State-Variable eines States abhängig macht, vergleiche Listing 7.12, Zeile 96. Hier wird der Wert von enabled: von der State-Variable userName des States SettingsPageState abhängig gemacht. Wenn sich dieser ändert, wird ein neues *FineButton*-Objekt erstellt, mit einem anderen Konstruktor-Inhalt. In dieser Technik kann man trotz des Einsatzes von unveränderlichen Objekten dynamische Oberflächen erstellen. Der State *FineButtonState* des Buttons wird ab Zeile 17 beschrieben.

Die Animations-Technik ist hierbei dieselbe, die in Abschnitt 4.4.5 beschrieben wurde. Hier gibt es wieder einen *AnimationController*, dieser steuert durch einen Listener (ab Zeile 37) das Padding und die Font-Größe. Zudem gibt es einen *StatusListener* (Zeile 43), der, wenn die Animation fertig abgespielt wurde, dafür sorgt, dass diese dann rückwärts abläuft. Das *then* sorgt dafür, dass danach die angegebene Lambda-Funktion ausgeführt wird, die dann die Callback-Funktion aufruft. Ab Zeile 53 wird das Layout für den Button zusammengebaut. Man beachte: Die Button-Abmessungen und Formen sind abhängig von der globalen Text-Skalierung sowie von den anderen State-Variablen, die über die Listener verändert werden.

**Listing 7.32:** FineButton.dart

```dart
typedef CallBack = void Function();

class FineButton extends StatefulWidget {

    final CallBack onPressed;
    final String text;
    final bool enabled;

    FineButton({required this.onPressed, required this.text, this.
        enabled = true});

    @override
    FineButtonState createState() {
        return new FineButtonState();
```

```
14      }
15    }
16
17    class FineButtonState extends State<FineButton>
18        with SingleTickerProviderStateMixin {
19
20      late Animation<double>? _animation;
21      late AnimationController? _animationController;
22      late double fontsize;
23      late double myPadding;
24      late double ts;
25
26      @override
27      void initState() {
28        super.initState();
29        fontsize = 12.0;
30        myPadding = 30.0;
31        _animationController = AnimationController(
32            vsync: this,
33            duration: Duration(
34                milliseconds: 500));
35        _animation = Tween<double>(begin: 1.0, end: 2.0).animate(
36            new CurvedAnimation(parent: _animationController!, curve:
                Curves.elasticIn));
37        _animation!.addListener(() {
38          setState(() {
39            fontsize = 12.0 * _animation!.value;
40            myPadding = 30 * ts - (36.0 * ts * _animation!.value - 36.0 *
                ts) / 2;
41          });
42        });
43        _animation!.addStatusListener((status) {
44          if (status == AnimationStatus.completed) {
45            _animationController!.reverse().then((x) {
46                widget.onPressed();
47            });
48          }
49        });
50      }
51
52      @override
53      Widget build(BuildContext context) {
```

```
54      ts = getTextScale(context);
55      Text txt = Text(widget.text, style: new TextStyle( fontSize:
            fontsize * ts, color: Colors.white));
56    return Container(height: 56.0 * ts, child: Stack(
57      clipBehavior: Clip.none, fit: StackFit.loose,
58      children: <Widget>[
59        ButtonTheme(
60          minWidth: 88.0 * ts *
61              _animation!
62                .value,
63          height: 36.0 * ts *
64              _animation!
65                .value,
66        child: ElevatedButton(style: ButtonStyle(
67          elevation: MaterialStateProperty.all(1.0),
68          padding: MaterialStateProperty.all(EdgeInsets.all(15 *
              ts)),
69          shape: MaterialStateProperty.all(RoundedRectangleBorder(
              borderRadius: BorderRadius.circular(30.0 * ts)),),),
70          child: txt,
71          onPressed: this.widget.enabled ? () =>
              _animationController!.forward() : () {}),
72        )
73      ],
74    ),
75    );
76  }
77 }
```

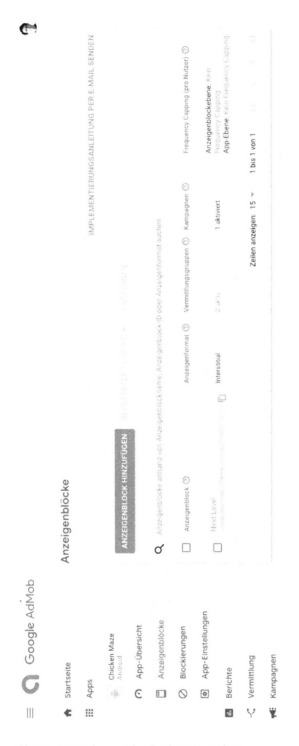

**Abb. 7.11:** Screenshot Google AdMob Anzeigenblock

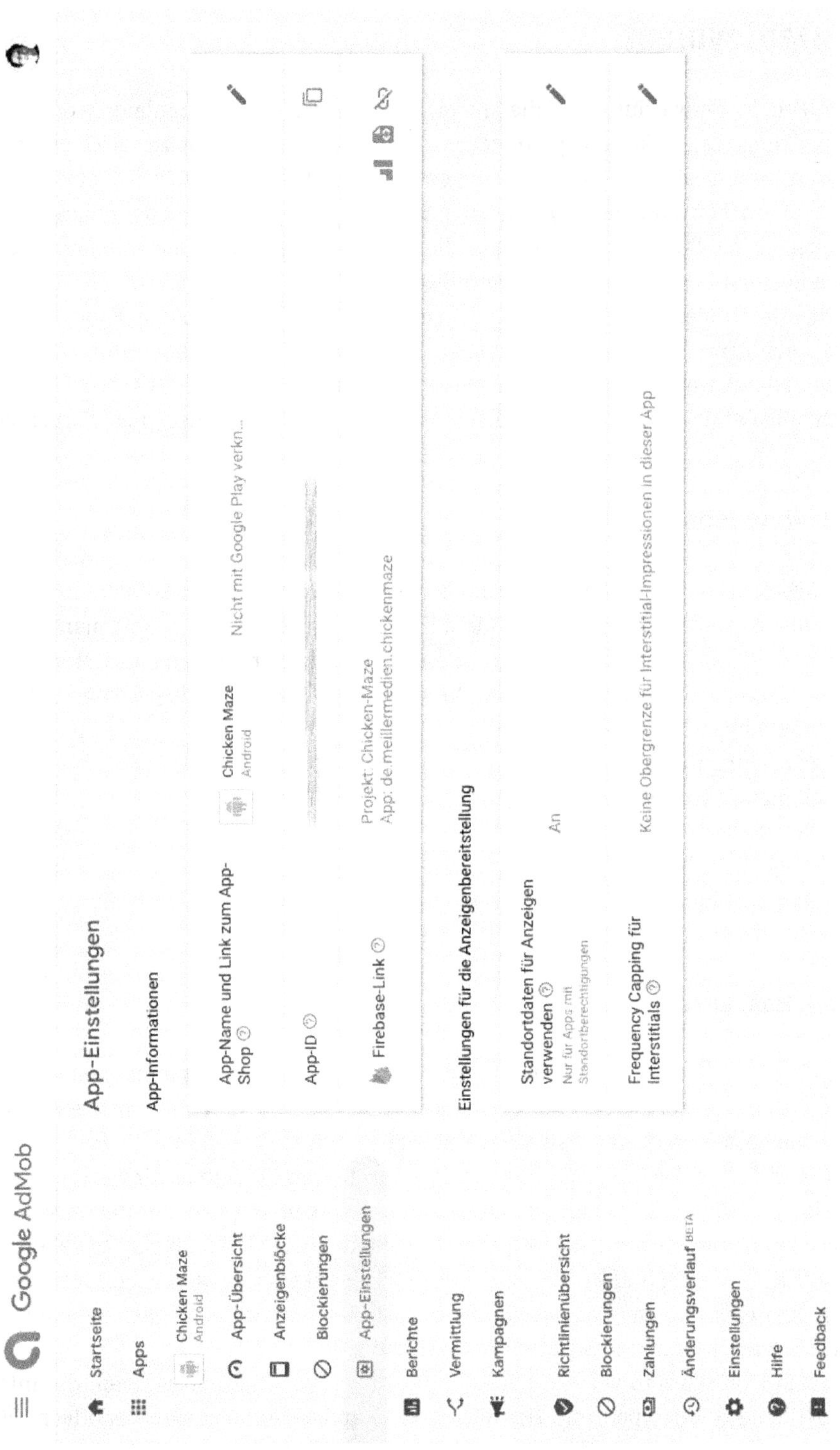

**Google AdMob**

Startseite

Apps

Chicken Maze
Android

App-Einstellungen

App-Informationen

App-Name und Link zum App-
Shop ⊙

Chicken Maze
Android

Nicht mit Google Play verkn...

App-ID ⊙

Firebase-Link ⊙

Projekt: Chicken-Maze
App: de.meillermedien.chickenmaze

Einstellungen für die Anzeigenbereitstellung

Standortdaten für Anzeigen
verwenden ⊙
Nur für Apps mit
Standortberechtigungen

An

Frequency Capping für
Interstitials ⊙

Keine Obergrenze für Interstitial-Impressionen in dieser App

App-Übersicht

Anzeigenblöcke

Blockierungen

App-Einstellungen

Berichte

Vermittlung

Kampagnen

Richtlinienübersicht

Blockierungen

Zahlungen

Änderungsverlauf BETA

Einstellungen

Hilfe

Feedback

**Abb. 7.12:** Screenshot Google AdMob App-Einstellungen

# 8 Deployment

Während der Entwicklung wird die App im Debug-Modus auf den Emulatoren oder den verfügbaren Test-Geräten ausprobiert. Nun geht es darum, eine App zu veröffentlichen. Dazu muss man sich auf die Ebene der gewünschten Plattform, also iOS oder Android, begeben. Hier ist außerdem zwischen der Arbeit in der Cloud und auf der Projektebene unterscheiden. Das bedeutet, dass man die Flutter-Welt verlässt und im plattformspezifischen Cloud-Backend und in den jeweiligen Plattform-Ordnern arbeitet. Für Android ist dies der Ordner „android", für iOS der entsprechende Ordner „ios" im Projektordner. Eine detaillierte Anleitung bekommt man für Android unter [21], für iOS unter [22]. Die Beschreibung weiter unten behandelt vorwiegend die Android-Welt. Hier werden auch nicht alle Details durchgegangen, da ein Buch hierfür nicht das geeignete Format ist.

## 8.1 Releases

Die Arbeiten bei iOS und Android sind konzeptionell ähnlich und können unter den genannten Quellen nachgelesen werden. Es gilt bei iOS zu beachten, dass man zusätzlich noch XCode installieren und dort Konfigurationen vornehmen muss. Man muss beim Workflow folgende Schritte durchführen, um die App für die jeweiligen Stores vorzubereiten:
- Icons hinzufügen
- Signatur hinzufügen
- Eine Release Version erstellen
- Zusätzliche Medien für den Store erstellen
- App hochladen

### 8.1.1 Icons erstellen

Man benötigt für die App noch ein schickes Icon. Dies ist zuerst einmal eine Frage des Designs. Es ist eine gute Idee, sich die Material-Design Guidelines anzusehen, da dort der gestalterische Aufbau eines Material-Design Icons behandelt wird [44]. Für Apple gibt es analog hierzu die Human Interface Design Guidelines für das Cupertino Design [5]. Wichtig ist vor allem, dass man die Grafik im Icon so gestaltet, dass man diese gut erkennen kann, da sie nur recht klein auf dem Gerätedisplay zu sehen ist. Zusätzlich sollte die Grafik einen eindeutigen Wiedererkennungswert haben. Man sollte sich überlegen, wie der Kontrast der Farben ist. Als Gestaltungsmöglichkeit hat man auch Transparenzen und Schatten zur Verfügung.

   Das Icon muss in verschiedenen Auflösungen bereitgestellt werden, da unterschiedliche Gerätetypen und Betriebssysteme andere Auflösungen benötigen. Für

https://doi.org/10.1515/9783110753080-008

diese Arbeit gibt es ein Flutter-basiertes Kommandozeilen-Tool, mit dem entsprechende Icons aus einer Ausgangs-Grafik generiert werden können [59]. Um dies zu nutzen, muss man das Tool in das *pubspec.yaml*-File mit aufnehmen. In Listing 7.2 wird die Passage in den Zeilen 24-29 hinzugefügt. Hier gibt man unter einer neuen Rubrik `flutter_icons:` den Pfad zur Ausgangs-Grafik an. Bei den `dev_dependencies:`, also den nur für die Entwicklung nötigen Abhängigkeiten, wird das Tool angegeben. Nach der Installation mit `flutter pub get` kann man mit dem Kommando `flutter pub run flutter_launcher_icons:main` den Prozess der Generierung starten. Für Android werden dann ab dem Ordner `android/app/src/main/res` eine Reihe von PNG-Grafiken unterschiedlicher Größe angelegt. Zusätzlich zur Generierung der Icons wird der Icon-Eintrag in der Datei *AndroidManifest.xml* geändert. Für iOS werden ebenfalls die Icon-Assets geändert.

### 8.1.2 Signieren bei Android

Nachdem man die Icons erstellt und in die AndroidManifest.xml-Datei eingetragen hat, muss man die Signatur der App vorbereiten. Hierzu nutzt man eine Java-Technologie, den Keystore. Das ist ein Speicher für Schlüssel nach dem Public-Key-Verfahren. Man kann darin seine privaten Schlüssel speichern. Zuerst muss man mit dem Java-Programm *keytool* einen neuen Keystore anlegen. Im Home-Verzeichnis muss man folgendes Kommando ausführen, um eine Datei *key.jks* zu generieren:

```
1  keytool -genkey -v -keystore key.jks -keyalg RSA -keysize 2048 -
       validity 10000 -alias key
```

Man muss Passwörter für den Keystore und den Key (mit Namen „key") angeben. Diese werden dann in das in ein neu anzulegendes File *android/key.properties* geschrieben. Weiter muss dann dieses File in der Gradle-Datei *android/app/build.gradle* referenziert werden, dort sind noch weitere Konfigurationen vorzunehmen. Die Details sind recht umfangreich und können online nachgelesen werden [21].

---

Gradle-Dateien sind die Build-Dateien bei Android, die die Konfigurationen der Versionen bestimmen.  Gradle-Code wird in Groovy geschrieben, einer eigenständigen Programmiersprache für die Java-Plattform. Groovy hat eine gewisse Ähnlichkeit zu Dart.

---

### 8.1.3 Build-Prozess für Android

Sind alle Konfigurationen gemacht, muss man eine Release-Version erzeugen. Hier
gibt es drei Möglichkeiten:
- Fat APK (.apk)
- APKs für mehrere ABIs (.apk)
- App-Bundle (.abb)

Das Fat APK ist ein File (praktisch ein ZIP-File), das den kompilierten Code für mehrere
Prozessor-Architekturen, und zwar für ARM 32-bit, ARM 64-bit und x86 64-bit. enthält.
Zusätzlich sind dort alle Ressourcen enthalten. Der Vorteil dieses File-Typs: Er ist auf
allen Geräten lauffähig. Der Nachteil ist die Größe der Datei: Unter den drei Möglichen
ist eine solche Datei am größten, verbraucht also am meisten Speicherplatz auf dem
Endgerät und braucht die längste Zeit und das meiste Datenvolumen für den Download.
Fat APKs erzeugt man mit dem Kommando `flutter build apk`, dies muss man im
Projekt-Ordner ausführen.

Weiter kann man mehrere APKs für die jeweiligen Architekturen erzeugen:
`flutter build apk --split-per-abi`. Diese werden miteinander in den Play-Store
hochgeladen und für die jeweiligen Geräte separat ausgeliefert.

Der empfohlene Weg ist allerdings ein App-Bundle File, welches mit dem Kommando `flutter build appbundle` erzeugt wird. Dies enthält ebenfalls alle Architekturen
und Ressourcen. Der Unterschied zum Fat APK: Das App-Bundle File ist nicht die
ausführbare App, wie es ein APK-File ist. Der Store überprüft, auf welches Gerät die
App installiert werden soll, und erzeugt ein für das Gerät optimiertes APK. Es wird also
der Code für die Prozessorarchitektur ausgewählt. Zusätzlich werden die optimierten
Grafiken für das Gerät ausgewählt, je nach Typ, ob Handy, Tablet oder Smart-TV.

---

**⚡** Es gibt immer wieder Probleme mit den App-Bundles, es wurden Geräte-Abstürze gemeldet. Weiter ist
es nicht möglich, ein App-Bundle weiterzugeben, da es keine ausführbare Datei ist. Da Flutter ohnehin
mit Vektoren für das Layout arbeitet, werden oft keine Grafik-Ressourcen verschwendet, so dass die
Variante, ABKs für mehrere ABIs anzubieten, eine gute Möglichkeit darstellt.

---

## 8.2 Google Play Verwaltung

Die Google Play Console [39] (siehe Abbildung 8.1) ist eine Webseite von Google, in der man die App hoch lädt. Man hat hier zwei Bereiche: die Release-Verwaltung und die App-Präsenz im Play-Store. In der Release-Verwaltung hat man folgende Bereiche, in denen man App-Versionen hochladen kann:
- Interner Test-Track
- Geschlossener Track (Alpha)
- Offener Track (Beta)
- Produktions-Track (die endgültigen Versionen)

Den internen Test-Track kann man einsetzen, um während der Entwicklung zu testen. Man muss allerdings unter der Rubrik „Interne App-Freigabe" die Tester per E-Mail (Google-Mail Account) registrieren. Auch diejenigen, die eine App zum Test hochladen dürfen, müssen dort registriert werden. Um die App korrekt testen zu können, hat man in diesem Bereich noch die Möglichkeit, ein Zertifikat zu bekommen, um APIs verwenden zu können, die ein solches Zertifikat benötigen.

Im geschlossenen Track (Alpha) kann man dann die App einer größeren Tester-Gruppe zur Verfügung stellen. Die Tests können auch in verschiedenen Ländern stattfinden.

Beim offenen Track (Beta) ist die App dann bereits im Play Store sichtbar. Interessierte User können freiwillig am Testprogramm teilnehmen.

Im Produktions-Track werden dann die endgültigen Versionen hochgeladen. Alle Versionen, auch die Test-Versionen, müssen eine eindeutige Versionsnummer aufweisen, die man in der *pubspec.yaml*-Datei eintragen kann: siehe Listing 7.2 Zeile 3. Der Versions-Name wird hier zu 1.0.1 und der Versions-Code zu 3. Alle neuen Versionen sollten einen neuen Namen und Code bekommen.

### 8.2.1 Signieren im Play-Store

In Abbildung 8.2 sieht man den Bereich mit den Signaturen. Man kann auf Android-Systemen nur signierte Apps installieren. Die Signierung der Apps soll gewährleisten, dass die App auch tatsächlich vom Entwickler stammt und nicht nachträglich verändert wurde. Ansonsten könnten Betrüger eine App verändern und zu kriminellen Zwecken wie zur Ausspähung missbrauchen.

Wichtig: Es gibt zwei Signierungen. Einmal signiert der/die Entwickler*in die App vor dem Upload. So kann der Play Store sichergehen, dass der/die Entwickler*in immer der/dieselbe ist. In der Cloud wird dann die App erneut signiert, mit einem von Google geheim gehaltenen Schlüssel. Man kann diesen Schlüssel allerdings selbst mit dem *keytool* erstellen und hochladen (vgl. Abschnitt 8.1.2), so dass der digitale Fingerabdruck der App aus dem Store derselbe ist wie von einer selbst erstellten und

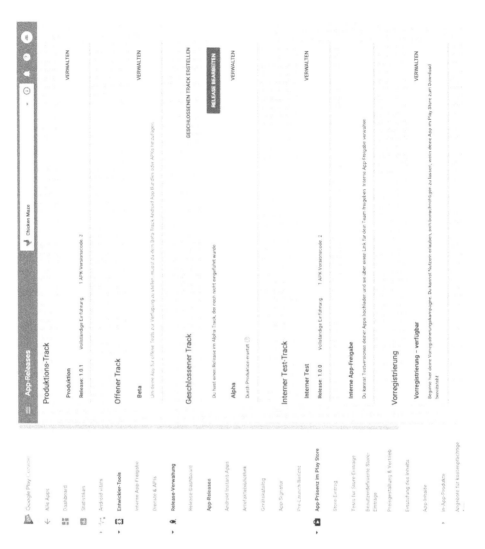

**Abb. 8.1:** Play Store Console: Release-Verwaltung

selbst installierten App. Diese Option muss man allerdings erst aktivieren. Bei App-Bundles ist dies notwendig. Die Hash-Werte der Zertifikate kann man sich von der Signatur-Seite herunterladen, falls man diese in APIs für Plug-Ins angeben muss.

### 8.2.2 Store-Eintrag

Die App-Präsenz im Play Store wird unter dem entsprechenden Menüpunkt verwaltet, siehe Abbildung 8.3. Man muss hier verschiedene Grafiken und Texte bereitstellen, um die App zu bewerben. Eine Funktionsgrafik, eine Werbegrafik und ein TV-Banner in bestimmten Auflösungen und Grafikformaten sind hier hochzuladen. Es gibt eine Option, ein stereoskopisches 360-Grad-Bild für Daydream hochzuladen, um in VR-Systemen Werbung zu platzieren. Auch Werbevideos kann man per Youtube-Link hinzufügen.

Zudem soll man Screenshots hinzufügen, damit man einen Eindruck von der laufenden App vermitteln kann. Möglich sind Screenshots für unterschiedliche Endgeräte. Dafür werden folgende Kategorien angeboten: Telefon, Tablet, Android TV und Wear OS. Die App muss dann noch in eine Kategorie eingeordnet werden: Ist die App ein Spiel oder etwas anderes? – Welcher Spielekategorie gehört die App an, Arcade oder Brettspiel? Außerdem muss der Inhalt eingestuft werden.. Das ist wichtig, denn so wird gewährleistet, dass der Inhalt für bestimmte Altersgruppen geeignet ist. Diese Einstufung wird überprüft, was ein wenig dauern kann. Ohnehin wird die App von Google überprüft. Es kann auch passieren, dass eine App wieder aus dem Store genommen wird, wenn sich Richtlinien geändert haben.

Wichtig ist es außerdem, beschreibende Texte und deren Übersetzungen anzugeben. So kann man auch neue Sprachen hinzufügen. Man kann die Länder, in denen die App angeboten werden soll, im Menüpunkt „Preisgestaltung und Vertrieb" genau auswählen. Bei der Preisgestaltung kann man zwischen kostenpflichtig und kostenlos wählen. Auch kann man In-App Produkte anlegen, also Funktionen, die man hinzukaufen kann und die dann bei Kauf freigeschaltet werden.

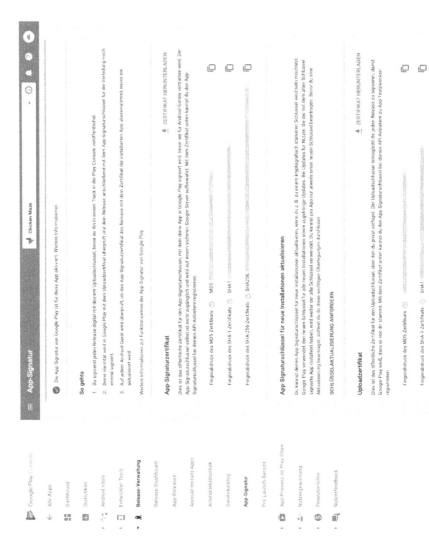

**Abb. 8.2:** Play Store Console: App-Signatur

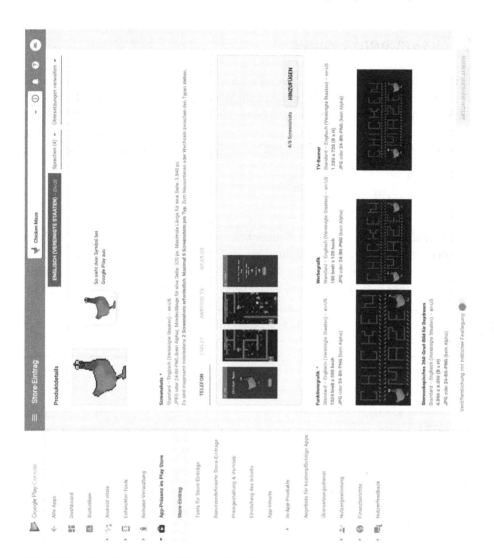

**Abb. 8.3:** Play Store Console: App-Präsenz im Play Store

# 9 Zusammenfassung

In diesem Buch wurden zuerst die Grundlagen der Programmiersprache Dart, dann die Grundlagen der Flame-Bibliothek erklärt. Im Anschluss folgte der Praxisteil, bei dem eine Chat-App, eine Desktop-App und im weiteren ein umfangreiches Spiele-Projekt vorgestellt wurden. Dabei wurden die üblichen Probleme, die bei der Entwicklung auftreten können, und auf die ich selbst bei der Entwicklung gestoßen bin, behandelt.

## 9.1 Ausblick

Die Sprache Dart sowie das Flutter-Framework entwickeln sich laufend weiter. Das Buch gibt den Stand der Dart Sprache in der Version 2.12 sowie Flutter in der Version V.1.22.4 (channel stable) wieder. Bisher sind die behandelten Technologien abwärtskompatibel, so dass der Inhalt des Buches wohl länger seine Gültigkeit behält.

---

**i** Man kann bei der „Insights"-Seite bei StackOverflow [63] nach Trends suchen. Die Leser*innen könnten dies wiederholen, mit dem Tags „Flutter" und „Dart".

---

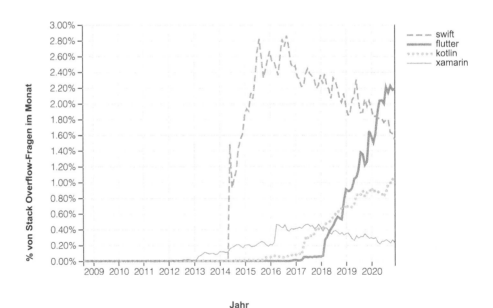

**Abb. 9.1:** Stack Overflow Trends (Quelle: [63])

https://doi.org/10.1515/9783110753080-009

Zum Zeitpunkt der Abfassung des Buches konnte man auf verschiedenen Statistik-Seiten eine starke Zunahme des Interesses an der Sprache Dart feststellen. Auch wenn man die Trends auf Stackoverflow betrachtete, war ein rasanter Anstieg der Nachfrage an der Flutter-Technologie zu beobachten. Zum Vergleich verlangsamte Kotlin, eine Sprache, die man für die Android-Programmierung einsetzen kann, seinen Anstieg. Swift, die Sprache der iOS-Entwicklung, sackte im Vergleich zu Flutter ab.

Aufgrund dieser Statistik kann man annehmen, dass sich das Interesse an der relativ neuen Technologie weiter intensivieren wird, da sie einige Vorteile im Vergleich zu anderen bietet: Man kann mit einer Sprache und einem Framework Apps für unterschiedliche Zielplattformen programmieren. Dabei ist der Code schnell, gut les- und wartbar. Außerdem ist der Look modern, da er das Material-Design implementiert. Die Dokumentationen sind immer auf dem neuesten Stand und sehr ausführlich. Zusätzlich gibt es eine sehr aktive Community, die Tutorials und Artikel verfasst. Die Open-Source Community hat zudem zahlreiche Plug-Ins und quelloffene Projekte online gestellt. Google als großer Player hat zudem bereits des Öfteren durchblicken lassen, dass die Flutter-Technologie als grafisches Framework für verschiedene Plattformen der Zukunft eingesetzt werden soll.

Flutter ist eine junge Technologie, so ist auch meine Erfahrung im Umgang mit Flutter noch nicht sehr groß. Ich bitte deshalb um Nachsicht, wenn Ungereimtheiten zu Tage kommen. Auch kann es sein, dass sich künftig einiges ändern wird. Ich bitte um eine Rückmeldung, falls solche Dinge auffallen. Über Feedback zum Buch im Allgemeinen freue ich mich.

Mit diesem Buch und den Beispielen hoffe ich, etwas zur Weiterverbreitung des Wissens um Dart und Flutter beizutragen und wünsche allen Leser*innen viel Erfolg und Freude beim Entwickeln.

# Literatur

[1] Adobe. *Adobe Creative Cloud*. https://www.adobe.com/de/creativecloud.html. Zugriff: 23.2.2020.

[2] Adobe. *Adobe Flash*. https://de.wikipedia.org/wiki/Adobe_Flash. Zugriff: 14.2.2020.

[3] Vladimir Agafonkin. *Leaflet*. https://leafletjs.com. Zugriff: 2.3.2020.

[4] AngularDart. *AngularDart*. https://angulardart.dev. Zugriff: 6.8.2019.

[5] Apple. *App Icon*. https://developer.apple.com/design/human-interface-guidelines/ios/icons-and-images/app-icon/. Zugriff: 28.2.2020.

[6] Autodesk. *Liste aller Produkte*. https://www.autodesk.de/products/. Zugriff: 23.2.2020.

[7] Vladimir Babenko. *Flutter App Lifecycle*. https://medium.com/pharos-production/flutter-app-lifecycle-4b0ab4a4211a. Zugriff: 12.12.2019.

[8] Felix Blaschke. *Articles about Simple Animations*. https://github.com/felixblaschke/simple_animations/blob/master/documentation/ARTICLES.md.

[9] Felix Blaschke. *Simple Animations*. https://pub.dev/packages/simple_animations. Zugriff: 26.09.2019.

[10] David Cheah. *Flutter : How to do user login with Firebase*. https://medium.com/flutterpub/flutter-how-to-do-user-login-with-firebase-a6af760b14d5. Zugriff: 18.1.2020.

[11] Creative Commons. *Creative Commons*. https://creativecommons.org. Zugriff: 26.2.2020.

[12] Douglas Crockford. *JSON*. https://www.json.org/. Zugriff: 9.8.2019.

[13] Dart. *Dart Homepage*. https://dart.dev/guides. Zugriff: 9.8.2019.

[14] Dart. *Dart Platforms*. https://dart.dev/platforms. Zugriff: 6.8.2019.

[15] Dart. *Get Dart*. https://dart.dev/get-dart. Zugriff: 6.6.2019.

[16] Dart. *Migrating to null safety*. https://dart.dev/null-safety/migration-guide. Zugriff: 26.1.2021.

[17] Dart. *Sound null safety*. https://dart.dev/null-safety. Zugriff: 26.1.2021.

[18] Google Developers. *Android Studio*. https://developer.android.com/studio. Zugriff: 14.2.2020.

[19] Google Developers. *Get the Google USB Driver*. https://developer.android.com/studio/run/win-usb. Zugriff: 16.2.2020.

[20] Fabcoding. *How to obtain SHA1 Keys for debug and release – Android Studio (MAC)*. http://fabcoding.com/how-to-obtain-sha1-keys-for-debug-and-release-android-studio-mac. Zugriff: 18.1.2020.

[21] Flutter. *Build and release an Android app*. https://flutter.dev/docs/deployment/android. 28.2.2020.

[22] Flutter. *Build and release an iOS app*. https://flutter.dev/docs/deployment/ios. Zugriff: 28.2.2020.

[23] Flutter. *Desktop support for Flutter*. https://flutter.dev/desktop. Zugriff: 11.2.2021.

[24] Flutter. *Developing Packages & Plugins*. https://flutter.dev/docs/development/packages-and-plugins/developing-packages. Zugriff: 15.09.2019.

[25] Flutter. *Flutter packages*. https://pub.dev/flutter. Zugriff: 19.09.2019.

[26] Flutter. *Flutter SDK*. https://api.flutter.dev/flutter/dart-async/Stream/forEach.html. Zugriff: 7.2.2020.

[27] Flutter. *Install*. https://flutter.dev/docs/get-started/install. Zugriff: 13.2.2020.

[28] Flutter. *Internationalizing Flutter apps*. https://flutter.dev/docs/development/accessibility-and-localization/internationalization. Zugriff: 10.2.2020.

[29] Processing Foundation. *Processing*. https://processing.org. Zugriff: 9.2.2020.

[30] Apache Friends. *XAMPP*. https://www.apachefriends.org. Zugriff: 10.2.2020.

https://doi.org/10.1515/9783110753080-010

[31]   Gimp. *GIMP - GNU Image Manipulation Program*. https://www.gimp.org. Zugriff: 23.2.2020.

[32]   Git. *Getting Started - Installing Git*. https://git-scm.com/book/en/v2/Getting-Started-Installing-Git. Zugriff: 13.2.2020.

[33]   GNU. *Freie Software. Was ist das?* https://www.gnu.org/philosophy/free-sw.html. Zugriff: 26.2.2020.

[34]   Google. *Backdrop*. https://material.io/components/backdrop. Zugriff: 15.09.2019.

[35]   Google. *Fuchsia Betriebssystem*. https://fuchsia.dev. Zugriff: 18.2.2021.

[36]   Google. *Google AdMop*. https://admob.google.com/home/get-started. Zugriff: 30.12.2019.

[37]   Google. *Google Firebase*. https://firebase.google.com/. Zugriff: 12.01.2020.

[38]   Google. *Google Fonts*. https://fonts.google.com. Zugriff: 26.2.2020.

[39]   Google. *Google Play Console*. https://play.google.com/apps/publish. Zugriff: 27.2.2020.

[40]   Google. *Google Play Games Services*. https://developers.google.com/games/services. Zugriff: 20.1.2020.

[41]   Google. *Homepage Material Design*. https://material.io. Zugriff: 11.09.2019.

[42]   Google. *Homepage Material Design Lite*. https://getmdl.io. Zugriff: 11.09.2019.

[43]   Google. *Navigation Drawer*. https://material.io/components/navigation-drawer. Zugriff: 10.2.2020.

[44]   Google. *Product icons*. https://material.io/design/iconography. Zugriff: 28.2.2020.

[45]   Inkscape. *Draw Freely - Inkscape*. https://inkscape.org. Zugriff: 23.2.2020.

[46]   Rostyslav Ivankiv. *Flutter Colorpicker*. https://pub.dev/packages/flutter_colorpicker. Zugriff: 11.2.2021.

[47]   Norbert Kozsir. *Widget Maker*. https://www.widgetmaker.dev. Zugriff: 16.2.2020.

[48]   Thorbjørn Lindeijer. *Tiled Map Editor - A flexible level editor*. https://www.mapeditor.org. Zugriff: 29.12.2019.

[49]   Dieter Meiller. *Chicken Maze bei GitHub*. https://github.com/meillermedia/chicken_maze. Zugriff: 6.2.2021.

[50]   Dieter Meiller. *Draw App bei GitHub*. https://github.com/meillermedia/draw_app. Zugriff: 11.2.2021.

[51]   Dieter Meiller. *Messenger App bei GitHub*. https://github.com/meillermedia/messenger_app. Zugriff: 6.2.2021.

[52]   Dieter Meiller. *World Cup bei GitHub*. https://github.com/meillermedia/world_cup. Zugriff: 6.2.2021.

[53]   Microsoft. *Visual Studio Code*. https://code.visualstudio.com. Zugriff: 14.2.2020.

[54]   Nevercode. *Firebase authentication & Google sign in using Flutter*. https://blog.codemagic.io/firebase-authentication-google-sign-in-using-flutter. Zugriff: 18.01.2020.

[55]   Luan Nico. *Flame-Engine*. https://github.com/flame-engine/flame. Zugriff: 12.10.2019.

[56]   Luan Nico. *Play Games*. https://github.com/flame-engine/play_games. Zugriff: 20.1.2020.

[57]   J. Nowak. *Fortgeschrittene Programmierung mit Java 5: generics, annotations, concurrency und reflection ; mit allen wesentlichen Neuerungen des J2SE 5.0*. dpunkt-Verlag, 2005. ISBN: 9783898643061.

[58]   OpenGameArt. *OpenGameArt.org*. https://opengameart.org. Zugriff: 29.12.2019.

[59]   Mark O'Sullivan. *Flutter Launcher Icons*. https://pub.dev/packages/flutter_launcher_icons. Zugriff: 28.2.2020.

[60]   Sonic Pi. *Sonic Pi*. https://sonic-pi.net. Zugriff: 26.2.2020.

[61]   Rive. *Rive*. https://rive.app. Zugriff: 13.2.2020.

[62]   John Ryan. *Flutter Map*. https://pub.dev/packages/flutter_map. Zugriff: 2.3.2020.

[63]   StackOverflow. *StackOverflow Trends*. https://insights.stackoverflow.com/trends?tags=flutter. Zugriff: 12.2.2020.

[64]   Flutter Studio. *Flutter Studio*. https://flutterstudio.app. Zugriff: 16.2.2020.

[65]   Audacity Team. *Audacity*. https://www.audacityteam.org. Zugriff: 23.2.2020.
[66]   testapp.schule. *File Picker Cross*. https://pub.dev/packages/file_picker_cross. Zugriff: 11.2.2021.
[67]   Wikipedia. *Secure Hash Algorithm*. https://de.wikipedia.org/wiki/Secure_Hash_Algorithm. Zugriff: 7.2.2020.

# Abbildungsverzeichnis

https://doi.org/10.1515/9783110753080-011

# Stichwortverzeichnis

https://doi.org/10.1515/9783110753080-012

www.ingramcontent.com/pod-product-compliance
Lightning Source LLC
Chambersburg PA
CBHW080636060326
40690CB00021B/4949